Olov Svedelid

Als blinder Passagier nach China

Aus dem Schwedischen
von Hans-Joachim Maass

CARLSEN

1. Auflage 1995
Alle deutschen Rechte bei Carlsen Verlag GmbH, Hamburg 1995
Originalcopyright © 1983 by Almqvist & Wiksell Förlag AB, Stockholm
Originaltitel: FRIPASSAGERAREN
Umschlagillustration: Ulrike Heyne
Umschlagtypografie: Doris K. Künster
Lektorat: Susanne Schürmann
Satz: Dörlemann-Satz, Lemförde
Druck- und Bindearbeiten: Clausen & Bosse, Leck
ISBN 3-551-25311-0
Printed in Germany

1

WENN SIE IHN ERWISCHTEN, war er verloren. Meister Hanssons Schrei dröhnte ihm immer noch im Ohr: »Schlagt ihn tot!« Auch wenn er es vielleicht nicht so gemeint hatte – die anderen hätten ihn beim Wort genommen. Sie würden sich für das, was er getan hatte, an ihm rächen.

Lars lag reglos hinter einigen Tonnen im Hafen, schnappte nach Luft und starrte mit weit aufgerissenen Augen in alle Himmelsrichtungen. Es war beinahe unbegreiflich, daß es ihm gelungen war, sich von dem Gesellen Abraham loszureißen, und ebenso unbegreiflich, daß er so weit gekommen war. Aber es war nur eine Frage der Zeit, bis sie ihn wieder eingefangen hatten. Und dann ...

Das Herz pochte ihm so laut in der Brust, daß er meinte, es müßte meilenweit zu hören sein. Er mußte mit offenem Mund atmen. Die Lungen fühlten sich an, als würden sie platzen, und obwohl es winterlich kalt war, strömte ihm der Schweiß von der Stirn.

Kam da nicht jemand? Lars duckte sich noch weiter hinter den Tonnen und versuchte, sich unsichtbar zu machen.

»Lieber Gott, bitte laß sie mich nicht finden«, betete er zwischen stummen Lippen und kniff die Augen zusammen, daß es weh tat. Er hörte das Gemurmel rauher Stimmen, die zunächst näherkamen, dann immer dünner klangen und sich entfernten. Noch eine Frist. Eine kleine Gnadenfrist.

Nein, er war von Anfang verloren gewesen. Wohin hätte er sich flüchten sollen? Er, der in diesem Göteborg keine Menschenseele kannte? Nicht einmal dort, wo er herkam, wollte jemand etwas von ihm wissen. Schweden war ein viel zu kleines Versteck für einen, der sich vor den Rächern verstecken wollte.

Über Straßen und Plätze war Lars im Schutz der nächtlichen Dunkelheit geflüchtet, durch Gassen und über kleine Hügel war er auf nackten Füßen gerannt. Herrenlose Hunde hatten hinter ihm hergebellt, betrunkene Seeleute hatten hinter ihm hergeflucht, aber er war den Verfolgern entkommen. Von Zeit zu Zeit hatte er stehenbleiben müssen, um Luft zu holen, und sofort hatte jemand geheult: »Da ist er! Hinter ihm her! Fangt ihn!« Der Schrecken hatte ihm neue Kräfte verliehen, und er war weitergerannt.

Lars hatte keine Ahnung, wo er sich befand. Er wußte nur, daß es irgendein Hafen sein mußte. Dort lag allerlei Gerümpel, das er erst jetzt, im ersten Licht der Morgendämmerung, erkennen konnte: lange Masten auf Böcken, ganze Stapel aufgerollten Tauwerks, Tonnen und Eisenstangen. Er sah Speicher und Karren.

Der schwache Wind vom Meer führte Geräusche mit, und als Lars auf das Wasser blickte, sah er zahlreiche kleinere Boote, die offenbar alle zu einem gewaltigen Schiff unterwegs waren, das etwas weiter draußen vor Anker lag. Menschen und Güter wurden zu dem Schiff gebracht, und die Leute schrien ihre Befehle, aber Lars hatte keinerlei Interesse an diesem Schiff. Die Gefahr kam aus einer anderen Richtung.

Er hob den Kopf wieder über den Rand der Tonnen und riskierte einen Blick. Nur vorsichtig jetzt. War da jemand zu sehen? Die Angst krampfte ihm das Herz zusammen, als er die Kette der Verfolger entdeckte, die jetzt im Begriff waren, ihn einzukreisen. Einige von ihnen hatten entdeckt, daß er in den Hafen geflohen war. Obwohl sie nicht wußten, wo genau er sich befand, würden sie das ganze Gebiet absuchen, bis sie ihn entdeckten. Sie waren ihrer Sache offenbar sicher, denn er hörte das ihm nur zu bekannte gackernde, höhnische Lachen von Anders. Wahrscheinlich warteten sie nur auf etwas mehr Licht, und dann würden sie die Jagd beenden.

Sollte er aufgeben? Weinen? Auf die Knie fallen und um Gnade betteln? Das war ihm nicht fremd. Er hatte es schon früher tun müssen, um nicht zuschanden geprügelt zu werden. Aber diesmal würden sie sich nicht erweichen lassen. Tränen traten ihm in die Augen. Er war ein Hase, und sie waren Wölfe. Sie hatten die Witterung in der Nase und würden wie die wilden Tiere handeln, die sie sein konnten, wenn sie losgelassen wurden.

Es wäre besser, wenn er sich ertränkte. Das würde nicht so schrecklich weh tun, und außerdem würde er ihre bösen Augen nicht mehr sehen müssen. Lars zog sich behutsam zum Wasser zurück und paßte dabei auf, daß die Tonnen ihn noch immer vor ihren spähenden Blicken verbargen. Er fühlte sich seltsam erschöpft. Einen kleinen Hügel mußte er noch überqueren. Er kam ihm vor wie ein hoher Berg, und er keuchte vor Anstrengung.

Auf der anderen Seite des Hügels war ein kleines Ruderboot auf den steinigen Sand hochgezogen, und daneben lagen die Riemen. Lars starrte es an. Ein Boot! Jedenfalls eine Fluchtmöglichkeit. Ein Weg, das Einfangen aufzuschieben. Er warf die Riemen ins Boot und bereute sofort, daß er sie nicht vorsichtig hineingelegt hatte, denn er meinte, die Verfolger hätten den Lärm hören müssen. Aber vielleicht ging das Geräusch in all den anderen Lauten unter, die vom Wasser her kamen.

Wenn er ertrank ... Er erschauerte, packte das Ruderboot am Heck und zog es zum Wasser hinunter. Es war klein, aber schwer, und er mußte alle Kräfte aufbieten, die sein Körper noch hergab, um es von der Stelle zu bewegen. Seine nackten Füße wateten in dem seichten Wasser, das so kalt war, daß die Haut sich anfühlte, als würde sie sofort von einem Eispanzer bedeckt. Da oben schrie jemand etwas. War das Anders' Stimme? Abrahams? Oder Didriks? Didrik, der ihm gerne mit einem Tauende auf die Finger schlug? Nur schnell runter mit dem Boot ins Wasser.

Lars packte so fest zu, daß ihm Blut aus der Nase schoß. Stück für Stück wippte er das Boot zum Wasser hinunter, und endlich begann es aus eigener Kraft zu treiben. Lars hüpfte hinein, packte einen der Riemen und stakte sich in tieferes Wasser hinaus. Noch hatten sie ihn nicht entdeckt. Noch hatte er eine kleine Chance zu entkommen, jedenfalls eine Zeitlang.

Er setzte sich auf die Ducht und ruderte los, daß es im Rücken knackte. Er saß zum erstenmal in einem Boot, und es dauerte eine kleine Weile, bevor er herausfand, wie er mit den Riemen hantieren mußte, um sich nicht immer nur im Kreis zu drehen. Dabei hielt er den Blick ständig auf den Hafen gerichtet. Er konnte sehen, daß die Kette sich jetzt wieder in Bewegung gesetzt hatte. Die Männer blieben bei den Speichern stehen, untersuchten die Türen und sahen auch unter den Mastgestellen nach. Daß keiner auf die Idee kam, aufs Meer zu blicken, war seine einzige kleine Chance.

Plötzlich spürte er, wie die Füße wieder eisig wurden. Das Boot war leck. Zwischen den Spanten strömte Wasser herein, und es war nur eine Frage der Zeit, bis er gezwungen war, das Boot aufzugeben. Am Ende also doch verloren! Er konnte nicht schwimmen, und selbst wenn er diese Kunst beherrscht hätte, war ihm klar, daß es im Wasser viel zu kalt war, um sich lange zu halten.

Er hatte jemanden sagen hören, wie merkwürdig es sei, daß es in diesem Winter mit dem Eis noch nicht zu Ende sei. Es wurde aber noch strengere Kälte erwartet, und dann würde das Wasser sicher gefrieren. Wenn es doch schon jetzt geschehen wäre! Auf Eis kann man laufen, auf Eis kann man fliehen. Auf Wasser nicht. Dort gibt es nur die kalte, schwarze, scheußliche Tiefe. Lars sah sich um und entdeckte, daß das Schiff jetzt nicht mehr weit weg war. Es war so gewaltig, daß er sich daneben wie eine Mücke vorkam.

Da das Boot jetzt viel Wasser nahm, war es schwer zu rudern. Er konnte sich auch nicht mehr richtig in die Riemen legen, da er sich nicht mehr mit den Füßen an dem Bodenbrett abstützen konnte. Ein größeres Boot glitt an ihm vorüber. An Bord waren etliche Männer, die wie Arbeitsleute aussahen. Sie saßen in schweigenden Reihen auf den Duchten. Es waren sechs Mann, die ruderten, und im Bug befahl einer die Schlagzahl. Die Ruderer erhielten einen kurzen Befehl, worauf das Boot den Kurs änderte und auf Lars zuhielt.

Panik ergriff ihn. Wußten sie Bescheid? Waren die auch Verfolger? Waren sie auch hinter ihm her? Was sollte er machen? Hier draußen in offenen Gewässern und in einem leckgeschlagenen Boot gab es für ihn keine Chance zu entkommen. Er rutschte zur Seite, zog die Beine hoch und kauerte sich in stummem Warten hin. Der Bug des größeren Boots rammte die Seite des Ruderboots, doch Lars war wie gelähmt und blieb einfach sitzen.

»Komm schon an Bord, du Knirps!« befahl der Steuermann des Boots mit rauher Stimme.

Lars starrte ihn an und schluckte. Und dann? Würden sie ihn denen ausliefern, die an Land auf ihn lauerten? Der Steuermann machte eine verdrießliche Handbewegung, beugte sich über die Reling, packte Lars im Nacken und zog ihn hoch, als wäre er ein Nichts.

»Wolltest du zu uns, um tragen zu helfen?«

Tragen? Lars begriff nichts, nickte aber, da die Frage immerhin verriet, daß die Männer nicht zu den Rächern gehörten. Der Steuermann nickte zu einer der Duchten, und die dort sitzenden Männer rutschten ein wenig zur Seite, so daß er Platz fand.

»Du solltest dir besseres Schwimmzeug besorgen, du Grünschnabel!« sagte der Steuermann und machte eine Handbewegung zu den Ruderern, die sich erneut ins Zeug legten und auf das große Schiff zuhielten.

Zwischen den Duchten sowie im Bug und im Heck standen allerlei Kisten. Lars merkte, daß das Boot tief im Wasser lag. Die Kisten mußten sehr schwer sein. Neben ihm saß ein älterer Mann mit einem müden Gesicht und einem aufgerissenen Mund ohne Zähne. Er trug grobe Hosen und einen dicken Pullover sowie eine Mütze, die er über die Ohren gezogen hatte. Er schien trotzdem zu frieren.

Lars fühlte sich vollkommen nackt in seinen zerfetzten Hosen. Barfuß und mit nacktem Oberkörper mußte er sich in Gesellschaft dieser wetterfest gekleideten Männer merkwürdig ausnehmen.

Ein anderer Mann stieß ihn an, grinste freundlich und sagte: »Für dieses Wetter bist du schlecht gerüstet, Kleiner. Mit Geld bist du wohl nicht gesegnet, was?«

Lars fand keine Antwort darauf und zuckte nur leicht die Achseln. Der Mann verlor das Interesse an ihm, was nicht verwunderlich war, denn jetzt kamen sie um das Schiff herum und ruderten direkt vor den gewaltigen Spiegel. Lars meinte, noch nie etwas so Schönes gesehen zu haben. Weiter oben große Glasfenster, Holzschnitzereien und Ornamente in Schlingen und Mustern und ganz oben eine geschnitzte Krone auf einem Schild. Und so viel Gold! Lars starrte benommen auf das Gold der Schnitzereien und buchstabierte sich durch den Namen des Schiffs, der über ihm in goldenen Buchstaben prangte: *Svea Wapen*.

Das Boot drehte längsseits bei. Lars sah, daß überall arbeitende Männer herumwieselten. Pfeifsignale und Kommandorufe ertönten, und Flüche flogen durch die Luft. Jakobsleitern baumelten von den Decks herunter, und jemand hoch da oben rief den Steuermann an, der eine der Jakobsleitern ergriff. Seile wurden heruntergeworfen, und die Männer im Boot befestigten sie an den Kisten, worauf diese unter ängstlichen Blicken nach oben gehievt wurden.

Offenbar waren sie zur Zufriedenheit des Steuermanns festgemacht worden.

Lars begriff, daß er sich nützlich machen mußte. Er faßte mal hier, mal dort mit an, und die Männer hielten ihn offenbar für einen der üblichen Helfer. Als alle Kisten an Bord waren, kletterten die Männer die Jakobsleiter hinauf. Lars erhielt einen Rippenstoß und die Aufforderung, es ihnen nachzutun. Er kletterte zitternd ein paar Schritte hinauf. Sofort stellte sich das wohlbekannte Schwindelgefühl ein. Ihm wurde übel. Er mußte sich mit aller Kraft anstrengen, um nicht auf der Jakobsleiter stehenzubleiben. Er schloß die Augen, tastete sich weiter nach oben, und kurz darauf fühlte er die Reling unter den Händen. Er kletterte an Bord, landete mit einem Plumps an Deck und schlug die Augen auf.

So viele Menschen! Man hatte es offenbar sehr eilig, denn Männer in Uniformen trieben die Leute an, die mit ihren Lasten zu den befohlenen Stellen laufen mußten. Die Ladeluken waren offen, und Güter der verschiedensten Art verschwanden in der Tiefe. Lars konnte unmöglich so hier stehenbleiben. Sie sollten glauben, daß er einer von ihnen war. Er nahm eine kleine Kiste aus dunklem Holz und trug sie, als wüßte er genau, wohin er sie zu bringen hatte. Ein Mann, der wohl zur Besatzung gehörte, packte ihn am Arm. Er wirkte gehetzt, und während er mit Lars sprach, fuhren seine Blicke wie Schwalben im Sturzflug über andere Arbeitsleute hin.

»Die bringst du in die Große Kajüte, aber schleunigst, wenn ich bitten darf, sonst holt dich der Teufel persönlich.«

Lars nickte und ging weiter, doch der Seemann packte ihn an der Schulter, wirbelte ihn herum und brüllte: »Die Leiter achtern, du Einfaltspinsel!«

Lars eilte in die angegebene Richtung, worauf der Seemann einen anderen Träger mit Schmähungen überschüttete. Dieser hatte eine Kiste verloren, deren Deckel zerbrochen war. Große Lehmkrüge, um die sich Taue ringelten wie Schlangen, wurden über die Reling gehievt und verschwanden im Laderaum. Ein Mann stand an der Ladeluke und führte über alles Buch, was an Bord genommen wurde. Wohin führte diese kleinere offene Luke, an der niemand Wache hielt?

Lars kam ein wilder Einfall: Wenn es ihm gelang, sich ein paar Tage auf dem Schiff zu verstecken, würden die Rächer vielleicht glauben, daß es ihm gelungen war, aus Göteborg zu flüchten! Vielleicht beruhigen sie sich dann. Er stellte die Kiste ab, als müßte er sich ausruhen, und sah sich verstohlen um. Alle anderen waren mit ihrer Arbeit beschäftigt. Er blinzelte in die Dunkelheit der offenen Luke hinunter. Da war eine richtige Leiter mit stabilen Holzstreben, und in nicht allzu großer Tiefe sah er ein unteres Deck.

Er sah sich erneut um. Nein, soviel er sehen konnte, achtete kein Mensch auch nur im geringsten auf ihn. Er verschwand blitzschnell in der Luke, sauste die Leiter hinunter und landete auf einem Holzboden, der sich unter den nackten Fußsohlen rauh anfühlte. Was war das für ein seltsamer Lärm hier unten? Es dauerte eine ganze Weile, bis ihm aufging, daß da verschiedene Tiere waren. Lars hörte das Muhen einer Kuh, das Gebrüll von Ochsen, das Blöken von Lämmern, das Grunzen von Schweinen, das Gackern von Hühnern, das Geschnatter von Enten und noch weitere Laute, die er nicht deuten konnte. Er hatte das Gefühl, auf einem großen Bauernhof gelandet zu sein. In dem schwachen grauen Licht der kleinen Luke sah er, daß die Tiere in Holzverschlägen getrennt gehalten wurden. Die Schlösser an der Vorderseite waren mit Holzkeilen verschlossen. Hier unten konnte er sich vielleicht irgendwo verstecken. Mit pochendem Herzen tastete er sich an den großen Rindern und den im Heu wühlenden Schweinen vorbei. Es waren Tiere, vor denen er Angst hatte. Lars hoffte, daß der Mann, der die Käfige hergestellt hatte, sein Handwerk verstand.

Es wurde immer dunkler, und Lars mußte sich mit den Händen weiter vortasten. Es kam ihm vor, als ob das Deck nie ein Ende nahm. Auch wenn die Tiere erst vor kurzem an Bord gehievt worden waren, hatten sich die verschiedenen Düfte schon festgesetzt. Lars roch aber noch etwas anderes. Es war ein gesättigter, etwas süßerer Geruch. Er folgte der Richtung, aus der der Duft kam, und fühlte kurz darauf, wie es unter den Füßen kitzelte. Wie er vermutet hatte – Heu.

Er tastete mit den Fingern. Es mußte ein gewaltiger Haufen sein. Er erinnerte sich an die Nacht, in der er in einer Scheune gelegen und im Heu geschlafen hatte. So gut hatte er noch nie zuvor geschlafen. Er kletterte in der Dunkelheit hinauf, grub ein Loch in den Heuhaufen, kroch hinein und zog etwas Heu wie eine schützende Decke über sich. Zum ersten Mal seit langer Zeit ließ die Anspannung nach.

Wenn er die Tiere nicht mitzählte, die immer noch lärmten, war er ganz allein. Es war gemütlich und warm, und er spürte, wie ihm die Augenlider schwer wurden. Überall um ihn herum raschelte es. Mäuse sausten ihm über Hände und Gesicht, doch das störte ihn nicht im geringsten. Derlei war er seit Jahren gewohnt. Wenn es größere Ratten an Bord gab, wäre das schon unangenehmer, doch jetzt konnte er ohnehin nichts dagegen tun.

Plötzlich überkam Lars Lust loszukichern. Hier lag er wie ein Prinz in warmem Heu, und die anderen, die Rächer, die Verfolger, jagten ihn. Vielleicht glaubten sie sogar, ihn in der Falle zu haben. Sollten sie ruhig mit langer Nase dastehen. Anders beispielsweise hatte auch so schon eine reichlich lange Nase, aber jetzt würde sie ihm bis zum Kinn reichen. Vielleicht war er derjenige, dem Meister Hansson die Ohrfeigen verpassen würde, wenn sie melden mußten, daß der Vogel davongeflogen war.

Warmes, gutes, schönes Heu ... Sich vorzustellen, daß er nicht mal frieren mußte! Solange er sich zurückerinnern konnte, hatte er immerzu gefroren, nur während der kurzen Sommermonate nicht, in denen sich die Sonne aller armen Teufel erbarmte. Lars streckte seinen mageren Körper und dehnte die Gelenke. Er mußte immer öfter gähnen, und es knackte in den Kiefern. Er hatte das Gefühl, wippend auf einer kleinen Wolke davonzuschweben.

Weit weg, oben an Deck, hatte der Lärm zugenommen. Trillerpfeifen ertönten, Kanonenschüsse rollten, und es hörte sich sogar an, als ob einer oder mehrere Trompete bliesen. Lars wußte nicht, was die Laute bedeuteten. Das Leben auf See war ihm vollkommen fremd. Gerade als er einschlafen wollte, waren ein Stück weiter weg Stimmen zu hören. Er entdeckte das Licht einer Laterne.

Lars wühlte sich tiefer ins Heu und verhielt sich mucksmäuschenstill. Hatten sie ihn gesehen, als er die Leiter hinuntergesaust war? Was würden sie dann mit ihm machen? Natürlich in eins der Boote verfrachten, das sie dann nach Göteborg rudern oder segeln würden. Und dort würden Leute stehen, die schon auf ihn warteten. Die Wölfe mit den sabbernden Lefzen.

»Hast du die ganze Zeit Wache gehalten?«

Eine Stimme, die sich wie wütendes Knurren anhörte.

»Aber ja. Die ganze Zeit.«

Eine helle und piepsende Stimme, die sich den Anschein der Sicherheit geben wollte.

»Falls sich jemand an Bord geschlichen hat, werde ich dir persönlich Streifen auf den Rücken ziehen.«

»Ich habe Wache gestanden. Hier ist niemand.«

Die Stiefel der beiden Männer trampelten auf den Bohlen, und der Mann, der geknurrt hatte, fluchte lauthals über das anhaltende Brüllen der Ochsen. Hände wühlten sich ins Heu, und Lars hätte um ein Haar aufgeschrien, als grobe Finger dicht an sein Gesicht kamen. Er biß sich so hart auf die Unterlippe, daß er Blut schmeckte. Er wagte nicht zu atmen.

Jetzt würden sie ihn schnappen, jetzt ... jetzt ...

2

DIE FINGER VOR DEN AUGEN krümmten sich und wühlten im Heu herum. Der Fingernagel des Mittelfingers berührte seine Nasenspitze, und Lars preßte den Kopf nach hinten. Er war starr vor Angst. Das Jammern steckte ihm schon im Hals und wollte hinaus. Dann verschwanden die Finger und tauchten ein Stück weiter weg wieder ins Heu. Lars pochte es in den Ohren vor Anstrengung, vollkommen still zu liegen, und die Stimmen der beiden Männer wurden undeutlich.

»Ich kenne dich. Du bist ein unzuverlässiger Halunke!«
»Ich habe wie befohlen Wache gehalten.«
»Kenne dich noch von der letzten Reise. Werde dich genau im Auge behalten. Ein Muckser von dir, und du bekommst die Katze zu schmecken!«
»Ich werde keinen Ärger machen.«
»Schnauze halten! Und laß die Finger vom Branntwein.«
»Kein Tropfen mehr, als befohlen wird. Das ist so sicher wie das Amen in der Kirche.«
»Halt dein schiefes Maul, sage ich!«

Lars hörte schweres Trampeln auf den Bohlen, das immer schwächer wurde. Es dauerte lange, bis ihm aufging, daß er für den Augenblick gerettet war. Er fegte sich das Heu vom Gesicht und sog Luft in die Lungen, die so frisch war, wie sie bei den Ausdünstungen all dieser Tiere sein konnte. Er wischte sich mit dem Handrücken den Schweiß von der Stirn. Er war gerade noch davongekommen! Um ein Haar hätten sie ihn gefunden!

Die Mattigkeit nach der Anspannung machte ihn vollkommen schlaff. Sein Mund war so trocken, daß er Sand auf der Zunge zu haben glaubte. Er deckte sich wieder mit etwas Heu zu, jedoch nur so, daß er leicht atmen konnte. Wieder meldete sich der Schlaf. So war es richtig. Die Zeit verschlafen. Zwei Tage würde er es ohne Brot und Wasser aushalten können. Das hatte er schon früher getan. Irgendwie würde er es schaffen, wieder nach Göteborg zu kommen, und dort konnte er sich an irgendeiner Pumpe Wasser holen und sich etwas besorgen, womit er den Magen füllen konnte, um nicht zu verhungern. Und dann . . . Die Gedanken wurden wirr. Damit sank Lars in den ersehnten Schlaf.

Als er aufwachte, wußte er nicht, wie lange er geschlafen hatte. Zunächst wußte er nicht einmal, wo er sich befand. Aber ja, das Schiff. Im Heu war es noch genauso warm und schön. Vielleicht sollte er noch ein bißchen weiterschlafen. Die Augenlider waren immer noch so herrlich schwer. Kein Mensch schrie ihn an, niemand jagte ihn mit Fußtritten hoch. Keine schweren Pflichten, die auf ihn warteten. Er war frei. Frei! Was für ein herrliches Wort. Zwar tat der Hunger ihm jetzt im Magen richtig weh, aber dieses Gefühl war ihm so vertraut, daß er es kaum noch wahrnahm.

Diese Wolke, auf der er in den Schlaf schaukelte. Schaukeln, schaukeln. Es knirschte in der Bordwand des Schiffs. Die Tiere gackerten und brüllten und grunzten immer noch, aber das waren inzwischen wohlbekannte Laute, bei denen er schön weiterschaukeln konnte. Schaukeln und schaukeln und schaukeln . . .

Schaukeln! Lars richtete sich mit einem Ruck auf und war plötzlich hellwach. Er saß still da und lauschte mit gespitzten Ohren. Ja. Es war so. Herr Gott im Himmel! Das Schiff hatte die Anker gelichtet. Es war irgendwohin unterwegs, vielleicht zu irgendeiner schrecklichen Küste. Er mußte an Land, und zwar auf der Stelle!

Das Meer erschreckte ihn mehr als alles andere. Es war mit

blutrünstigen Riesenfischen angefüllt und wimmelte von Wesen mit langen Fangarmen, von widerwärtigen Monstern. Ein alter Mann in Norrköping hatte Lars von seinen Jahren auf See Geschichten erzählt, und die Haare hatten sich ihm gesträubt, als er sich all die schrecklichen Dinge angehört hatte. Also mußte er wieder in dieser stockfinsteren Dunkelheit zu der Luke. Sie war jetzt offensichtlich geschlossen, und er mußte sich an den Verschlägen entlang zur Leiter vortasten.

Lars ging einen kurzen Schritt in dem, was er für festgetretenes Heu hielt, doch es gab nach. Wie sehr er auch mit den Armen herumruderte, er konnte das Gleichgewicht nicht halten. Er stürzte zu Boden, und obwohl er sich abzustützen versuchte, schlug der Kopf zuerst auf. Lars kam wieder auf die Beine, aber vor ihm drehte sich alles. Er sah rote Blitze, und ihm wurde übel. Er spürte, wie die Kraft aus ihm wich. Mit einem leise jammernden Laut fiel er auf die Decksbohlen und sank in tiefe Bewußtlosigkeit.

Wo war er? Warum tat ihm der Kopf so weh, daß er das Gefühl hatte, er würde gleich platzen? Lars kam schwerfällig auf die Knie und schüttelte den Kopf, als würden sich seine Gedanken dann wieder ordnen. Ach ja, er mußte an Land. Das Schiff konnte ja inzwischen weit draußen auf See sein. Übrigens ... warum war es im Laderaum nicht mehr dunkel? Auf der anderen Seite des Heuhaufens war ein Feuerschein zu sehen.

Lars kroch vorsichtig um den Haufen herum und riskierte einen Blick. Er spannte die Muskeln mit äußerster Kraft, um sich jederzeit zu den Tierverschlägen flüchten zu können. Ein junger Mann lag ausgestreckt im Heu und schnarchte. Vor ihm stand eine Trinkkanne, daneben sah Lars ein paar Kanten Brot und eine Flasche, die im Lichtschein der Wachskerze in der Laterne mit den Glaswänden glitzerte. Der schnarchende Mund war offen. Ihm entwichen beißende Branntweindämpfe.

Lars überwand seine Angst und rannte zu der Stelle hin, an der er heruntergekommen war. Die Leiter stand noch da. Er kletterte nach oben zur Ladeluke, doch da begann sich wieder alles zu drehen. Es half nichts, daß er wegen seiner Schwäche wilde Grimassen schnitt. Das Schwindelgefühl blieb. Er klammerte sich mit gekrümmten Fingern an der Leiter fest und zog sich zäh nach oben. Zu seiner großen Erleichterung erreichte er die Luke ohne Probleme. Er versuchte, sie mit einer Hand hochzudrücken. Sie saß fest, als wäre sie zugenagelt. Er ging auf der Leiter noch ein paar Schritte hinauf, preßte die Schulter an die Luke und drückte mit ganzer Kraft. Die Luke bewegte sich nicht. Es mußte noch andere Ausgänge geben. Wenn er es nicht schaffte, von diesem verfluchten Schiff herunterzukommen ...

Er schlich sich zu dem schnarchenden Wachposten zurück. Ob er es wagen konnte, die Laterne zu nehmen? Es schien kein großes Risiko zu sein. Der Seemann schien in seinem Rausch total weggetreten zu sein. Lars schnappte sich die Laterne, und als er an den Verschlägen vorbeikam, sah er, daß man auf engstem Raum eine unendliche Zahl von Tieren zusammengepfercht hatte. Die Schweine stießen mit der Schnauze gegen die Bretter der Verschläge, und Lars bekam wieder Angst, sie könnten sich befreien. Von wildgewordenen Schweinen über ein Schiffsdeck gejagt zu werden, war keine schöne Vorstellung.

Da waren Trennwände, die er nicht überwinden, und gestapelte Ladung, über die er nicht hinwegklettern konnte. Nachdem er ein paar Stunden gesucht hatte, mußte er aufgeben. Es gab vielleicht andere Wege, um herauszukommen, doch er fand sie nicht. Er war eingesperrt.

Es bestand immerhin die Möglichkeit, daß das Schiff mit all seiner Ladung nur eine kurze Reise vor sich hatte, und dann mußte er sich bis zur Ankunft verborgen halten. Sein Blick fiel auf die Brotkanten und die Kanne. Er mußte das Beste aus seiner Situation machen. Der Wachposten bewegte sich in seinem betrunkenen Schlaf, und der Unterkiefer fiel ein paarmal herunter, doch es bestand keine Gefahr. Es würde noch lange dauern, bis der Mann aufwachte. Wenn das Brot dann weg war, würde er glauben, daß die Ratten es genommen hatten. Lars schnupperte an der Kanne. Ein leichter, süßlicher Duft. Er nahm einen kleinen Schluck. Dünnbier. Es schmeckte. Er setzte sich neben dem Wachposten auf den Boden, kaute an dem Roggenbrot und nahm ein paar Schlucke Dünnbier. Der Hungerknoten im Magen löste sich auf. Dann kletterte Lars wieder in seinen Heuhaufen hinauf und vergrub sich in seinem Loch. Ja, jetzt war er wieder satt, hatte keinen Durst, und im Heu war es warm und gemütlich. Er betastete mit der Handfläche Hinterkopf und Stirn. Er hatte ein paar ordentliche Beulen bekommen, als er zu Boden gestürzt war, und es tat weh, wenn er sie berührte, aber das würde bald vorbei sein. Dann überkam ihn wieder das Gefühl, zu schwanken und zu schaukeln. Das Gefühl wurde durch die Bewegungen des Schiffs verstärkt, und nach kurzer Zeit schlief er wieder ein.

Als er aufwachte, hatte er ein nagendes Gefühl in der Magengegend, und da ging ihm auf, daß er lange geschlafen haben mußte. Der Wachposten hatte vielleicht noch woanders Brot liegen, und außerdem waren noch ein paar Schlucke in der Kanne. Lars kroch schläfrig aus seinem Schlafloch und rutschte auf den Boden hinunter. Wie merkwürdig. Die Laterne stand nicht mehr an derselben Stelle, sondern ein gutes Stück entfernt. Und der Wachposten lag nicht mehr schnarchend da, aber die Kanne mit Dünnbier stand noch da. Lars sah sich um. Da waren nur die Tiere. Der Seemann war in seinem betrunkenen Schlaf vielleicht aufgestanden und eine Weile herumgetorkelt, um dann einfach hinzufallen und dort einzuschlafen, wo er sich befand. Das war nicht ungewöhnlich. Lars konnte gar nicht zählen, wie oft er das schon gesehen hatte.

Er trank den Rest in der Kanne aus und wischte sich den Schaum aus den Mundwinkeln. Das Schiff war immer noch irgendwohin unterwegs, und es knirschte in den Brettern, aber da war noch ein anderer Laut. Ein Geräusch, das Lars nicht richtig deuten konnte. Er blieb mit der leeren Kanne in der Hand stehen und lauschte angespannt. Wie ein raschelndes Tapsen. Von den Tieren?

»Du verfluchte Kreuzotternbrut!«

Die Hand im Nacken war wie ein Schraubstock, und er wurde so geschüttelt, daß er das Gefühl hatte, als würden ihm gleich die Zähne aus dem Mund fallen. Er wurde über die Bodendielen bis zur Leiter geschleift, und jetzt sah er, daß die Luke wieder offen war. Er wurde ohne Erbarmen in die Höhe gehoben, und es tat so weh, daß er aufschreien mußte. Er bekam eine Ohrfeige, die ihm den Kopf dröhnen ließ.

»Wenn du nicht das Maul hältst, schüttele ich dir den Schädel ab!«

Lars fühlte sich im Griff des Mannes wie ein nasser Sack. Sie kamen auf ein oberes Deck. Es war dunkel und kalt, und als der Mann, der ihn hielt, auf den Decksplanken fast ausgerutscht wäre, stieß er wilde Flüche aus. Sonst konnte Lars niemanden sehen, aber er hatte auch nicht die Zeit, richtig nachzusehen, da der Mann, der ihn festhielt, es offenbar eilig hatte. Eine kleine Treppe hinauf und dann einen Gang entlang, und dann standen sie vor einer verschlossenen Tür. Der Mann klopfte mit geballter Faust an und schüttelte dabei Lars erneut mit ganzer Kraft. Er knurrte ihn an, er solle das Maul halten, obwohl Lars keinen Laut zu äußern wagte. Die Tür ging auf. Wegen des Griffs war Lars gezwungen, nach unten zu blicken. Das einzige, was er sehen konnte, waren ein paar schwarzgekleidete Beine.

»Schon wieder der Quartiermeister!«

»Ja, Käpt'n.«

»Ihr habt doch wohl bei tausend Geiern nicht noch mehr Schafsköpfe gefunden, die neben einer brennenden Kerze eingeschlafen sind?«

»Nein, Käpt'n. Aber ich habe so ein Kreuzotterngezücht gefunden, als ich runterging, um nachzusehen, ob sich Leichtmatrose Joelsson noch mehr hat zuschulden kommen lassen.«

»Rein mit ihm.«

Der Mann schleuderte Lars in die Kabine. Er fiel gegen einen Mann, der mitten in der Kajüte an einem kleinen Tisch saß. Der Mann mochte etwa dreißig Jahre alt sein, war anständig gekleidet und machte eine Miene des Abscheus, als Lars auf ihn zuflog. Er schob den Jungen von sich.

»Hoch mit dir, du Lumpenfetzen!« brüllte der Kapitän.

Lars stand auf und stand mit hängenden Schultern da. Er wußte nicht, was er tun oder sagen sollte. Der Mann, der ihn gehalten hatte, kam näher. Erst jetzt sah Lars ihn. Er meinte, noch nie einen größeren Mann gesehen zu haben: ein Hals so mächtig wie ein Baumstumpf und ein Brustkorb wie eine Tonne, kurzgeschnittenes Haar, Hamsterbacken, eine Nase wie ein fleischiger Schnabel, dicke Lippen über einem vorspringenden Kinn und kleine, stechende schwarze Augen. Der Mann schlug wieder zu. Lars flog gegen den kleinen Tisch. Der dort sitzende Mann streckte schützend die Hände aus und protestierte.

»Jetzt mal langsam, Nygren.«

»Er hat die verdient und noch mehr dazu«, brummte der Quartiermeister und spannte die Oberarmmuskeln.

»Das entscheiden wir und nicht der Quartiermeister.«

Der Quartiermeister machte ein saures Gesicht, stand aber still. Der Kapitän war vor Zorn hochrot im Gesicht, und die vorstehenden Augen deuteten darauf hin, daß er ein Mann war, der leicht in Wut geriet. Er baute sich vor Lars auf, und aus seinen Augen sprühten rote Funken.

»Blinder Passagier, was? Gesindel, das man tottrampeln sollte.«

»Über solche Strafen entscheidet das Schiffsgericht«, sagte der Mann am Tisch.

Der Kapitän wandte sich zu dem Mann um. Er mußte tief durchatmen, damit die Luft seine Wut durchdrang.

»Ihr wißt doch, Tallman, daß wir dank dieses blinden Passagiers vielleicht gar nicht in Cadiz einlaufen können? Kennt Ihr nicht die spanische Gesundheitspolizei, Tallman? Wenn die Mannschaftsrolle nicht stimmt, gibt es Quarantäne. Bestenfalls mehrere Monate auf der Reede, und von Handel kann dann keine Rede sein. Begreift Ihr das nicht, Tallman?«

»Gott behüte. Hab doch nichts anderes gesagt, Kapitän Hallbom. Natürlich ist es übel.«

Der Kapitän schäumte vor Wut, und Nygren holte vorsorglich zur nächsten Ohrfeige aus. Lars begriff nicht, wovon sie sprachen. Sie verwendeten Wörter, die er noch nie gehört hatte. Im Kopf dröhnte es ihm jedoch noch von der vorigen Ohrfeige, und es fiel ihm schwer, sich auf den Beinen zu halten.

»Übel? Ja, Tallman, es steht übel. Wir müssen in Cadiz Geschäfte machen, und wenn wir da unten auf der faulen Haut liegen müssen, bekommen wir den Monsun gegen uns. Ihr sollt doch ein Vertreter der Compagnie sein, Tallman. Nun? Sollten wir das Schlangengezücht nicht zertreten?«

»Ihr wißt nicht, was Ihr da sagt, Käpt'n.«

»Ich weiß, daß blinde Passagiere schon über Bord gegangen sind, ohne daß jemand nach ihnen gefragt hätte.«

»Die Fahrt habe ich aber nicht mitgemacht.«

Der Kapitän kam mit dem Mann nicht weiter und wandte sich wieder zu Lars um. Seine Augen sprühten Gift und Galle. Lars blickte zu Boden und versuchte, sich klein zu machen.

»Wie heißt du? Wie ist dein Gesindelname?«

Als Lars nicht schnell genug mit dem Namen herausrückte,

wiederholte der Kapitän die Frage mit einer Stimme, die gleich zu bersten schien.

»L-Lars«, stammelte Lars schwach.

»Und weiter? Du hast doch sicher noch einen Namen? Nun? Raus damit, sonst . . .«

»Ol-Olausson«, stammelte Lars weiter.

»Woher kommst du?«

Lars biß die Zähne zusammen. Mehr konnte er nicht sagen. Sie hatten vielleicht schon von ihm gehört und wußten, was er getan hatte. Es war sogar dumm, daß er sich den Nachnamen hatte entschlüpfen lassen.

»Verweigerst du die Antwort?«

Der Kapitän starrte ihn mit blutunterlaufenen Augen an, und als Lars den Mund verschlossen hielt, schlug er mit der Faust auf den Tisch, so daß die Weinflasche einen Satz machte.

»Du sollst mir antworten, sonst gebe ich keinen roten Heller für dein elendes Leben.«

Nicht mehr antworten. Was auch passiert, nicht mehr antworten.

Der Mann, der mit Tallman angesprochen worden war, erhob sich und gab Lars einen leichten Schubs mit dem Handrücken. Er war hochgewachsen und schmal, hatte weiche Gesichtszüge und dunkle Augen mit schweren Lidern.

»Hör zu, du Knirps, warum bist du mit dem Schiff ausgerissen? Wolltest du zur See, hast aber keine Heuer bekommen?«

Lars schüttelte fast unmerklich den Kopf. Zur See wollte er am wenigsten von allem.

»Ach ja? Warum bist du dann zu den Ochsen runtergekrochen?«

Nur nicht antworten. Bloß nichts mehr sagen. Tallmann warf ihm einen Blick zu, der nichts von dem verriet, was er dachte, und setzte sich wieder. Der Kapitän suchte sich ein neues Opfer.

»Wer ist für die Visitation verantwortlich?«

Der Quartiermeister gab sich einen Ruck, blickte aber sehr mürrisch drein.

»Gerade dort unten bin ich es, aber . . .«

»Genau, Quartiermeister Nygren. Ihr seid verantwortlich. Ihr habt den blinden Passagier nicht gefunden, und das fällt auf Eure Schultern.«

»Er hatte sich im Heu versteckt, und ich . . .«

»Habe ich um eine Erklärung gebeten? Wir finden einen blinden Passagier, wo es keinen solchen Lumpenfetzen geben darf. Quartiermeister, die Geldbuße dürft Ihr aus der eigenen Tasche bezahlen, und billig wird das nicht.«

Nygren antwortete nicht, aber seine Miene verriet, was er dachte. Der Kapitän ging mit wippenden Knien auf und ab und schien auf einen neuen Wutanfall zuzusteuern.

»Die ganze Reise kann vergeblich sein, nur weil wir diesen Schelm an Bord haben. Wir können den Spaniern so etwas nicht einfach verschweigen.«

Tallman schlug die Hände zusammen und ließ ein kurzes Lachen hören, worauf die beiden anderen ihn nur anstarrten.

»Wie in Teufels Namen kommt Ihr darauf, Tallman, daß dies zum Lachen ist?«

»Ich bin vor einiger Zeit dem Oberfeldscher begegnet, und er hat mir etwas gesagt, was mich auf eine Idee bringt. Wir sollten uns besprechen. Nygren, wer außer Euch weiß etwas von dem Unglücksraben?«

»Niemand.«

»Und was ist mit dem Leichtmatrosen Joelsson?«

»Der sitzt im Arrest und hat den armen Teufel nicht gesehen.«

»Gut. Schließt den Knirps in der zweiten Arrestzelle ein, und dann wartet der Quartiermeister vor dieser Kabine, bis wir mit unserer Besprechung fertig sind. Und – kein Wort. Zu niemandem! Verstanden?«

Nygren nickte. Seine Hand schoß vor, packte Lars im Nacken und schleifte ihn zur Tür. Die beiden anderen ließen es geschehen. Als Nygren vor der Kajütentür stand, stellte er Lars gegen eine Wand und ließ die Hände wirbeln wie Schwalbenflügel. Er gab Lars eine Ohrfeige nach der anderen.

»Deinetwegen muß ich Bußgeld zahlen«, heulte er. »Geld, mit dem ich lohnende Geschäfte machen wollte. Wenn der Befehl dazu kommt, werde ich dich den Fischen persönlich zum Fraß vorwerfen!«

Er trug Lars übers Deck, ging mit ihm ein paar Treppen hinunter, öffnete eine Kabinentür und wuchtete ihn hinein. Drinnen war es stockdunkel, und Lars landete auf dem Fußboden. Dort blieb er liegen. Ihm war übel. Es schmerzte im Kopf und in den Wangen, und beide Lippen waren aufgerissen.

Prügel war er gewohnt, aber noch nie hatte ihn jemand geschlagen, der Nygrens Körpergröße oder Kraft gehabt hatte. Lars legte sich auf den Rücken und starrte mit blanken Augen in die Dunkelheit. Was würden sie mit ihm tun? War es so, daß sie ihn am liebsten über die Reling werfen wollten?

Was war ein Quartiermeister? Was tat ein Kapitän? Hatte er nicht auf einem Schiff zu bestimmen? Cadiz? Was war das denn? Spanier... Er erinnerte sich schwach, daß jemand gesagt hatte, es sei so eine Art Volk in einem anderen Land. Doch darauf kam es jetzt nicht an. Obwohl... dieses entsetzliche schwarze Wasser mit all den Monstern, die einen kratzten und an einem rissen und einem das Fleisch von den Knochen fraßen, bis man endlich ertrinken durfte. Lars schluckte hart und erschauerte. Da war nichts zu machen. Er war jetzt völlig in ihrer Gewalt, wer immer sie sein mochten.

Es dauerte etwa eine Stunde, bis die Tür aufgerissen wurde und der Quartiermeister auftauchte. Er hatte offensichtlich Befehl erhalten, Samthandschuhe anzuziehen, denn er schob Lars nur vor sich her, bis sie die Kapitänskabine erreichten. Trotzdem waren es keine sanften Schubser.

In der Kabine saßen Kapitän Hallbom, Tallman und ein weiterer Mann mit zerfurchtem Gesicht, der nur noch einen grauen Haarkranz um den blanken Scheitel hatte, auf der langen, an der Wand befestigten Bank. Nygren gab Lars einen letzten Schubser, so daß er vor den drei Männern stehenblieb. Der Neuankömmling warf ihm einen Blick zu, der ihm nichts sagte. Die heftige Wut des Kapitäns hatte sich gelegt, doch dafür sah er grimmig entschlossen aus. Er stand auf und baute sich vor Lars auf.

»Wir haben über dein Schicksal entschieden«, sagte er mit rauher Stimme. »Das Wohlergehen dieser Compagnie geht allem anderen vor. Lars Olausson . . .«

Er machte eine kurze Pause. Lars gab sich Mühe, das Zittern in den Knien zu beherrschen. Dies war schlimmer, als wenn er wütend war. Wenn es sich so verhielt, daß er dieser sogenannten Compagnie zum Schaden gereichte, war es natürlich aus mit ihm. Was kümmerten sich erwachsene Männer schon um einen armen Teufel wie ihn?

»Willst du nicht antworten?« schrie der Kapitän plötzlich los. »Steh nicht da wie ein toter Esel. Begreifst du? Wir haben über dein Schicksal entschieden? Nun?«

Lars riß den Mund auf wie ein Fisch auf dem trockenen und brachte ein piepsendes »J-ja . . .« hervor.

»Ja, Käpt'n, heißt es. Du Vieh, du Frosch, du Abschaum, wenn du mit mir redest, heißt es ja, Käpt'n.«

»Ja, Käp. . . Käpt'n«, flüsterte Lars.

In seinem Kopf drehte sich alles. Was geschah jetzt?

»Lars Olausson. Die Sache ist entschieden. Dich wird es nicht mehr geben!«

3

ÜBER DIE RELING. Sie würden ihn über Bord werfen. In das kalte schwarze Wasser. Aus und vorbei. Na ja. Sonst hätten sich ja die anderen seiner angenommen und ihn totgeschlagen. Eine Frist von ein paar Tagen hatte er bekommen. Aber es war scheußlich. Nicht mehr da zu sein ... Lars gab sich Mühe, die Tränen zurückzuhalten, schaffte es aber nicht und schämte sich des Rinnsals, das ihm über die Wangen lief. Der Kapitän machte eine ungeduldige Handbewegung.

»Warum zum Teufel heulst du?«

Der ältere Mann mit dem zerfurchten Gesicht schmatzte mit den Lippen, stand auf und legte Lars eine schwere Hand auf die Schulter.

»Unser lieber Kapitän Hallbom drückt sich etwas merkwürdig aus, auch wenn er recht hat mit dem, was er sagt. Hör mal, Junge, wie alt bist du?«

»Zwölf«, flüsterte Lars und hörte, wie seine Stimme zitterte. Aber dagegen konnte er nichts machen.

»Mhm. Wer sind deine Eltern?«

Lars schüttelte sich und biß wieder die Zähne zusammen. Er begriff nichts von dem, was geschah, aber mehr würden sie nicht aus ihm herausbekommen. Der Mann machte eine kleine Grimasse, die sich als Mitleid deuten ließ. Der Quartiermeister sah aus, als wollte er die Auskünfte am liebsten aus Lars herausprügeln.

»Soso, du willst also nicht raus mit der Sprache? Du wirst deine

Gründe haben. Dann laß mich so fragen: Sind deine Eltern noch am Leben? Würden sie dich vermissen, wenn du verschwindest?«

Verschwinden? Bedeutete das nicht auch, daß es ihn nicht mehr geben würde? Der Mann sprach so sanft, war aber wohl doch vom gleichen Schlag wie die anderen. Trotzdem hatte er etwas an sich, was Lars zwang, ihm zu antworten. So weit konnte er immerhin gehen.

»Nein«, schniefte er.

»Wann bist du an Bord gekommen?«

Lars zuckte leicht die Schultern. Wie sollte er wissen, wie die Tage fielen? Ach ja, gerade deswegen hatte sich das Schreckliche ja ereignet.

»Am Tag nach Weihnachten«, erwiderte er leise und ohne aufzublicken.

»Am zweiten Weihnachtstag also. Aha. Am Morgen danach sind wir losgesegelt, und heute haben wir den dreißigsten Dezember im Jahr der Gnade 1748. Hast du etwas gegessen?«

Der Kapitän wollte mit ein paar heftigen Worten dazwischengehen, aber der ältere Mann hielt die Hand hoch, worauf Hallboms Mund wieder zuschnappte. Er verschränkte die Arme über der Brust und hob statt dessen die buschigen Augenbrauen.

»Es lagen ein paar Brote bei dem, der da schlief, und außerdem hatte er Dünnbier.«

»Ein Stück Brot und ein paar Schlucke Dünnbier in fünf Tagen. Nygren, holt bei unserem Koch etwas zu essen. Und frisches Wasser.«

Nygren zögerte und glotzte unter seiner Haarmähne den Kapitän an, als hoffte er auf andere Befehle, doch dieser verzog keine Miene, und so trottete der Quartiermeister los. Der jüngere Mann zündete seine Pfeife an und brummelte, nachdem er ein paarmal daran gepafft hatte:

»Du verwöhnst das Bürschchen, Gunning.«

»Ich weiß, was ich tue«, entgegnete der Ältere kurz angebunden.

»Wenn wir ein Geheimnis bewahren wollen, muß er wie ein Erwachsener denken können, und das tut man nicht, wenn der Magen leer ist wie eine Trommel.«

»Man denkt nicht mit dem Magen, Gunning.«

»Alles geht vom Magen aus. Ich muß das wissen, denn ich habe das studiert. Mit leerem Magen hüpfen die Gedanken im Gehirn herum wie Eichhörnchen, die sich verlaufen haben. Setz dich, Junge. Wie heißt du noch? Lars?«

Lars zögerte. Konnte er sich wirklich auf so schöne Stühle setzen? Mit seinen schmutzigen, zerfetzten Hosen? Der Mann, der Gunning genannt wurde, sah sein Zögern, lächelte leicht und drückte ihn resolut hinunter.

»Ich bin Oberfeldscher Baltzar Gunning auf *Svea Wapen*, einem Schiff der Schwedischen Ostindischen Compagnie. Weißt du, was ein Feldscher ist?«

»Einer, der Blut stillt«, erwiderte Lars so leise wie zuvor.

Der Kapitän ließ ein kurzes Lachen hören, und Tallman bekam Rauch in die Kehle und mußte husten. Gunning schüttelte leicht den Kopf, aber auch er mußte lächeln.

»Gar nicht übel gesagt. Ganz und gar nicht übel. Aber ein bißchen mehr gehört schon dazu. Ich bin der Chef der Krankenpfleger an Bord, und der Himmel weiß, daß ich gebraucht werde. Aus diesem Grund bist du . . .«

Der Quartiermeister kam mit einem Porzellanteller herein, stellte ihn mit mürrischer Miene auf den kleinen Tisch und knallte eine Kanne mit Wasser daneben. Gebratenes Fleisch! Frisch dazu. War das überhaupt möglich? Lars sah scheu hoch, aber es hatte tatsächlich den Anschein, als wollten sie ihn essen lassen. Er schnappte sich mit den Fingern etwas Fleisch und stopfte es sich in den Mund. Was für eine Leckerei!

»Benutz die Gabel«, ermahnte ihn Tallman.

Die Gabel? Er starrte den Gegenstand auf dem Tisch an.

»Nimm ruhig wie gewohnt die Finger«, mischte sich der Oberfeldscher ein. »Dies ist kein Unterricht in guten Manieren.«

»Der wäre sowieso verschwendet«, brummte der Kapitän. »Zum Teufel, jetzt sorg endlich dafür, daß wir diese Sache aus der Welt bekommen. Wir können uns doch nicht den ganzen Tag um diesen Knirps kümmern!«

Gunning nickte und setzte sich Lars gegenüber hin.

»Du hast Glück. Sonst hätten wir später Probleme bekommen können. Am selben Tag, an dem wir die Anker lichteten, heuerte ein Junge an, der Lasse Norell hieß. Geschlagene vierzehn Jahre alt und als Schiffsjunge eingeschrieben mit der Aufgabe, unter anderem dem Vierten Ladungsaufseher aufzuwarten. Und das ist Tallman.«

Er nickte dem Mann zu, der seine Pfeife rauchte. Dieser schien alles vergessen zu haben und widmete sich nur dem Tabak. Lars ließ das Unbegreifliche an sich vorbeiziehen. Es würde ihnen nicht gefallen, wenn er Fragen stellte. Es war wohl am besten, nichts zu sagen und das Fleisch in den Mund zu stopfen.

»Schon am selben Abend erkrankte er schwer an Fieber. Ich ließ ihn ins Krankenrevier legen, und dort hat er einsam gelegen. Er ist vor sechs Stunden gestorben. Ich habe herausgefunden, wer er war. Vollwaise und in eine Anstalt eingewiesen, die ihn loswerden wollte. Ich glaube, der Leiter kannte jemanden bei der Reederei, der dafür sorgte, daß er anheuern konnte.«

»Pfui Spinne, was für Leute!« murmelte der Kapitän mit einer Miene tiefen Abscheus.

Der Oberfeldscher tat, als hätte er die Bemerkung nicht gehört, und fuhr fort:

»Wir hier in der Kabine wissen, daß Norell tot ist. Wir hier in der Kabine wissen um deine Existenz. Wir lassen euch die Rollen tauschen. Von jetzt an bist du Lasse Norell, gebürtig aus Skara. Du wirst nie mehr ein anderer sein. Der richtige Norell soll sein Kirchenlied bekommen, wenn wir ihn nach Seemannsart im Meer beisetzen, doch das wird in der Dunkelheit geschehen und ohne Zeugen, und der Herr möge dann seiner armen Seele gnädig sein. Du nimmst als Lebender seinen Platz ein. Hast du begriffen?«

In Lars' Kopf drehte sich alles. Nein, er begriff nicht, aber um ihnen zu Willen zu sein, nickte er und flüsterte:

»Ja.«

»Gut«, erwiderte der Oberfeldscher zufrieden. »Jetzt bist du der Schiffsjunge Lasse Norell mit einer Heuer von... Ja, wieviel ist es, Hallbom?«

»Acht Taler Silbergeld im Monat«, knurrte der Kapitän. »Aber ohne Privilegiengeld. Das ist in der Rolle eingetragen.«

Tallman erhob sich und sah Lars mit einem Blick an, der diesen dazu brachte, sich jämmerlich, klein und unbedeutend zu fühlen – was er in Wahrheit ja auch war.

»Wenn er als Bursche für mich eingeschrieben ist, soll er es gern sein. Wenn Ihr mit ihm fertig seid, bringt ihn in meine Kabine. Ich werde ihm sagen, was er zu tun hat. Im übrigen wünsche ich den Herren einen guten Tag. Oder vielmehr eine gute Nacht.«

Er verbeugte sich kurz und nachlässig und verließ die Kajüte in einer Qualmwolke. Kapitän Hallbom beugte sich zu Lars hinunter und starrte ihn an, so daß Lars zu spüren glaubte, wie die letzten Fleischstücke ihm im Mund anschwollen.

»Auf diesem Schiff gilt unbedingte Disziplin. Landratten haben keine Ahnung davon, was auf See üblich ist, aber das wirst du von Quartiermeister Nygren lernen. Die Geringsten unter den Geringen sind die Schiffsjungen. Du hast niemanden unter dir, aber alle über dir. Gehorchen sollst du. Verstanden?«

»Ja...«

Die Ader auf der Stirn des Kapitäns schwoll an, und er knallte gleich neben dem Teller mit der Handfläche auf den Tisch und schrie:

»Du Abschaum, du Knirps, du kleine Kreatur, wie heißt das?«

»Ja, Käpt'n«, stieß Lars hervor.

»So, jetzt pack dich. Und wenn du das Maul aufmachst und erzählst, worüber wir hier gesprochen haben, verspreche ich dir ewiges Unglück. Verschwinde!«

Lars sprang vom Stuhl auf und hüpfte zur Tür, aber der Oberfeldscher Gunning packte ihn an der Schulter und sagte beruhigend: »Noch sind wir nicht ganz fertig. Der tote Norell liegt als nackte Leiche in seiner Kabine. Für die Fahrt ins Jenseits braucht er nichts. Wenn du seinen Namen annimmst, kannst du auch seine Habseligkeiten nehmen. Der Quartiermeister sorgt dafür, daß du alles bekommst, was jetzt dir gehört. Und Nygren . . .«

Gunning hob warnend den Zeigefinger.

»Der Junge soll alles haben. Keine Unterschlagung.«

Der Quartiermeister sog so viel Luft in die Lungen, daß sich der gewaltige Brustkorb unter dem Pullover spannte, und brummelte etwas, was niemand hören konnte. Gunning nickte Lars freundlich zu und setzte sich dann zu dem Kapitän, aber Nygren blieb stehen und versperrte Lars damit den Weg. Kapitän Hallbom starrte ihn an.

»Was soll das? Seid Ihr dort festgefroren, Quartiermeister? Hat Er nicht klare Befehle bekommen zu gehen?«

Nygren schob bockig das Kinn vor.

»Mit Verlaub gesagt, Käpt'n, ich möchte gern, daß mir das Bußgeld für die Rotznase erspart bleibt.«

»Es ist festgesetzt und muß bezahlt werden.«

»Aber Käpt'n, bitte sehr um Entschuldigung, was soll dann im Buch stehen? Es muß doch einen Grund geben, mich zu einem Bußgeld zu verdonnern, und wenn wir keinen blinden Passagier an Bord gehabt haben, gibt es ja auch keinen Grund. Ich bin ein ehrlicher Seemann. Und wenn es ein Spiel geben soll, möchte ich nicht für die Einsätze anderer bezahlen.«

Lars glaubte erst, der Kapitän würde angesichts dieser frechen Worte explodieren, doch Hallbom lehnte sich im Stuhl zurück und trommelte mit den Fingerspitzen auf die Tischplatte. Gunning nickte still vor sich hin, als fände er die Worte des Quartiermeisters vernünftig.

»Recht so«, grunzte der Kapitän. »Das Bußgeld ist vergessen.«

Nygren machte ein zufriedenes Gesicht und schubste Lars aus der Kajüte. Kaum hatte er die Tür hinter sich zugemacht, versetzte er dem Jungen wieder eine schallende Ohrfeige und schimpfte los: »Du machst mir Kummer, du kleiner Mistkerl! Ich habe Befehl erhalten, dir seemännisches Verhalten beizubringen, und Quartiermeister Nygren ist nicht der Mann, der den Befehl eines Vorgesetzten vergißt. Jetzt rein mit dir zum Ladungsaufseher, und dann kommst du gefälligst wie ein geölter Blitz wieder raus.«

Lars entging diesmal dem Schicksal, wie eine junge Katze am Nacken getragen zu werden, und obwohl die Wange noch heiß war, war dies nur eine weitere in einer endlosen Reihe von Ohrfeigen gewesen, die er im Lauf der Jahre erhalten hatte. Eine Holztreppe führte von dem erhöhten Achterdeck zu einem tiefergelegenen Deck hinunter. Die Nacht war noch immer schwarz, doch ein bleicher Mondschein ersparte es Lars, sich mit den Händen vorzutasten. Nygren klopfte an die Tür, und durch die Türfüllung ließ sich Tallmans etwas träge Stimme vernehmen: »Laß ihn reinkommen. Allein.«

Lars bekam einen Schubs und taumelte in Tallmans Kabine. Tallman hatte inzwischen Nachtkleidung angezogen und saß tief in einen Ledersessel versunken. In der Hand hielt er ein Glas Rotwein, an dem er von Zeit zu Zeit nippte. Lars stand vor der Kabinentür, ließ die Arme herabhängen und wartete. Wie hatten sie ihn genannt? Ladungsaufseher? Das mußte etwas Bedeutendes sein, da die Kabine so schön eingerichtet war. Tallman schien es nicht eilig zu haben. Die Augen unter den schweren Augenlidern musterten Lars langsam vom Kopf bis zu den nackten Füßen, doch es dauerte, bis er etwas sagte.

»Du hättest um ein Haar der Compagnie geschadet. Das ist unverzeihlich. Jeder, der der großen Compagnie schadet, ist unser Feind.«

Lars sagte nichts. Was hätte er schon sagen können? Daß er nicht einmal vorgehabt hatte, an Bord zu bleiben? Würde das auf den großen Tallman Eindruck machen? Nein, jetzt galt es nur, die Rüffel einzustecken und den Dingen ihren Lauf zu lassen. Tallman betrachtete sein Weinglas, als wäre es weit interessanter als der unbedeutende, zerlumpte Junge, der vor ihm stand.

»Du hast das Essen vom Ersten Tisch kosten dürfen. Es war das erste und einzige Mal. Du gehörst zu den Gemeinen und wirst deren Leben in allem teilen. Ich kenne meine Pappenheimer und weiß, wie es in dir aussieht. Du kommst aus dem Nichts und gehst wieder ins Nichts. Wer zum Groschen geprägt ist, wird niemals ein Taler.«

Auch das kam Lars bekannt vor. Alle hatten ihm erzählt, daß er zu einem elenden Leben verurteilt sei. So war es ja auch. Das war sein Los, und damit mußte er sich abfinden. Tallman hatte recht. Man mußte sich in das fügen, was das Schicksal für einen vorherbestimmt hatte.

»Daß du mein Bursche wirst, bedeutet nicht, daß ich dich einer solchen Gunst für würdig halte. Es bedeutet nur, daß wir den Anweisungen des Musterungsbuches folgen. Außerdem sollst du auch noch den Dritten Ladungsaufseher Adolf Callander bedienen. Ich hoffe sehr, dein armer Schädel bildet sich nicht ein, du könntest bei uns auf der faulen Haut liegen. Träge Leute sitzen im Dienst der Compagnie nicht länger faul auf dem Hintern.«

Tallman nippte an dem Wein und seufzte vor Zufriedenheit über dessen Geschmack und Aroma. Selbst dort, wo Lars stand, konnte er den Duft des Weins spüren, eine gesättigte Süße mit einem Anflug von Herbheit. Er hatte nur einmal in seinem Leben Wein getrunken – oder war vielmehr dazu gezwungen worden. Er hatte den Geschmack nicht gemocht, aber der Duft war angenehm.

»Deine Aufgabe als Bursche von Callander und mir wird sein, uns bei Tisch zu bedienen, wenn wir zu Mittag essen. Außerdem hilfst du dem Kajütenkoch mit allem, was er dir befiehlt. Wollen wir anderes von dir erledigt haben, sagen wir dir Bescheid. Im übrigen tust du das, was die anderen Schiffsjungen und Leichtmatrosen tun.«

Endlich hob er den Blick von seinem Weinbecher und starrte Lars an.

»Ich spüre bis ins Mark, daß du ein unverbesserlicher Schlingel bist. Wenn du nicht Haifischfutter wirst, wird man dich eines Tages aufknüpfen. Du hast die Gesichtszüge eines Spitzbuben. Damit kenne ich mich aus, da irre ich mich nicht. Wenn ich dich dabei erwische, daß du auch nur einen Krümel von den Speisen des Ersten Tischs stiehlst, werde ich dafür sorgen, daß du das Tauende zu spüren bekommst. Dann wirst du gezüchtigt! Ich werde dich im Auge behalten, und glaube ja nicht, daß dir der Oberfeldscher beistehen wird. Was Gunning meint und sagt, bedeutet nicht mehr als das.«

Er schnippte einmal mit den Fingern, eine Geste überlegener Verachtung. Gleichzeitig war es für Lars das Signal, daß er entlassen war. Er verbeugte sich und ging rückwärts die wenigen Schritte zur Tür, wo er sich nochmals verneigte. Aber Tallman sah ihn nicht einmal an, sondern widmete sich interessiert seinem Wein.

Draußen in der Dunkelheit stand Nygren. Er hielt einen weichen Sack in der Hand, den er Lars reichte.

»Norells Lumpen. Zieh dir das Notwendigste an. Du sollst bei der Beisetzung dabei sein. Befehl. Und beeil dich, sonst werde ich dir helfen, und zwar nicht mit Samthandschuhen.«

Lars fand ein Hemd, das viel zu groß war, aber immerhin aus Leinen gemacht. Ein so feines Hemd hatte er noch nie besessen. Die wenigen Hemden, die man ihm hingeworfen hatte, waren aus Wergleinen gewebt gewesen, dem Abfall, der beim Hecheln von Leinen oder Hanf entsteht, und die waren schon am ersten Tag fast Lumpen gewesen. Aber richtiges Leinen! Die Hosen waren ebenfalls mehrere Nummern zu groß, und er wickelte den losen Bund mehrmals um die Taille, damit sie oben blieben. Und Strümpfe aus Wolle! Strümpfe! Sonst war er das ganze Jahr barfuß gegangen. Seine Fußsohlen waren so hart geworden, daß er über glühende Kohle gehen konnte, ohne etwas zu spüren.

»Beeilung, habe ich gesagt!«

Stiefel auch! Die Füße verschwanden darin, aber immerhin. Lars fühlte sich reich. Richtige Kleider wie ein feiner Herr, und doch hatten sie einem Jungen aus dem Waisenhaus gehört. Vermutlich hatte der Bekannte des Leiters in der Reederei – was immer das sein mochte – diesen Sonntagsstaat spendiert. Ganz unten im Sack lag ein Wollpullover, und als Lars ihn sich über den Kopf zwängte, meinte er, nie mehr frieren zu müssen. Jetzt war er für alles gerüstet.

»Komm jetzt mit, du kleiner Teufel.«

Nygren ging vor. Seine Schritte waren dem Seegang angepaßt, doch Lars fiel es schwer, das Gleichgewicht zu halten. Er stieß mehrmals gegen die Wände und die Reling. An der Mitte der langen Reling auf dem Oberdeck stand eine Versammlung schattenhafter Wesen, und als der Mond hinter einer Wolke hervorkam, konnte Lars den Kapitän und den Oberfeldscher erkennen und... war es Tallman? Nein. Ein Wesen, das halb zu liegen schien. Ohne Gesicht und ohne Arme.

Plötzlich ging Lars auf, daß es der tote Lasse Norell war, der in eine Stoffbahn eingehüllt war. Lars erschauerte. Der Quartiermeister murmelte etwas, und der Kapitän leierte schnell und leise ein Kirchenlied herunter. Gunning fiel mit brüchiger und falsch tönender Gesangsstimme bei den letzten Zeilen ein.

Lars war plötzlich ganz wirr im Kopf. In wenigen Augenblicken würde Lasse Norell seinem nassen Grab übergeben werden. Und dann gab es ihn nicht mehr. Statt dessen würde er, Lars, Norell sein. Im Grunde setzten sie also Lars Olausson bei. Er war es, der in diesem Leichentuch lag. Wer war tot? Wer war am Leben? Wer war es, den Gott in seinem Reich willkommen heißen würde? Sofern er nicht in der Hölle beim Teufel landete, natürlich.

Dorthin würde er ja selbst irgendwann kommen. Was er getan hatte, war nicht zu verzeihen. Es war von Anfang an vorbestimmt gewesen, daß der Teufel ihn holen würde, wenn sein Tag gekommen war. Das stand schon in der Wiege fest, aber die Schandtat hatte sein Schicksal nur bestätigt.

»Dein Körper wird der ewigen Ruhe der Seeleute überantwortet, und der Herr erbarme sich deiner Seele.«

Der Kapitän und Gunning kippten den umhüllten Leichnam über die Reling. Ein schwacher, kaum wahrnehmbarer Aufprall auf dem Wasser folgte. Lars bemerkte, daß Nygren mit gefalteten Händen und geneigtem Kopf dastand und daß ein Zittern den großen Körper erbeben ließ, als das Platschen zu hören war.

»Die Beisetzung ist auf vorgeschriebene Weise erfolgt«, murmelte der Kapitän. »Jetzt geht jeder wieder an die Arbeit.«

Sofort zog der Quartiermeister Lars mit sich aufs Unterdeck, wo er ihm mit rauher Stimme Verhaltensmaßregeln gab.

»Es ist schon spät. Gleich kommt die Morgenwache. Die übernimmst du und benimmst dich dabei, denn sonst werde ich dir mit beiden Fäusten Manieren in den Schädel prügeln.«

Der Quartiermeister lauschte. Lars ebenfalls, ohne zu wissen, worauf er achten sollte. Nach kurzer Zeit waren von einer kleinen

Glocke irgendwo im Schiffsbauch vier spröde Doppelschläge zu hören, die mit einem stärkeren Klang von einer anderen Glocke am Bug und oben wiederholt wurden.

»Acht Glasen. Es ist Zeit.«

Schatten verschwanden vom Deck, und jemand, der vom Fockmast herunterkletterte, sowie andere Schatten tauchten auf; verschlafene, fluchende Gestalten, die in verschiedene Richtungen gingen. Nygren schien in der Dunkelheit wie eine Katze sehen zu können und schnappte einen Schatten, der nicht größer war als Lars.

»Du da. Hier ist einer, der die letzte Zeit im Krankenrevier gelegen hat. Er übernimmt die Wache mit dir. Ein Frischling wie du.«

Er ging unter Deck, ohne noch etwas zu sagen. Der Mond kam wieder zum Vorschein, und Lars sah vor sich einen Jungen, der etwa in seinem Alter war, einen Jungen mit strähniger roter Haarmähne und großen, neugierigen Augen.

»Ich heiße Mats Larsson und bin Schiffsjunge«, sagte er.

»Wie heißt du?«

»Lars Ola... ich meine... ich heiße Lasse Norell.«

»Bist du Leichtmatrose?«

»Schiffsjunge.«

Mats strahlte und zeigte ein breites Lächeln.

»Dann sind wir von der gleichen Sorte. Wie alt bist du?«

»Ich bin... vierzehn.«

»Ich bin dreizehn. Der Jüngste an Bord.«

Ich bin der Jüngste, dachte Lars. Ich bin erst zwölf!

»Was tut man, wenn man auf Wache ist?«

Mats lachte, und es hörte sich in der nächtlichen Dunkelheit seltsam an.

»Ach, weißt du, noch ist es ein Kinderspiel. Das Schiff segelt mit günstigen Winden, und wir sollen hier unten nur unsere Runden drehen und darauf achten, daß alles seine Ordnung hat. Daß kein Feuer ausbricht oder das Tauwerk in der Takelage reißt. Ist es auch deine erste Fahrt? Ist das nicht wunderbar!«

Er hörte sich so hingerissen an, daß Lars sich genötigt fühlte, mit einem Ja zu antworten.

Mats streckte ihm impulsiv die Hand hin.

»Können wir nicht Freunde sein, du und ich? Richtige Freunde hier an Bord? Es wäre doch schön, einen richtigen Freund zu haben, mit dem man sich unterhalten kann.«

Sie gaben sich feierlich die Hand. Ein Freund, dachte Lars, ein Freund! Das war etwas Neues und Großes.

»Ist dein Vater auch Seemann?« wollte Mats wissen.

Lars schüttelte schweigend den Kopf, doch es war wieder so dunkel, da der Mond hinter einer Wolke verschwunden war, daß Mats es nicht bemerkte, sondern seine Frage wiederholte. Lars überlegte, was er über den Menschen gehört hatte, dessen Platz er jetzt einnahm.

»Ich habe keine Eltern mehr und bin in Skara geboren. Ich kenne meinen Vater nicht. Bin in einem Waisenhaus gewesen.«

»Ach so. Mein Papa ist seit vielen Jahren Matrose, und meine älteren Brüder fahren auch zur See. Jetzt bin ich an der Reihe. Das ist herrlich. Mutter wurde so glücklich, als ich anheuern durfte. Damit habe ich mein Auskommen wie alle guten Seeleute in der Compagnie.«

»Was ist das eigentlich, die Compagnie?« fragte Lars.

»Aber das weißt du doch?«

»Andere haben dafür gesorgt, daß ich mitkommen durfte«, erwiderte Lars ausweichend.

Mats blickte in verschiedene Richtungen, während sie an Deck auf und ab gingen, und es war ihm anzumerken, daß er seine Aufgabe ernst nahm. Lars achtete sorgfältig darauf, daß er sich an der Innenseite seines Kameraden hielt. Es konnte ja sein, daß er gegen die Reling stolperte, umkippte und dem toten Norell Gesellschaft leistete.

»Oh, das ist Schwedens größte und mächtigste Reederei. Sie hat viele Schiffe. Es ist eine große Ehre, für die Schwedische Ostindische Compagnie zu arbeiten. Du kannst dich überglücklich schätzen, diese Chance erhalten zu haben. Stell dir vor, wenn ich nach Hause komme, habe ich an Monatsheuer und Privilegiengeld fast vierhundert Taler Silbergeld verdient, und wie soll der wohl beschaffen sein, der das an Land verdienen kann? Bei der nächsten Fahrt kann ich Leichtmatrose werden und dann vielleicht Matrose wie Vater und dann . . . Ja, man weiß nie, wo es enden kann, wenn man der Compagnie nützlich ist.«

Sie gingen eine Zeitlang schweigend nebeneinander her, und Lars verdaute, was er gehört hatte. Dann hustete er vorsichtig und murmelte:

»Hör mal, Mats, wohin fahren wir? Wohin soll das Schiff segeln?«

Mats blieb urplötzlich stehen. Er war völlig verblüfft.

»Aber weißt du nicht mal das? Bist du denn taub und blind und stumm?«

»Ich bin doch krank geworden. Ich habe etwas von Spanien gehört . . .«

»Cadiz in Spanien ist nur der erste Hafen, den wir anlaufen. Dorthin müssen wir segeln, um noch Waren an Bord zu nehmen und anderes gegen Proviant einzutauschen.«

»Und dann?«

Mats lachte wieder und erwiderte munter:

»Nach China natürlich!«

4

LARS KRAMPFTE SICH DER MAGEN ZUSAMMEN. Lag China nicht auf der anderen Seite der Erde? War das nicht ein Land, in dem es Menschen mit zwei Köpfen gab und riesige Tiere, die alle Fremden verschlangen? Falls man überhaupt so unchristlich weit kam, denn die Meere auf dem Weg dorthin waren ja mit den schrecklichsten Ungeheuern angefüllt. Merkwürdigerweise schien Mats überhaupt keine Angst zu haben. Er lachte nur über Lars' Befürchtungen.

»Ach was, mein Vater ist schon zweimal dort gewesen, und er sagt, es ist ein phantastisches Land. Die Leute sehen genauso aus wie wir, obwohl sie kleiner und gelber sind und schräge Augen haben und sich anders kleiden.«

Mats schien alles zu wissen, was mit der See und Schiffen zu tun hatte. Die beiden gingen während der gesamten Wache an Deck auf und ab und sprachen miteinander. Lars erfuhr, daß man es eilig gehabt hatte, von Göteborg wegzukommen, solange noch Flut herrschte. Vielleicht würden sie in etwa einem Monat Cadiz an der spanischen Küste anlaufen.

»Wenn wir mit Wetter und Wind Glück haben.«

Mats fühlte sich ausgezeichnet, während Lars spürte, wie die Übelkeit ihm im Hals aufstieg. Es war nicht unerträglich, aber unangenehm, und Mats erzählte ihm, daß die Seekrankheit entsetzlich sein konnte und daß manche sie nie überwanden. Es war ein schwacher Trost, sich in Gesellschaft zu befinden. Die Schiffsglocke ließ vier neue Doppelschläge ertönen, und es erschienen

Männer aus den unteren Decks, um die Wachen abzulösen. Lars bemerkte, daß fast alle wie Mats den gleichen knielangen Pelz anhatten, und im selben Augenblick sagte Mats:
»Du wirst frieren wie ein kranker Hund, wenn du dir nicht mehr anziehst.«
»Mir ist nicht kalt. Ich bin warm angezogen. Der Pullover ist dick.«
Mats zeigte ihm die Dicke des Pelzes und das dichte Fell und sagte: »Dänisches Lammfell. Widersteht der Nässe. Mutter war sehr genau damit, daß auch ich einen solchen Pelz habe, als ich an Bord ging. Es ist der gleiche, den alle Seeleute tragen.«
»Mir ist nicht kalt«, wiederholte Lars selbstsicher. »Wenn ich einen solchen Pelz anhätte, würde ich mich totschwitzen.«
Lars folgte seinem neuen Freund ins Zwischendeck hinunter, das auch Batteriedeck genannt wurde, wo die Besatzung untergebracht war. Der Koch hatte schon mit seiner morgendlichen Arbeit begonnen, und der gewaltige Kupferkessel stand in dem gemauerten Herd auf den Flammen. Auf dem Fußboden – »auf einem Schiff heißt das Boden«, sagte Mats – saßen Seeleute und warteten mit ihren Blechtellern in der Hand.
»Jeden Morgen gibt es Erbsen«, erklärte Mats, »und einen halben Salzhering und Dünnbier oder Wasser. Du wirst schon sehen, davon wird man satt.«
Lars wußte nicht, wann seine Pflichten als Bursche begannen, und Mats sagte, er solle sich beim Offizierskoch melden, denn der bereite das Essen der Offiziere zu. Dessen Feuerstelle lag etwas weiter weg auf demselben Deck. Der Offizierskoch war ein kugelrunder Mann mit einem glänzenden, speckigen Gesicht und Hamsterbacken. Er rieb sich die fetten Hände und sagte scherzhaft: »Aha, sieh an, sieh an, ein Spatz vom Himmel, man dankt, man dankt. Lasse Norell, sagst du? Hast du nicht im Krankenrevier gelegen und am Kissen gehorcht?«

»Ich bin jetzt wieder gesund.«

»Nygren sagte, du seist vierzehn Jahre. Meiner Seel, wenn ich je einen mickrigeren Vierzehnjährigen gesehen habe! Sieht aus wie ein Säugling, aber ich bin nicht der Mann, der über den schmalen Brustkorb anderer meckert. Du kannst ja nichts dafür, daß du nicht so gut gewachsen bist wie der Kajütenkoch Johan Norrblom.«

Er grinste und gab Lars mit dem Handrücken einen Klaps auf die Brust, und Lars lächete ihn dankbar an. Er war über jeden Erwachsenen froh, der ihn nicht anfauchte oder fluchte.

»Komm wieder her, wenn die Glocke das nächste Mal acht Glasen schlägt, dann kannst du der Herrschaft mein vorzügliches Mahl servieren, und später gibt es noch Mittag- und Abendessen.«

Mats hatte Lars einen Blechteller und einen Holzlöffel mitgebracht, und beide stellten sich in die Schlange, um ihren Schlag Erbsensuppe zu erhalten. Das Essen machte nicht alle so begeistert wie Mats, und Lars hörte das Grunzen derer, die schon zu essen begonnen hatten.

»Schmeckt schon jetzt verdorben . . .«

»Wer hat diese Erbsen gekauft? Man sollte ihn kielholen . . .«

»Wie soll es erst werden, wenn wir unten in der Hitze sind?«

Lars war wahrlich nicht verwöhnt, was das Essen anging, und war wie Mats der Meinung, daß die Erbsen gut schmeckten, doch seine empfindliche Nase verriet ihm, daß sie schon einen kleinen Stich hatten. Der Koch wehrte wütend alle Anklagen ab. Er war hochgewachsen und schmal wie ein Stör, und die ständige Hitze der Feuerstelle ließ seine Gesichtshaut aussehen wie gesprungenes Leder.

»Ich kann nur zubereiten, was andere an Proviant einkaufen. Gebt dem Ausrüster Svanberg die Schuld, wenn ihr nicht zufrieden seid. Ich kann doch nichts dafür. Die Einkäufe sind Sache des Ausrüsters.«

Einer der Matrosen spie auf den Fußboden oder Boden, wie Lars ihn jetzt nennen mußte, und knurrte verärgert: »Svanberg die Schuld geben, der noch in Göteborg sitzt. Pfui Spinne und Teufel, was für Erbsen! Du elender Koch bist es, der sie nicht ordentlich geputzt hat. Du bist fauler als ein Ochse, den der Schlag getroffen hat.«

Der Koch wurde zu einer Gewitterwolke und gab jedem seinen halben Hering, worauf er sich mit verschränkten Armen hinstellte, um weitere Beschwerden abzuwarten. Aber der Hering schmeckte, wie Hering nun mal schmeckt, und zu weiteren Klagen hatte niemand Anlaß.

Quartiermeister Nygren kam herangewatschelt, bekam sein Essen und aß es schweigend. Obwohl er Lars bemerkte, tat er, als sähe er ihn nicht. Mats hatte ihm erzählt, das Schiff habe vier Quartiermeister, deren Aufgabe es sei, die Arbeit der Besatzung zu beaufsichtigen. Es war offenkundig, daß die anderen großen Respekt vor Nygren hatten. Diejenigen, die in der Nähe saßen, rutschten zur Seite und sahen ihn scheu an, als er stumm die Erbsen in sich hineinlöffelte.

Mats mußte etwas erledigen, und ein Matrose, der Lars verstohlen betrachtet hatte, kam geduckt über den Boden geschlichen und ließ sich neben ihm nieder. Es war ein wettergegerbter und frosterfahrener Mann, dessen spitze Nase aussah, als hätten Vögel darauf herumgehackt. Er war sicher schon über sechzig, und als er die mageren, sehnigen Arme über die Knie legte und mit einem zahnlosen Mund grinste, ähnelte er einem alten Mann, den Lars in Norrköping in einem Armenhaus gesehen hatte. Er sprach mit heiserer, piepsiger Stimme, und sein Lachen endete in heftigen Hustenanfällen.

»Isac Österberg heiße ich, wohl bekomm's, befahrener Matrose, seit ich 1709 auf der *Konung Carl* anmusterte, und seitdem hat man mich nicht viele Tage an Land gesehen.«

Er blinzelte Lars mit wasserblauen Augen an, um deren Iris sich ein Netz feiner roter Äderchen zeigte. Lars sagte seinen Namen, denn er vermutete, daß der Mann ihn erfahren wollte. Wie leicht es schon jetzt ging, Lasse Norell zu sagen. Isac lachte so, daß der Husten in einen Schluckauf überging.

»Gott soll dich schützen, Lasse! Gerade darüber wollte ich mit dir sprechen. Muß ein Fingerzeig von oben sein. Ist dies deine erste Heuer?«

Lars nickte, und Isac rutschte etwas näher heran und zeigte sein geschwollenes rotes Zahnfleisch.

»Es gibt an Bord nichts, was ich nicht kann. Das kann dir nützen. Es gibt Leute, die dir unten in der Back vielleicht zum Spaß eins überbraten wollen, und dann kannst du einen Freund wie Isac gebrauchen. So lange, wie ich schon dabei bin, kann ich sowohl Bootsleuten wie Feldscheren die Leviten lesen, von den Matrosen und Leichtmatrosen ganz zu schweigen. Wenn Isac Bescheid sagt, trägt bei dir niemand die Schnauze hoch. Was sagst du dazu? Willst du den alten Isac als Freund und Beschützer haben?«

»Warum nicht«, erwiderte Lars ein wenig zögernd.

Isac schlug ihm auf den Rücken und leckte sich die gesprungenen Lippen mit einer grauen Zunge.

»Dann will Isac, daß du dich erkenntlich zeigst. Gefallen und Gegenleistung. Nichts für nichts. Etwas für etwas. Ich für dich und du für mich.«

Lars zuckte die Achseln und breitete die Arme aus.

»Ich habe nichts, was dir von Nutzen sein kann. Ich besitze nichts auf der ganzen Welt. Nur das, was ich am Leib trage, und das brauche ich selbst.«

Der Matrose kam noch näher, sah sich um und flüsterte:

»Ich will aber deinen Nisse und deinen Lasse haben.«

Lars begriff nichts, und das sah der Matrose, dessen Schluckauf zu einem Lachen wurde.

»Wir kriegen jeden Tag eine halbe Jungfer Branntwein. Den Bestimmungen und Regeln zufolge. So was nennt man Nisse. Wenn es schlechtes Wetter gibt und wir für drei schuften müssen, kann es sein, daß wir eine ganze Jungfer bekommen, und so eine heißt Lasse. Das kriegen alle, auch die Schiffsjungen. Was ist? Was antwortest du dem alten Isac? Willst du meinen Schutz und dafür auf die tägliche Branntweinration verzichten?«

»Aber ja«, erwiderte Lars. »Du kannst sowohl Nisse wie Lasse haben und alles andere, was es sonst noch heißt. Ich will nichts davon.«

Der Matrose saß eine Weile ganz still da, und die wasserblauen Augen begannen vor innerer Freude zu leuchten. Er klopfte Lars auf die Schulter und sagte leise und mit glücklicher Stimme: »Jetzt hast du Isac froh gemacht. Das sollst du nicht bereuen, dafür hast du mein Wort. Du hast dir soeben einen mächtigen Beschützer gesichert!«

Der Meinung war Lars ganz und gar nicht, doch er hatte nichts zu verlieren. Der Alte wollte ihm den Rest seiner Erbsen auf den Blechteller geben, aber Lars schüttelte den Kopf. Das Stück Hering saß ihm immer noch wie ein Pfropfen im Hals. Isac betrachtete ihn näher, hustete ein Lachen hervor und schlug sich auf die Knie.

»Seekrank, und das bei einem Wetter, bei dem man Säuglinge zum Einschlafen bringen könnte! Möchte gern wissen, wie es dir geht, wenn das Schiff anfängt, Bauernpolka zu tanzen. Aber du wirst nicht der einzige an der Reling sein. Ich habe schon viele Grünschnäbel von Kadetten erlebt, und denen wird sich der Magen umdrehen, bevor die Sonne viele Runden hinter sich hat.«

Er stand auf, um zu gehen und einen Brotkanten und seine Butterration zu holen. Er erhob seinen krallengleichen Zeigefinger zu einer Ermahnung.

»Also den Nisse und den Lasse für den alten Isac. Es können zwar noch andere kommen und um den Branntwein betteln, aber dann hast du ihn schon versprochen. Wenn du dein Versprechen hältst, lacht die Sonne über dir, wenn du es vergißt, umgibt dich die schwarze Dunkelheit der Nacht!«

Mats kam zurück, und während der noch verbleibenden Stunde, bis Lars bei dem sogenannten Ersten Tisch bedienen sollte, spazierten die beiden an Deck umher. Die See war blaugrau, und der Wind wehte frisch. Die vielen Segel blähten sich und trieben das Schiff mit guter Fahrt voran. Mats liebte alles. Für ihn war alles fabelhaft und herrlich. Lars vermochte nicht das geringste an Bord zu erkennen, was ihm herrlich vorkam, widersprach aber nicht.

Sein neuer Freund überschüttete ihn mit seinem Wissen über das Seemannsleben. Lars erfuhr, wie die verschiedenen Wachen genannt wurden. Jede Wache bestand aus vier Stunden und wurde in halbe Stunden aufgeteilt, die auf See »Glasen« genannt werden. Unten im Steuerhäuschen beim Rudergänger gab es ein Stundenglas, und wenn der Sand in den unteren Kegel gelaufen war, ließ er eine kleine Glocke ertönen, und wenn der Ausguck sie in seinem Mastkorb am Bug hörte, wiederholte er den Schlag mit der großen Schiffsglocke.

»Warum sagt man Glasen?« wollte Lars wissen.

»Weil es ein Glas ist, das Stundenglas.«

Von Mitternacht bis vier Uhr morgens war die Hundewache, die schlimmste von allen. Kalt und ungemütlich und dunkel, und die meisten hatten Mühe, nicht einzuschlafen. Doch wenn man das tat, mußte man mit einer schweren Bestrafung rechnen. Die nächste Vier-Stunden-Wache hieß die Tageswache, dann kamen die Vormittagswache und die Nachmittagswache. Die nächste Vier-Stunden-Schicht wurde in zwei Ablösungen aufgeteilt, die erste war der Plattfuß, und danach kam bis Mitternacht die Erste Wache.

»Wollen wir messen, wie lang das Schiff ist?« fragte Mats eifrig. »Wir schreiten es ab.«

Sie stellten sich achteraus auf einem der unteren Decks hin, machten dann lange Schritte nach vorn und zählten beide stumm. Als sie den goldenen grinsenden Löwen vorn am Bug erreichten, hatten sie beide bis zur gleichen Zahl gezählt.

»Siebenundvierzig«, sagte Mats. »Aber ich habe Vater sagen hören, das Schiff ist dreiundvierzig Meter lang. Wir haben wahrscheinlich keine Meterbeine. Und die Breite soll elf Meter sein, und bis zum Kiel unten im Laderaum sind es fünf ganze Meter. Es ist ein gewaltiges Schiff, auf dem du dich befindest, Lasse! Ein herrliches Schiff!«

Lars sah auf die unendliche, grau schäumende Wasserfläche hinaus und erschauerte. Das Schiff war vielleicht groß, aber trotzdem nur eine kleine Nußschale auf einem Meer, das nirgendwo endete und sicher auch bodenlos war. Wenn man hineinfiel, hörte man wahrscheinlich nie auf zu sinken.

Überall waren Leute. Erwachsene und junge Männer, die sich langsam bewegten und den Eindruck machten, als hätten sie alle Zeit der Welt; Männer, die vornehm gekleidet waren, und andere, die mit Werkzeug umherrannten oder etwas zu erledigen hatten. Sie sahen wild und ein wenig gefährlich aus. Lars murmelte etwas darüber, und Mats lachte.

»Vater sieht genauso aus, aber so ist das nun mal mit Seeleuten. Auf den Kriegsschiffen ist es viel schlimmer. Du weißt doch, daß da die meisten an Bord gepreßt worden sind? Niemand möchte an Bord eines Kriegsschiffs, doch dafür hat der König seine Werber, die den Leuten zu saufen geben, bis sie blau sind, und dann tragen sie sie an Bord, und wenn sie aufwachen, sind sie draußen auf See und können nicht fliehen. Aber auf den fabelhaften Schiffen der Schwedischen Ostindischen Compagnie ist es nicht so. Hier möchte man gern sein, und hier bekommt man gute Bezahlung. Stell dir vor, Lasse ... Wir sind einhunderteinundfünfzig Mann an Bord! Stell dir vor, so viele! Ist das nicht wunderbar?«

Wie hieß dieses merkwürdige Wort nun wieder?

»Dieser Superkog... kag... Superkargo, was ist das für einer?«

Mats wurde plötzlich ganz ehrfürchtig.

»Superkargo heißt das. Oh, diese Ladungsaufseher sind feine Leute! Der Kapitän ist nichts gegen die. Das sind die Männer der Reederei an Bord, und der Kapitän darf nichts tun, ohne sie um Rat zu fragen. Das, was mit dem Schiff und der Ladung und so was zu tun hat, darüber entscheidet natürlich der Kapitän, aber sonst sind es die Ladungsaufseher, die an Bord das Gesetz sind.«

Mats erzählte von den Dienstgraden und erklärte, wer was machte, bis sich bei Lars im Kopf alles drehte. Er merkte nicht, daß Quartiermeister Nygren sich von hinten anschlich, bis er einen Griff um den Hals spürte, doch der war gar nicht so hart wie beim letzten Mal.

»Du Lümmel, wir haben gleich acht Glasen, und du sollst deine Pflicht tun!«

Er nahm die Hand vom Hals, packte den Oberarm und sah Lars nachdenklich an. In seinem Blick war etwas, woraus Lars nicht schlau wurde.

»Jetzt trabst du auf der Stelle los, aber wenn du die Herren bedient hast, kommst du wieder her. Genau hierher. Ich habe Befehl, dich zu einem Seemann zu machen, und ein Seemann sollst du werden.«

Er versetzte Lars einen leichten Schlag in den Nacken, und dieser taumelte in Richtung Zwischendeck. Der Offizierskoch Johan Norrblom hatte viel zu tun und schien drei Hände zu haben, die über das Herdfeuer und die Schüsseln und Silberteller fuhren, war aber genauso zu Scherzen aufgelegt wie immer.

»Aha, du kommst ja doch noch. Ich glaubte schon, du wärst nach Norwegen ausgerückt. Das passiert leicht, wenn man so klein und dünn ist wie du, dann kann man auf dem Wasser laufen. Ja, hier ist die Platte mit dem guten Truthahn, der bis vor ein paar Stunden noch gelebt hat und glaubte, er würde alt und grau werden, aber Norrblom kann man nicht entkommen, das geht einfach nicht.«

»Was – was soll ich tun?« stammelte Lars.

Er bekam plötzlich Angst. Es war für ihn unerhört, mit so vielen feinen Leuten auf einmal zusammen zu sein.

»Du sollst Tallman und Callander nur die Platte hinhalten, damit sie sich bedienen können, und dann warten, ob sie mehr haben wollen. Im übrigen sollst du nur dein Stichlingsmaul halten und dich unsichtbar machen. Wenn du dich tölpelhaft benimmst und unangenehm auffällst, kriegst du Backpfeifen auf beide Backen, aber die brauche ich Gott sei Dank nicht auszuteilen. Beeil dich jetzt, damit der Truthahn nicht kalt wird, denn kalter Truthahn gibt warme Backpfeifen.«

Mats hatte ihm gezeigt, wohin er mit dem Essen gehen sollte, und Lars balancierte vorsichtig die Treppen hinauf bis zum obersten Deck achteraus. Die Tür zu der großen Kajüte, dem sogenannten Deckshaus, stand offen. Dort war er schon früher gewesen. Mit einem Gefühl der Erleichterung, nicht gestolpert zu sein, trat er über die kleine Schwelle.

Am Tisch saßen der Kapitän, der Erste Steuermann, den sie auch Obersteuermann nannten und der den Kapitän vertrat. Er hieß Fredrik Arfvidsson. Das hatte Mats erzählt, aber Lars war viel zu nervös und aufgeregt, um ihn näher anzusehen. Er sah nur, daß dort eine Gestalt saß. Dann saßen da noch ein paar Assistenten, der Zweite Steuermann, der Bengt Wass hieß, der Schiffsprediger Didrik Bockman, Oberfeldscher Gunning, der Lars zunickte und lächelte, der Dritte Steuermann Hans Laurin und der Vierte Steuermann Michael Agger. Die vier Ladungsaufseher Gabriel Stocke, Erik Duva, Adolf Callander und Carl Tallman saßen nebeneinander.

Lars erinnerte sich zwar an die Namen, doch das war auch alles. Die Kajüte war voller Tabakrauch, der die Essenden in einen graublauen Nebel zu hüllen schien. Im Raum befanden sich noch ein Schiffsjunge, der reglos wie eine Holzpuppe an der Wand stand und eine Silberschüssel in den Händen hielt, sowie ein älterer Mann, der Wein in die grün schimmernden Gläser goß.

»Jetzt komm doch endlich her!« platzte Ladungsaufseher Tallman heraus.

Lars zitterte wie Espenlaub, doch ihm gelang das Kunststück, die große Platte einigermaßen still zu halten, so daß Tallman sich einige der aufgeschnittenen Scheiben auf den Teller legen konnte. Tallman nickte seinem Nachbarn zu, als wollte er zeigen, wen Lars als nächsten bedienen sollte. Adolf Callander war ein Mann etwas vorgerückten Alters mit ruhigen, ernsten Gesichtszügen und forschenden tiefblauen Augen.

»Du bist unser neuer Bursche?«

Lars mußte eine Antwort geben. Wie hieß dieser Superkargo noch? Er hatte es doch eben noch gewußt. Er hatte das Gefühl, sauren alten Haferbrei im Gehirn zu haben. Er schluckte und runzelte die Stirn vor Anstrengung, und Tallman ließ ein kurzes Lachen hören.

»Habe ich es nicht gesagt? Wir haben einen Burschen mit dem Schädel eines Schafs bekommen.«

Callander! Das war's. Lars verneigte sich.

»Ja, Herr Callander.«

Dieser sagte nichts, sondern nahm sich von dem Fleisch. Als er damit fertig war, eilte Lars zur Wand und stellte sich neben den zweiten Schiffsjungen. Er atmete mit offenem Mund, um nicht zu stören. Wenn ihm nur nicht so übel gewesen wäre! Der Pfeifenrauch drang ihm in die Lungen, und im Magen krampfte es sich vor Unbehagen zusammen. Doch er mußte stillstehen, wie man ihm befohlen hatte.

Er hörte nur Bruchstücke der Unterhaltung bei Tisch. Soviel er verstehen konnte, machten sich einige über den Prediger lustig, und jetzt sah Lars, wie dieser aussah. Ein hochgewachsener, schmaler Mann von Anfang zwanzig, Hängeschultern, fast kein Kinn und feuchte, bittende Augen. Wenn er sprach, hörte es sich an, als würde er gleich zu weinen anfangen.

»Wir müssen den falschen Kerl mit an Bord bekommen haben. Ein Priester kann doch nicht Bockman heißen. Das weiß schließlich jeder, wer ein ›Bockman‹ ist. Der Teufel persönlich.«

»Es ist ein alter Familienname . . .«

»Ja, der Teufel stammt aus alter Familie.«

»Ihr dürft nicht so grobe Scherze machen, Ihr Herren. Ich bin ein ehrlicher Gottesmann und verdiene mein Brot in Demut.«

»Schon möglich, aber zeigt uns nur nicht den Bocksfuß. Der ist doch gespalten, nicht wahr?«

»Aber ich bitte Euch, Ihr Herren . . .«

Der Zweite Ladungsaufseher Duva war der Spötter, und sein prustendes Gelächter über das Jammern des Predigers entlockte den anderen ein Lächeln. Es erschienen weitere Schiffsjungen mit noch mehr Platten und Schüsseln, und die Männer aßen und tranken und rauchten und schienen in dieser Welt keine Sorgen zu haben. Lars grübelte über seine Verfolger in Göteborg nach. Würden sie sich damit begnügen, zu glauben, daß es ihm gelungen war, ihnen zu entkommen?

»Du da! Du Schafskopf! Du kriegst keine Taler Silbergeld dafür, daß du im Stehen schläfst.«

Tallmans übellaunige Stimme erreichte ihn. Lars ging erschreckt ein paar Schritte mit der Platte auf die Ladungsaufseher zu, stolperte aber über etwas auf dem Boden. Er versuchte, das Gleichgewicht zu halten, fühlte aber, wie die Platte seinen Händen entglitt. Mit einer Angst, die ihm die Kehle zuschnürte, sah er, wie die Platte erst auf Callanders Knie landete und anschließend scheppernd zu Boden fiel. Die Gespräche verstummten. Die Blicke aller richteten sich auf Lars, der mit feuerrotem Gesicht und ausgestreckten

Händen dastand. Es blieb so lange totenstill, daß Lars meinte, die Ewigkeit könnte auch nicht länger dauern.

»Ich habe gesagt, daß man dich eines Tages aufknüpfen wird, und dieser Tag dürfte nicht mehr fern sein«, zischte Tallman schließlich mit eiskalter Stimme.

»Callander, du kannst anfangen, ihn zu züchtigen, da es deine Hosen sind, die gelitten haben.«

Callander zuckte leicht die Achseln.

»Hat aber keine Flecken gegeben. Er soll sich einfach nur bessern.«

»Der bessert sich nie. Er ist ein Stück Vieh mit einer niedrigen Stirn, und das wird er auch bleiben. Du erweist ihm nur einen Dienst, wenn du ihm mit ein paar Ohrfeigen Zucht beibringst.«

»Aber nicht dafür. Junge, heb die Platte und die Fleischstücke auf. Räum auf. Wir wollen hier keinen Schweinestall haben.«

Dunkelrot vor Scham rannte Lars zum Tisch, schnappte sich die Silberplatte und hob die Fleischstücke auf, die er finden konnte. Er war ein Taugenichts. Nicht mal servieren konnte er. Immer mußte er alles falsch machen, nie konnte er eine Arbeit gut erledigen. Es war wohl so, wie sie alle im Lauf der Jahre gesagt hatten – er wäre besser nie zur Welt gekommen.

Er stand auf, und Callander nahm einige der Fleischstücke von der Platte und legte sie sich auf seinen Porzellanteller, Tallman ebenso. Nichts durfte umkommen. Fleisch war Fleisch, selbst wenn es auf dem Boden gelegen hatte. Die Gespräche kamen wieder in Gang, die Pfeifen wurden angezündet, und man schien Lars zu vergessen, obwohl Kapitän Hallbom ihm von Zeit zu Zeit einen grimmigen Blick zuwarf. Es hatte ihm sicher in den Fingern gejuckt, dem Burschen wegen seiner Tölpelhaftigkeit ein paar saftige Ohrfeigen zu verpassen.

Kurze Zeit später war die Qual vorüber, und Lars durfte mit der leeren Platte zum Offizierskoch hinunterlaufen. Die anderen

Schiffsjungen hatten ihn höhnisch angegrinst, und der ältere Mann, der den Wein servierte, hatte ihm im Vorbeigehen das Knie gegen die Schenkel gestoßen und ihm ein gemurmeltes »elende Mißgeburt« zugezischt. Dabei war dies nur die erste Mahlzeit. Auf dieser ganzen entsetzlich langen Reise nach China sollte er bei Tisch bedienen. Wie oft würde er sich wohl noch danebenbenehmen?

Seine Übelkeit wurde immer schlimmer, aber der Quartiermeister hatte ihm Befehl gegeben zu erscheinen, und er mußte gehorchen. Lars fühlte sich zittrig in den Beinen, und sein Magen war in vollem Aufruhr, aber es war ihm klar, daß Nygren darauf nicht die geringste Rücksicht nehmen würde. Dieser lehnte an der Reling und sah aufs Meer. Er schien Lars zunächst gar nicht zu bemerken. Dann sagte er, ohne sich umzudrehen: »Was weißt du eigentlich über Schiffe?«

»Nichts.«

Eine Sekunde später ließ ihn eine Ohrfeige von Nygrens harter Faust gegen eine Kabinenwand fliegen.

»Ja, Herr Nygren! Nichts anderes, du Rotzlöffel! Auf einem Schiff heißt es gehorchen. Nur gehorchen! Hast du verstanden?«

Lars kam wieder auf die Beine. Er hatte das Gefühl zu schwanken, was sowohl an dem Schlag wie an der ständigen Übelkeit lag.

»Ja, Herr Nygren«, murmelte er.

»Du wirst lernen, wie jeder kleine Teil eines Schiffs heißt und wirst alles im Schlaf herunterbeten müssen. Wenn du vorher nicht schon über Bord fällst, was du wahrscheinlich tun wirst. Hör genau zu jetzt. Wenn du nicht aufpaßt, werde ich dir eine Lektion erteilen, die du nie vergißt. Wie viele Masten siehst du?«

Es waren doch drei? Dieses komische Ding da ganz vorn, war das auch ein Mast? Obwohl es fast direkt nach vorn zeigte.

»Drei, Herr Nygren«, erwiderte er unsicher.

»Am Bug ist der Fockmast, in der Mitte der Großmast und achtern der Kreuzmast. Wir gehen nach achtern.«

Nygren ging einfach los, ohne zu warten, und Lars eilte hinterher, denn er hatte Angst, wegen seiner Langsamkeit schon wieder geschlagen zu werden. Wenn er sich doch nur zurückziehen und sich ausruhen dürfte! Er hatte einen Kloß im Hals und einen üblen Geschmack im Mund.

»Die großen Segel an den Masten heißen Rahsegel. Sie sind zwischen den Rahen gespannt, die quer an den Masten sitzen. Jedes Rahsegel hat einen eigenen Namen, und die mußt du lernen. Insgesamt hat das Schiff eine Segelfläche von sechzehnhundert Quadratmetern. Der Wind bläht die Segel von achtern und treibt das Schiff nach vorn. Hast du verstanden?«

»Ja, Herr Nygren.«

Er wußte nicht, ob er es begriffen hatte. Im Augenblick war es ihm gleichgültig, aber er konnte nichts anderes sagen als ja. Der Quartiermeister zeigte auf ein schräggestelltes kleines Segel am Heck des Schiffs und erklärte:

»Das da nennt man Gaffelsegel und dieses kleine Segel dort Stagsegel. Vor diesen Segeln bildet sich ein Luftvakuum, und das treibt das Schiff auch vorwärts. Wir erreichen eine Höchstgeschwindigkeit von etwa zehn Knoten. Kapiert?«

Lars hörte kaum noch zu. Sein ganzes Inneres war in Aufruhr.

»Ja, Herr Nygren«, krächzte er.

»Wir gehen jetzt zum Großmast.«

Weit, weit weg in der Ferne, wie Lars meinte, begann Nygren zu erzählen, wie die unzähligen Seile hießen, die von den Mastspitzen herabhingen. Sie kamen Lars vor wie Spinnengewebe, und er nahm etwas wahr, was sich nach Wanten, Stagen und Takelage anhörte, aber was für eine Funktion die hatten, blieb ihm unklar.

»Antworte gefälligst, Rotzlöffel!«

Wonach hatte Nygren gefragt? Lars wußte es nicht, preßte aber zwischen steifen Lippen hervor:

»Ja, Herr Nygren.«

»Ja? Was ist das für eine Antwort? Ich habe gefragt, wie diese Leinen unter den Rahen heißen, auf denen man balancieren muß, wenn man die Segel refft oder setzt? Wenn du nicht aufpaßt, werde ich dir Verstand in den Leib prügeln, auch wenn es mich den Rest des Tages kosten sollte. Verlaß dich drauf.«

Etwas mußte er gesagt haben. Aber was? Lars versuchte, sich im Dunkel seiner Gedanken zu erinnern, und ein Begriff tauchte auf.

»Pferde, Herr Nygren.«

»Noch mal Glück gehabt, du kleiner Scheißkerl! Der Großmast hier ist etwa so hoch, wie das Schiff lang ist. Du siehst die Mastspitze?«

Lars legte den Kopf in den Nacken und blickte nach oben. Weit weit dort oben sah er den Topp, und allein schon der Anblick drehte ihm den Magen um.

»Ja, Herr Nygren. Ich sehe sie.«

Die stechenden, schwarzen kleinen Augen kamen ihm nahe, und Nygrens kehlige Stimme knurrte: »Na also. Dann klettere zum Topp hoch und dann wieder runter!«

5

Hinaufklettern? Er? Lieber würde er sterben. Lars blinzelte wieder nach oben, und jetzt konnte er nicht mehr dagegen ankämpfen. Er stürzte an die Reling und übergab sich in das schäumende, grauschwarze Wasser. Schon wieder hatte er Nygrens Griff im Nacken und wurde durchgeschüttelt wie ein Kätzchen.

»Übergib dich ruhig, du kleines Schwein! Aber in den Mast mußt du trotzdem. Du genauso wie alle anderen Rotznasen, die sich einbilden, Seeleute werden zu können.«

Er wollte nicht, wollte nicht, wollte nicht ...

»Mir ist so schwindlig«, schluchzte er. Er hatte das Gefühl, als kehrte sich das Innerste seines Magens nach außen. Der Inhalt ging über die Reling.

»Rauf in den Topp und wieder runter, und dann wieder rauf und wieder runter, und so machst du weiter, bis ich halt sage. Und das wird lange dauern.«

Ohne Federlesens hob er Lars hoch und drückte ihn auf den untersten Teil des Spinnennetzes. Lars klammerte sich an den Seilen fest. Nygren nahm ein Tauende, das er in der Tasche gehabt hatte, versetzte Lars damit einen Schlag und schrie:

»Rauf! Klettern!«

Lars tastete nach dem nächsten querstehenden Seil in der Takelage und hievte sich hinauf. Gott, o Gott! Hilf mir! Lieber Gott ... Die Finger schlossen sich um das Seil oder die Want. Er erinnerte sich dunkel an den Ausdruck. Er hatte das Gefühl, daß sie sich festkrallten. Ein neuer brennender Hieb.

»Rauf!«

Ob er es wagen konnte, den Griff mit der einen Hand loszulassen? Er mußte es ja. Lars schloß die Augen und tastete sich weiter nach oben. Dann die Füße. Erst der eine. Dann der andere. Auf der schmalen Want hatte er kaum Halt. Er spürte nichts unter dem Fuß. Es wäre besser gewesen, wenn er barfuß gewesen wäre. Der Quartiermeister kletterte hinter ihm her und schlug mit dem Tauende auf ihn ein, sobald Lars zögerte.

»Herr Nygren . . . ich kann nicht . . .«

»Rauf mit dir!«

Lars schlug die Augen auf und hatte den Großmast vor sich. Ohne es zu wollen, blinzelte er nach oben. Nein . . . es ging nicht . . . der Blick glitt nach unten. Er war noch nicht weit geklettert, aber das Deck schien doch schon unendlich weit weg zu sein. Er war ein krankes, kleines Menschlein, das sich an schwankenden Seilen in einer kleinen Nußschale festklammerte, die auf einem endlosen Meer dahintrieb. Dieser entsetzliche Schlag mit dem Tau . . . Es blieb ihm nichts anderes übrig, er mußte weiter, auch wenn er das Gefühl hatte, als würde ihm der Atem in den Lungen steckenbleiben.

Nur nicht nach unten blicken. Das wußte er. Dann war er verloren. Dennoch blickte er immer wieder zwanghaft aufs Deck, und es gelang ihm nur mit größter Selbstüberwindung, den Blick fest auf den dicken Großmast gerichtet zu halten. Aber was war mit dem Mast los? War er abgebrochen? Er endete in einer Art Holzscheibe. Die Angst pochte Lars in der Brust, und vor den Augen flimmerte es. Er verstand nichts und wollte auch nichts verstehen. Er wollte nur wieder hinunter. Aber der Quartiermeister versperrte ihm mit seinem Tau den Weg.

»Am Großmastsegel vorbei. Bis in den Topp. Klettern!«

Die Arme schienen aus Stein zu sein, und der Körper war wie zitterndes Gelee. Dies mußte das Ende sein. Es konnte nur mit einem Sturz enden. Runter aufs Deck, und dann würde er zu Tode stürzen. Oder auch ins Wasser fallen, und dann würde er ertrinken. So oder so – es war mit ihm zu Ende. Lieber Quartiermeister, bitte schlage mich nicht mehr . . . Ich muß ja trotzdem sterben . . .

Aber Nygren schlug, und Lars mußte sich weiter nach oben flüchten. Die Finger schnappten nach den Seilen, und die Füße suchten Halt in den schwankenden Wanten. Nur nicht nach unten sehen. Nicht zum Deck. Nur geradeaus. An dem ersten war ein weiterer Mast befestigt, und der ging nach oben weiter. Die schwellenden Rahsegel waren mit Wind gefüllt, und Lars wurde sich plötzlich bewußt, wie kalt er war. Dies war eine andere Art Kälte als die, die er in Schweden gewohnt gewesen war; eine Kälte, die nur schwer zu ertragen war, die den Pullover mühelos durchdrang und die nackte Haut wie mit Eishänden preßte.

»Klettern!«

Zitternde Hände, zitternde Füße, zitternder Körper. Das Tauende schlug und schlug, und es gab nur eine Möglichkeit, der Qual zu entkommen, nämlich weiter nach oben zu klettern. Er mußte auf den Holzmast blicken. Nicht nach unten. Nicht nach oben. Nirgendwohin, nur auf den Mast. Hoffentlich hielten die Seile. Der gewaltige Nygren war ja hinter ihm, gleich unter seinen Füßen, und die Seile trugen auch Nygrens Körper. Muß weiterklettern. Gott . . . warum hilfst du mir nicht?

Aber warum sollte Gott sich um ihn kümmern? Ein wertloses kleines Menschlein, mit dem niemand etwas zu tun haben wollte. Mats natürlich, aber das lag nur daran, daß er ihn für Lasse Norell hielt, der nicht das getan hatte, was Lars Olausson angerichtet hatte. Und Isac Österberg, obwohl dessen Freundschaft nur darauf beruhte, daß er an seinen Branntwein herankommen wollte.

Nein, er war allein. Allein in dieser schrecklichen Takelage, allein in diesem eiskalten Wind, allein in dieser trostlosen Welt. Er mußte jetzt schon halbwegs im Himmel sein. An dem zweiten Mast waren eine neue Holzscheibe und ein neuer Mast befestigt. Die Wanten wurden schmaler und schmaler, so daß er kaum noch Platz für die Füße hatte. Oder glaubte er es nur?

Wie es hier oben schwankte! Es kam ihm vor, als müßte das ganze Schiff umkippen. Wie konnte der Quartiermeister nur weiterschlagen, als sich das Schiff in so großer Gefahr befand? Wenn es umkippte, würden sie ja beide in den Wellen umkommen. Wie groß waren die übrigens? Der Blick glitt sacht am Mast entlang, und dann . . . Stopp! Nicht nach unten, nur nicht nach unten! Die Seile liefen in Blocks und Taljen um ihn herum, und die Querrahen wurden schlanker und kürzer, je höher er hinaufkam. Die Segel knallten.

Es war wie ein Alptraum. Ein eisiger, peinigender, quälender Alptraum. Alpträume waren früher seine ständigen Begleiter gewesen, aber nie waren sie so schrecklich gewesen wie dieser. Hier gab es keinen Ausweg, keine Chance, in einer Wirklichkeit aufzuwachen, die vielleicht auch scheußlich war, doch nicht so wie der Alptraum. Hier waren Wirklichkeit und Nachtmahr ein und dasselbe.

»Du faules, kleines Ferkel! Ich werde dir beibringen, was auf See zu tun ist. Rauf in den Topp mit dir!«

Die Hiebe waren kaum noch zu spüren. Nygren schlug zwar noch genauso hart zu, aber in diesem Alptraum war alles gleich quälend, und der Schmerz hatte keine Abstufungen mehr. Der Mast war jetzt ganz nahe und so dünn, daß Lars glaubte, ihn mit einer Hand umfassen zu können.

Keine Segel mehr. Keine Segel? Und auch keine Seile mehr. Nur dünner Mast. War es dies, was Nygren den Topp genannt hatte? Keuchend blickte Lars am Mast hinauf. Er mußte es tun. Ja. Ein kleiner Holzring drumherum und dann noch ein kurzes Ende, das in einer abgerundeten Spitze aufhörte.

»Leg die Handfläche auf den Mast.«

Nygrens Knurren ging in dem Wind hier oben fast unter. Lars klammerte sich am Topp fest und rutschte nach oben. Er setzte sich auf den Holzring, der gerade so groß war, daß er darauf Platz fand. Lars legte den linken Arm um die Mastspitze und preßte sie so fest, wie er vermochte. Die rechte Hand glitt zitternd nach oben, wurde ausgestreckt und stieß von oben auf die Mastspitze. Der Quartiermeister ließ ein Grunzen hören, vielleicht aus Zufriedenheit, vielleicht auch aus Ungeduld, weil es so lange gedauert hatte.

»Jetzt wieder runter. Schnell muß es gehen. Du kletterst an mir vorbei, und dann bin ich mit dem Tauende hinter dir her. Du mußt so schnell wie ein eingeölter Aal runterrutschen.«

Lars legte die Stirn auf die Mastspitze und stöhnte. Gehorchen, er mußte gehorchen, das war das einzige, was er zu tun hatte. Gehorchen wie schon immer. Dann blickte er ganz unabsichtlich nach unten. Unten im Abgrund lag das Deck. In Lars' Kopf drehte sich alles, ihm war übel, und er klammerte sich an dem kleinen Masttopp fest. Dort würde er bleiben.

»Runter, sage ich!«

Nygren schlug zu, aber das spielte keine Rolle. Jetzt spielte nichts eine Rolle mehr. Er würde nie mehr von diesem Schiff wegkommen. Er versuchte, mit dem Mast eins zu werden, sich in Holz zu verwandeln, auf ewig hier zu bleiben und nichts mehr zu denken oder zu spüren oder zu wissen.

»Du verfluchter Rotzlümmel!«

Nygren kam ganz nahe an ihn heran, und sein großes Gesicht war schwarz vor Wut. Lars starrte ihn blicklos an und flüsterte:

»Ihr dürft mich totschlagen, Herr Nygren!«

Der Quartiermeister sah ihn lange an. Dann nickte er langsam und kniff sich mit Daumen und Zeigefinger seine fleischige spitze Nase. Lars übergab sich, und Nygren bekam das meiste ab, schlug aber trotzdem nicht mit dem Tau zu, um Lars zu bestrafen. Das war sonderbar, aber Lars dachte nicht weiter darüber nach. Nygren durfte tun, was er wollte.

»Du kommst erst dann herunter, wenn du es selbst entscheidest«, sagte der Quartiermeister unerwartet ruhig. »Du kannst klettern oder runterfallen. Du entscheidest selbst. Aber wenn du kletterst, mußt du in dem Augenblick wieder rauf in die Takelage, in dem dein erster Fuß die Decksplanken berührt. Mir entkommst du nie.«

Nygren kletterte schnell und gewandt wie ein Affe die Takelage hinunter, und Lars blickte ihm träge nach. Sein Magen geriet wieder in Unordnung, und etwas lief ihm aus dem Mund, doch er dachte kaum daran. Er hatte das Gefühl, als gäbe es ihn gar nicht mehr, als stünde er draußen in der Luft und betrachtete sich selbst, als betrachtete er das arme Wesen, das den Masttopp mit Armen und Beinen umklammert hielt und nie mehr davonkommen würde.

Die Kälte ließ alle seine Muskeln starr werden. Gut. Dann würde er jedenfalls nicht fallen. Die Arme würden am Mast festfrieren. Er erinnerte sich an die drei kleinen Kinder, die er in einem Winter in dem verlassenen Häuschen gefunden hatte. Alle drei hatten tot dagelegen, gestorben an der Winterkälte. Vielleicht waren sie aber vorher verhungert. Es hatte mehrere Jahre hintereinander schwere Mißernten gegeben.

Schräg vor sich sah er den Ausguck in seinem Korb sitzen, der in der Mitte des Fockmasts befestigt war. Dort sollte der Ausguck nach Land, Klippen oder Untiefen Ausschau halten. Wohl und Wehe des ganzen Schiffs konnten davon abhängen, daß er aufmerksam war. Mats hatte Lars erzählt, daß man nie ganz sicher sein konnte, wo man sich auf See befand. Die Instrumente seien nicht genau genug, und man konnte auf gefährliche Untiefen stoßen, wo man sie am wenigsten erwartete.

Ein Pfarrer hatte gesagt, die drei kleinen Kinder würden sicher zu

Gott in den Himmel kommen, vorausgesetzt, sie seien getauft. Diese Kinder hatten es besser als er, Lars. Der Himmel war nicht für ihn gedacht. Nicht mit einem Vater ohne Ohren und mit einer Mutter, die . . .

Er würde in der Hölle schmoren. In der Kirche hatten die Pfarrer erzählt, wie es dort unten aussah mit den großen Kesseln, die mit brennender Säure angefüllt waren, in der man bis in alle Ewigkeit gepeinigt werden würde. Man würde mit spitzen Speeren gestochen, und die Unglücklichen stöhnten und schrien und brüllten, und in der Hölle gäbe es nur Pein, Qual und Schmerz.

Obwohl . . . er war ja jetzt Lasse Norell. Nicht mehr der Missetäter Lars Olausson. Doch. Vor Gott schon. Nur die Besatzung des Schiffs hielt ihn für Lasse. Gott wußte, daß er Lars Olausson war, und mit so einfachen Tricks würde er dem Höllenurteil nicht entgehen.

Die Kälte ließ Lars jedes Gefühl in den Armen verlieren. Es kam ihm vor, als hätte er keine Füße oder Hände mehr. Er konnte die Finger zwar sehen, aber sie waren nicht mehr da. Vielleicht starb er Stück für Stück. Vielleicht befanden sich seine Gliedmaßen schon in den Schwefelkesseln, vielleicht warteten sie auf den Rest des Körpers? Wenn es so war, würden sie nicht mehr sehr lange warten müssen.

Die Abenddämmerung begann allmählich das graue Zwielicht auszulöschen. Folglich hatte er schon Stunden auf dem kleinen Holzring gesessen. Der Ausguck schrie etwas, doch das tat er von Zeit zu Zeit, damit die Offiziere einen Beweis dafür erhielten, daß er auf seinem Posten nicht eingeschlafen war. Einschlafen! Wenn er doch nur einschlafen könnte, um nie mehr aufzuwachen.

Lars schloß die Augen, aber obwohl er so erschöpft war, konnte er nicht einschlafen. Da schlug er wieder die Augen auf. Sein Blick wurde vom Deck angezogen, und das Karussell im Kopf setzte sich wieder in Bewegung, jedoch immer langsamer. Die Männer da unten liefen auf und ab wie kleine Ameisen. Was taten sie nur? War es schon Zeit für den Prediger, die Abendandacht zu halten? Nein, noch war es nicht Abend. Der arme Bockman hatte noch etwas Zeit, sich zu sammeln.

Es wurde immer dunkler. Die Schiffslaternen glommen da unten wie kleine Glühwürmchen. Vom Mond war nichts zu sehen, und bald würde er nichts mehr sehen können. Die Nacht umgab ihn wie eine kompakte Masse. Trotzdem konnte es erst später Abend sein. Wie viele Glasen hatte die Schiffsglocke geschlagen? Und für welche Wache? Er erinnerte sich nicht. Er hatte die Glocke wohl gehört, ihren Doppelklang aber schon vergessen.

Einsam in dieser Dunkelheit, die ihn wie ein Leichentuch einhüllte. Ein eiskaltes, feuchtes Leinentuch, sein letztes Hemd. Das Schiff trieb weiter über das nächtliche Meer, und der Ausguck da vorn konnte ruhig starren, soviel er mochte, er würde ohnehin nur Dunkelheit sehen. Selbst wenn da Klippen waren so hoch wie Häuser, würde er sie nicht entdecken können.

Der einzige Laut, der zu hören war, war das schwache Rauschen der Wellen und der saugende Wind, der die Segel blähte. Keine menschliche Stimme, nirgends ein Zeichen von Leben. Dunkelheit und ein stilles Raunen, das war alles, was Lars umgab. Er versuchte seine Stellung zu ändern, aber es ging nicht. Er saß dort fest mit den Armen, die die Mastspitze umklammert hielten, und mit den Beinen, die sich daran festkrallten, und mit der Wange am Holz. Als es so dunkel war, machte sich das Schwindelgefühl nicht mehr so stark bemerkbar, doch ihm war übel, und das Atmen fiel ihm schwer.

Es vergingen noch mehrere Stunden. Lars schaffte es nicht, auch nur einen kleinen klaren Gedanken zu fassen. Von Zeit zu Zeit versank er in seiner eigenen Dunkelheit, fuhr dann aber plötzlich zusammen und wachte wieder auf, nur um festzustellen, daß die Kälte und die Übelkeit noch da waren. Plötzlich spürte er, wie eine neue Kälte langsam in ihm aufstieg, von den Füßen an nach oben. Eine Kälte, die ihm alle Lebensgeister raubte, die er noch im Körper hatte. Jetzt sterbe ich, dachte er, ohne daß es ihn berührte. Dann falle ich hinunter. Aber dann lebe ich nicht mehr.

Dicht an seinem Ohr ertönte ein gackerndes Lachen. Waren das schon die Teufel, die sich bei ihm versammelten? Warteten sie schon auf ihr neues Opfer? Vielleicht wollten sie sich mit einem neuen Leichnam in den kochenden Schwefelkesseln vergnügen. Lars schluchzte. Jetzt war er für immer in der Folterkammer.

»Jetzt mußt du runter, Junge. Wenn der alte Isac etwas verlangt, bekommt er es auch. Nygren hat es erlaubt.«

Isac Österberg kauerte in der Takelage. Lars sah ihn zwar nicht, doch er war da, und Isacs Hände suchten ihn in der Dunkelheit. Lars versuchte, ein paar Worte herauszubringen, aber sein Hals war vollkommen durchgefroren.

»Soviel Spaß macht es nun auch wieder nicht, den Mastvogel zu spielen. Ich habe deinen Branntwein nicht bekommen, nur weil du hier oben kleben geblieben bist. Halt dich beim alten Isac am Hals fest, dann trägt er dich runter, leicht und behende wie eine Möwenfeder.«

Es spielte keine Rolle, was Isac sagte. Hinunter konnte er auf keinen Fall. Es war ihm einfach nicht möglich, hinunterzuklettern. Ob dunkel oder nicht, Lebensgefahr oder nicht, er würde die Gliedmaßen nicht dazu bringen, ihm zu gehorchen. Und außerdem war sein Körper schon jenseits aller Versuche, sich zu bewegen. Isacs magere Hände strichen ihm über den Körper.

»Halt dich jetzt am Hals fest, dann kannst du eine lustige Reise erleben.«

Lars gelang es, ein dünnes Piepsen zustande zu bringen.

»K-kann n-nicht . . .«

Isacs Lachen endete wieder in dem wohlbekannten Husten.

»Soso, du bist einer von der Sorte? Willst nicht runterklettern?

Dagegen weiß der alte Isac ein Heilmittel. Eine harte Medizin, aber sie hilft und lindert und heilt.«

Isacs Hand tastete nach Lars' Gesicht.

»Wo hast du Schädel und Kinn? Nicht mehr als bei einem Taubenküken. Das erfordert wenig Kraft.«

Was meinte er? Isacs Faust traf ihn mit einem gut gezielten Schlag am Wangenknochen. Lars wurde es ganz leer im Kopf, und das Bewußtsein verebbte allmählich. Irgendwo in der Ferne hörte er Isacs zufriedenes Lachen und spürte schwach, wie der andere versuchte, ihn von der Mastspitze loszubekommen.

6

IN MUND UND KEHLE BRANNTE ES WIE FEUER, und in der Sekunde, in der er aufwachte, bekam er einen heftigen Hustenanfall. Jemand schlug ihm auf den Rücken. Am liebsten wäre er gleich wieder in die Dunkelheit entschwunden. Wach zu sein, tat nur überall weh, und er hatte genug von Schmerzen.

»Laß ihn noch etwas trinken«, sagte eine Stimme, die er schwach als die von Mats erkannte.

»Du Narr! Diese teuren Tropfen Branntwein. Der alte Isac hat den Koch um Lasses Ration geprellt, aber schließlich gehört sie mir.«

Isacs zahnloser Mund flüsterte an seinem Ohr:

»Was sagst du? Reichen die Tropfen nicht? Gehört nicht das andere Isac?«

Lars stöhnte: »Will nichts haben!«

Das entzückte Isac, und er klopfte ihm voller Zuneigung auf die Schulter.

»Wie ich schon sagte. Wir sind Kameraden und gehen durch dick und dünn. Ich habe versprochen, ihn zu beschützen, selbst wenn es bedeutet, daß ich in die Takelage hoch muß, um einen Mastvogel herunterzuholen, nur um seinen Schnaps zu bekommen.«

Er trank aus, was noch da war, und ließ einen wohligen Seufzer hören. Lars saß mit dem Rücken am Herd, der einzigen warmen Stelle auf dem ganzen Schiff. Das Feuer war zwar für die Nacht gelöscht worden, aber es war noch etwas Hitze da. Mats flüsterte:

»Eigentlich darf sich niemand hier aufhalten, aber du mußt dich ja irgendwie aufwärmen, und der Quartiermeister schläft. Wie fühlst du dich?«

Wie er sich fühlte? Er wollte es selbst nicht wissen. Würde er je wieder Mensch werden? Konnte es ihm je gelingen, Beine und Arme, die sich vollkommen zerschlagen anfühlten, wieder zu gebrauchen? Es kam ihm unwahrscheinlich vor. Die Wärme der Feuerstelle mußte ihm irgendwann in den Körper dringen, aber noch fühlte er sich wie ein Standbild aus Eis.

»Ich gehe schlafen«, brummelte Isac. »Was ausgetrunken werden sollte, ist ausgetrunken. Sieh zu, daß du nicht mehr da bist, wenn der Koch kommt, sonst fährt er Schlitten mit dir.«

Der hochgewachsene, klapperdürre Körper verschwand gebückt in der Dunkelheit der Back, und dort war Lars noch nicht gewesen. Er hatte nicht die Kraft, sich zu bewegen. Mats setzte sich neben ihn und stahl sich auch etwas Wärme. Mats sprach leise, um keinen wachhabenden Offizier anzulocken, der sie wegjagen würde.

»Mein Vater hat gesagt, es gibt Leute, die das Klettern in luftiger Höhe nicht vertragen, die aber doch gute Seeleute werden können.«

Lars antwortete nicht. Warum hätte er das Klettern schaffen sollen, wenn er schon nichts anderes schaffte? Er taugte doch zu gar nichts. Was immer er unternahm, alles mißlang ihm.

»Ich bin schon ein paar Mal in der Mastspitze gewesen«, fuhr Mats fort. »Ich fand es herrlich da oben. Man sieht dort so viel von der See. Du wirst dich auch noch daran gewöhnen.«

Lars schüttelte müde den Kopf, und auch das nur mit großer Anstrengung. »Nie mehr werde ich in diesen Seilen herumklettern«, murmelte er.

»Aber das mußt du!« rief Mats. »Wenn du Befehl bekommst zu klettern, mußt du gehorchen. Wie würde es sonst gehen, wenn die Seeleute sich weigern, ihren Vorgesetzten zu gehorchen? Und wie soll man selbst befehlen können, wenn man Offizier wird, wenn man nicht gelernt hat, zu gehorchen? Dann gäbe es keine Handelsschiffe mehr. So ist das nun mal.«

Lars war es gleichgültig, ob es Handelsschiffe gab oder nicht, und gehorcht hatte er schon immer, denn das hatte man ihm auf jede nur denkbare Weise eingebleut. Aber noch einmal in die Takelage klettern? Nein, das kam für ihn nicht mehr in Frage.

»Deine Hängematte hast du doch schon bekommen?« fragte Mats.

»Nein. Ich bin ja schon am ersten Tag krank geworden.«

»Dann kriegst du morgen eine. Vielleicht kannst du sie neben meiner aufhängen? Dann können wir gemeinsam die Wachen übernehmen und zur selben Zeit schlafen. Wir sind ja Freunde.«

Irgendwann werde ich sicher erfahren, was eine Hängematte ist, dachte Lars. Er nickte zustimmend, und Mats gab ihm einen freundschaftlichen Klaps auf die Brust.

»Es ist gut, einen Freund zu haben.«

»Hat Isac dich nicht auch gebeten, dein Freund zu sein?« fragte Lars.

»Doch, aber nur, um meinen Branntwein zu kriegen. Zwischen dir und mir ist es etwas anderes. Wenn du willst, können wir unser Blut mischen, dann sind wir richtige Blutsbrüder. Außerdem gebe ich Isac meinen Branntwein gar nicht. Vater hat gesagt, ein richtiger Seemann muß lernen, Schnaps zu trinken, und ich nehme meine Ration wie die anderen. Schlaf jetzt ein Weilchen. Wir haben die Vormittagswache.«

Er lächelte und verschwand ebenfalls in der Dunkelheit. Allmählich spürte Lars, daß er aufzutauen begann, aber die Erstarrung im Körper wollte nicht weichen. Blutsbrüder. Aber der Junge, dessen Blutsbruder Mats werden wollte, war Lasse Norell, und Lars hatte ja nur dessen Namen geliehen. Norell war aus einem Waisenhaus gekommen und hatte es bestimmt schwer im Leben gehabt, aber was er auch getan haben und wie er auch gewesen sein mochte, so war er ein besserer Mensch gewesen als Lars. Jetzt hatte er nicht mehr die Kraft, länger nachzudenken. Schlafen, er wollte nichts als schlafen. Der Hinterkopf fiel gegen den Herd, und er schlief in der Bewegung ein. Aus seinem halboffenen Mund kam ein schniefendes Schnarchen.

Der mürrische Koch weckte ihn mit einem Fußtritt und der gebrüllten Aufforderung, sich zu packen und vom Herd zu verschwinden, denn sonst würde er darin landen. Lars krabbelte zur Seite und war erstaunt, daß er es schaffte, und noch erstaunter war er, daß er aufstehen konnte. Es knackte zwar in Knorpeln und Sehnen und tat überall weh, aber er konnte immerhin gehen, und er schien keine ernsthaften Verletzungen davongetragen zu haben. Müdigkeit machte das Gehirn zu einem leeren Ball, aber müde war er schon früher gewesen. Wenn er irgendwann wieder schlafen durfte, würde das vorbeigehen.

Das Feuer wurde angemacht. Die großen Kessel kamen auf die Flammen, die Erbsen wurden aus den Säcken hineingekippt und mit dem Wasser aus den Tonkrügen gemischt. Der Koch polterte und trieb seine Helfer an, die wieselflink arbeiten mußten, um keinen Schlag mit der großen Holzkelle zu bekommen.

Die Schiffsglocke schlug, und die Seeleute kamen aus der Back. Sie waren verfroren, fühlten sich unwohl und hatten die am Morgen gewohnte schlechte Laune. Der Koch wußte, was er zu erwarten hatte, und kam ihnen zuvor, indem er ihnen seine übellaunigste Seite zeigte. Nygren erschien und nahm seine Portion Erbsen und seinen halben Hering in Empfang. Er sah Lars an, doch dieser hatte das Gefühl, als blickte der Quartiermeister durch ihn hindurch, als wäre er Luft. Lars stand vollkommen still und wartete, aber der Quartiermeister strich an ihm vorbei, setzte sich an die Reling und aß von seinem Blechteller. Mats erschien mit einem Becher Dünnbier.

»Nach dem Morgengebet soll ein Leichtmatrose die Dagge zu schmecken bekommen. Alle sollen zusehen.«

»Was ist die Dagge?«

»Das gleiche wie die neunschwänzige Katze.«

»Und was ist das?«

»Aber Lasse, das weißt du doch? Ein Tau mit neun Enden, an denen kleine Bleistücke stecken. Wenn man was verbrochen hat, bekommt man zur Strafe was mit der Katze.«

»Was hat er angerichtet?«

»Ich weiß nicht, aber das wird der Kapitän schon sagen. Wollen wir später dann unser Blut mischen? Wir wollen doch Blutsbrüder werden.«

Lars fühlte sich mit einem Mal genauso warm wie die Feuerstelle. Einen richtigen Freund zu haben. Zum ersten Mal im Leben. Da war jemand, der sein Bruder werden wollte, der sein Blut mit seinem mischen wollte. »Ja, gerne, Mats.«

Mats strahlte ihn an, und dann wurde nicht mehr darüber gesprochen, da zum Morgengebet gerufen wurde. Das Deck füllte sich mit Seeleuten, die den Schiffsprediger Bockman grimmig anglotzten. Dieser erweckte nicht den Eindruck, als wäre ihm wohl zumute. Lars, dem ebenfalls übel war, was sich seit seinem ersten Tag an Bord nicht gelegt hatte, verstand den Pfarrer. Dieser mußte mit kraftvoller Stimme sprechen, obwohl sein Magen in Aufruhr war.

Mit rauhen Stimmen sangen die Seeleute ein Kirchenlied, worauf der Pfarrer mit seiner weinerlichen Stimme ein kurzes Gebet herunterleierte. Danach rannte er sofort wieder in seine Kabine. Alle anderen mußten dableiben, um sich die Bestrafung anzusehen. Zwei Matrosen schleiften einen Mann herein, den Lars als den Wachposten auf dem Deck mit den Tieren erkannte, den Mann, dem er Brot und Dünnbier gestohlen hatte.

Der Leichtmatrose schien vor Angst besinnungslos zu sein.

Seine Augen irrten umher, und sein Atem war kurz und röchelnd. Kapitän Hallbom trat zu ihm und musterte ihn voller Abscheu.

»Leichtmatrose Henning Joelsson, du hast schwer gegen die Sicherheitsbestimmungen des Schiffes und der Reederei verstoßen. Man hat dich auf frischer Tat ertappt, und du wirst zu fünfundzwanzig Hieben mit der Dagge verurteilt. Vollstrecker wird der Mann, der dich bei deinem schweren Vergehen ertappt hat. Quartiermeister Nygren.«

Der Kapitän gab mit der Hand ein Zeichen, worauf die beiden Seeleute den Leichtmatrosen zum Fockmast schleiften. Sie rissen ihm Pullover und Hemd vom Leib. Der Leichtmatrose sah sich in wilder Angst um. Als er Nygren mit der neunschwänzigen Peitsche mit den Bleistücken näherkommen sah, wurden seine Wangen leichenblaß. Er sank bewußtlos zu Boden.

Ein Matrose kippte einen Eimer mit kaltem Wasser über ihm aus, worauf Joelsson wieder zu Bewußtsein kam und blinzelte. Seine beiden Wachen zogen ihn hoch und banden ihn an den Mast. Nygren rollte mit den Schultern und nahm mit ein paar Schlägen in die Luft Maß.

»Gnade!« heulte Joelsson. »Erspart mir das! Es tut so weh...«

Niemand nahm auch nur die geringste Notiz von ihm. Der Kapitän nickte Nygren zu. Das war das Zeichen, daß die Bestrafung beginnen konnte. Lars blinzelte zu Mats hin. Fand er es auch so schrecklich? Doch Mats sah eher neugierig und interessiert aus. Der Quartiermeister spannte seine gewaltigen Muskeln an, worauf der erste Hieb gegen den entblößten Rücken knallte. Die Bleistücke rissen sofort blutige Striemen auf. Joelsson heulte, und Lars meinte, so furchtbare Schreie noch nie gehört zu haben. Er wollte nichts mehr sehen und nichts mehr hören, war aber wie alle anderen gezwungen, an Deck zu bleiben. Die Bestrafung verfolgte den Zweck, die Besatzung zu warnen. Niemand sollte auf den Gedanken kommen, ein ähnliches Verbrechen zu wiederholen.

Lars starrte auf die Decksplanken und biß die Zähne zusammen, um nicht mit dem Leichtmatrosen zu jammern. Er war der Meinung, ihn zu kennen. Immerhin hatten sie das gleiche Getränk geteilt und die gleiche Speise und auch die gleiche Schlafwärme unter dem Stroh.

Nach dem siebten Hieb wurde Joelsson ohnmächtig. Er wachte nicht einmal auf, als er mit kaltem Wasser übergossen wurde. Der Quartiermeister verabreichte dem Bewußtlosen die restlichen Hiebe.

»Aufhören!« rief der Kapitän. »Jetzt ist es genug. Leichtmatrose Henning Joelsson hat seine Strafe erhalten.«

Man löste ihm die Fesseln und trug ihn in eine Kabine, in der der Zweite Feldscher seine Wunden versorgen sollte. Die Seeleute zerstreuten sich, um sich wieder ihren Pflichten zuzuwenden. Die Kadetten versammelten sich an Deck, um sich vom Zweiten Steuermann Wass in Navigation unterrichten zu lassen. Der Ausguck kletterte zu seinem Korb hinauf. Einige zündeten ihre Pfeifen an. Ein Matrose lachte über den Scherz eines Kameraden. Leichtmatrose Joelsson und sein Rücken waren schon vergessen. Aber Lars sagte leise zu Mats: »Hoffentlich wird man mich nie auf diese Weise geißeln!«

»Joelsson war selber schuld. Der Verrückte ist mit einer brennenden Laterne neben einem Heuhaufen eingeschlafen! Ich finde, er ist zu billig davongekommen. Er hätte mindestens doppelt so viele bekommen müssen.«

»Aber trotzdem...«

»Vater hat gesagt, wer das Leben seiner Kameraden aufs Spiel setzt, indem er die Vorschriften über den Umgang mit offenem Feuer nicht befolgt, sollte den Haien vorgeworfen werden. Stell dir doch nur vor, das Schiff hätte Feuer gefangen. Dann lägen wir jetzt alle auf dem Meeresgrund.«

Lars schwieg. Mats hatte sicher recht, aber Lars hatte Mitgefühl mit Joelsson, und zwar aus Gründen, die er dem Freund nicht verraten konnte.

Später war es wieder Zeit, bei der ersten großen Mahlzeit des Tages zu servieren. Der Offizierskoch Norrblom grinste, als er ihn zu sehen bekam.

»Aha, die Engel haben dich am Ende also doch runtergeholt. Ich kann verstehen, daß du dich wieder nach den Düften meiner glänzenden Kochkunst sehnst. Heute werden die Herren Huhn bekommen, und selbst mir läuft das Wasser im Mund zusammen, wenn ich nur daran denke, wie gut es ist.«

Lars erhielt seine große Silberplatte. Natürlich duftete es gut, aber es würde ihm nicht gelingen, auch nur das kleinste Stück beiseite zu schaffen. Das Huhn war zwar in Stücke geschnitten, doch die lagen zusammen, so daß sie eine Einheit bildeten, und wenn ein Stück verschwand, würde man das sofort merken.

Was würden sie zu ihm sagen, wenn er die Kabine betrat? Er hatte seine Aufgabe als Bursche ja versäumt, und Kapitän Hallbom würde sicher ein ernstes Wort mit ihm reden. Die Pflicht an Bord ging ja allem anderem vor. Vielleicht konnte man sogar mit der Katze bestraft werden, wenn man nicht tat, was einem befohlen wurde. Lars hatte das Gefühl, einen schmerzenden Klumpen im Magen zu haben, als er das Deckshaus betrat, um die beiden Ladungsaufseher Tallman und Callander zu bedienen.

Callander legte sich etwas von den Fleischstücken auf den Teller und warf Lars einen forschenden Blick zu, sagte aber nichts. Tallman tat, als sähe er ihn nicht, und bediente sich mit abgewandtem Gesicht. Lars stellte sich an die Wand, hielt die Platte vor sich und wartete darauf, daß der Kapitän ihn anbrüllte, doch Hallboms vorstehende Glotzaugen wurden während der ganzen Mahlzeit nicht einmal auf ihn gerichtet. Der Mundschenk goß die Weingläser voll, andere Schiffsjungen servierten, und Lars ging schließlich auf, daß die Offiziere ihn für so tiefstehend hielten, daß es sich gar nicht lohnte, Worte über sein Vergehen zu verschwenden. Statt dessen sprachen die Männer von anderen Dingen, und Lars schnappte auf, daß es um die Auspeitschung am Morgen ging.

»Natürlich gehört der Laderaum zu meinem Verantwortungsbereich«, sagte der Dritte Steuermann Hans Laurin, zog einen Hühnerknochen aus dem Mund und legte ihn auf den Tellerrand. »Den Vorschriften zufolge hätte ich Joelsson natürlich auspeitschen müssen, aber die Katze hat mir noch nie gut in der Hand gelegen.«

»Es war dein Recht, das Nygren zu überlassen«, brummelte Hallbom. »Ich mag es auch nicht, die Besatzung auszupeitschen, aber die Strafen müssen ja nach den Gesetzen und Verordnungen vollstreckt werden.«

Der Zweite Ladungsaufseher Duva wandte sich an Bockman, der mit der Gabel im Essen herumstocherte. Duva wandte sich zu den anderen und sagte mit gespieltem Ernst:

»Nach den neuen Bestimmungen für die Schiffe der Schwedischen Ostindischen Compagnie kann man es auch dem Prediger auferlegen, die neunschwänzige Katze zu schwingen. Ich schlage vor, daß wir Bockman den nächsten Missetäter auspeitschen lassen.«

Der Prediger sah erschreckt hoch, und seine klagende Stimme wechselte ins Falsett.

»Die Compagnie kann doch einen ehrlichen Gottesmann nicht so schreckliche Dinge tun lassen.«

»Schreckliche? Was meinst du damit? Steht nicht in der Bibel geschrieben: ›Mein ist die Rache, spricht der Herr‹?«

»Doch, aber das . . .«

»Na also. Das war die Bibelstelle, an die unsere Compagnie gedacht hat. Du solltest lieber anfangen, mit der Dagge zu üben.«

Er musterte mit gespielter Bewunderung Bockmans schmale Schultern und die dünne Brust.

»Der arme Mensch, der unter deine Peitsche gerät! Du bist ja stärker als drei Ochsen zusammen.«

Die anderen prusteten vor Lachen, und Bockman ging auf, daß sie ihn auf den Arm nahmen. Seine Lippen bebten, als hielte er mit Mühe die Tränen zurück, als er ausrief: »Ihr dürft mit einem Diener des Herrn nicht so scherzen! Das ist nicht recht. Ganz und gar nicht recht!«

Kurz darauf unterhielten sich die Männer über das Wetter. Soweit Lars erkennen konnte, war dies das Thema, das Seeleute am meisten interessierte. Der Erste Steuermann Arfvidsson nahm einen tiefen Schluck Rotwein und starrte grübelnd ins Glas.

»Seht den Wein an. Er bewegt sich nicht im geringsten. Eine derart ruhige Fahrt habe ich noch nie erlebt. Wir fliegen ja ohne die geringste Störung übers Wasser.«

»Schnell auf Holz klopfen«, sagte der Ladungsaufseher Duva. »Vielleicht sind die Gebete Pastor Bockmans um gutes Wetter erhört worden.«

Der Pfarrer faltete die Hände.

»Schon möglich. Ich bitte den Herrn durchaus um eine ruhige Fahrt.«

Oberfeldscher Gunning schnaubte los.

»Gebete auf See! Das mag für dich gelten, Bockman, aber ich habe schon Stürme genug miterlebt, um zu wissen, daß es wenig nützt, auf den Knien zu liegen und die Augen zu verdrehen. Außerdem finde ich, daß sich schon besorgniserregende Anzeichen dafür gezeigt haben, daß das Wetter dabei ist umzuschlagen.«

»Wahr, wahr«, brummelte der Kapitän. »Ich habe diese Zeichen auch beobachtet, aber wir müssen hoffen, dem Sturm zu entgehen. Vor den Shetlandinseln sind gefährliche Gewässer. Mir wäre wohler zumute, wenn wir schon weiter gekommen wären, aber wir können von unserem vorgesehenen Kurs nicht abweichen. Jedenfalls jetzt noch nicht.«

Tallman und Callander nahmen sich, was auf der Platte noch übrig war, und Lars durfte mit der leeren Platte hinuntergehen. Er hatte nichts fallen lassen, war nicht angeschnauzt worden und fühlte sich erleichtert, dachte aber, daß das sicher nur ein Zufall war. Schon bald würde er wieder eine Dummheit machen, und dann würde es noch schlimmer kommen.

Der Offizierskoch verneigte sich im Scherz vor ihm und hieß ihn wieder willkommen. Lars ging auf die sogenannte Back zu. Mats begegnete ihm ein Stück davor und sah sich mit geheimnisvoller Miene um. Ohne etwas zu sagen, winkte er Lars und schlich eine Treppe herunter und dann noch eine.

»Hier ist die Krankenkabine«, flüsterte er. »Sie ist jetzt leer.«

Er machte die Tür auf, sah sich nochmals um und schlich darauf hinein und gab Lars ein Zeichen, ihm zu folgen. Das schwache Licht, das durch das kleine runde Fenster hereinschien, ließ das Dämmerlicht grau erscheinen. Hier hat der richtige Lasse Norell gelegen, hier ist er gestorben, dachte Lars. Woran hat er in seinen letzten Augenblicken gedacht? Jedenfalls hat er da nicht gewußt, daß ein anderer seinen Namen übernehmen würde.

»Hier«, sagte Mats leise und streckte eine kleine Blechdose vor. »Am Boden ist etwas Erde, genau, wie es sein soll. Ich fange an.«

Er zog ein kleines Messer aus der Tasche und hielt die linke Hand hoch. Er stieß mit dem Messer schnell gegen einen kleinen Finger und konnte ein kleines Stöhnen nicht unterdrücken. Er preßte ein paar Tropfen Blut heraus und ließ sie in die Dose fallen. Dann reichte er Lars das Messer. »Jetzt bist du an der Reihe.«

Wie fest mußte er zustechen? Lars wurde ein wenig trocken im Mund, aber diese Mutprobe war das Wichtigste, was er je gemacht hatte. Er stieß mit der Messerspitze gegen die Kuppe des Mittelfingers und seufzte erleichtert, als er sah, daß die Haut ein Loch bekommen hatte. Er hielt den Finger über die Dose und preßte fünf Tropfen Blut hervor.

»Jetzt werde ich das Blut mischen«, sagte Mats.
Er nahm das Messer, rührte damit die Erde um und stellte dann die Dose ab. Dann wandte er sich zu Lars. Er streckte die rechte Hand aus und sagte feierlich und mit lauter Stimme: »Jetzt, Lasse, bist du mein Blutsbruder.«

Lars nahm Mats' Hand und preßte sie. Es fiel ihm schwer zu sprechen. Er hatte einen Kloß im Hals.

»Und du, Mats, bist mein Blutsbruder«, sagte er mit undeutlicher Stimme.

»Wir werden immer mehr als Freunde sein.«

»Das werden wir.«

»Wir werden in Leben und Tod zusammenhalten und einander nie im Stich lassen.«

»Wir werden uns nie im Stich lassen und werden in Leben und Tod zusammen sein.«

Sie gaben sich die Hand und sahen einander tief in die Augen. Lars dachte, an diesen Augenblick werde ich mich in meinem ganzen Leben erinnern, was auch geschieht. Und in diesem Leben wird Mats auch mein Freund sein, mein Blutsbruder, die andere Hälfte von mir.

»Ich werde die Dose unter meinen Sachen verstecken«, sagte Mats. »Komm jetzt, gehen wir wieder an Deck.«

Lars hatte plötzlich das Gefühl, als wäre das Leben leichter geworden. Er fühlte sich nicht mehr so ängstlich. Er hatte einen Bundesgenossen, einen Blutsbruder, der immer an seiner Seite stand. Selbst Quartiermeister Nygren kam ihm nicht mehr so furchterregend vor.

Er servierte die Mittagsmahlzeit, und das ging ebenfalls, ohne daß er einen Schnitzer machte. So ließen ihn die Offiziere in Ruhe. Lars war zwar immer noch übel, aber er bekam trotzdem ohne weiteres die dünne Gerstengrütze herunter und später am Nachmittag auch noch den Stockfisch; getrockneten Fisch, den man servierte, nachdem er in Wasser eingeweicht war. Andere klagten über das Essen, doch Lars war so guter Laune, daß er es für ein königliches Mahl hielt. Als der Branntwein ausgeteilt wurde, stellten sich die Männer auf. Isac hielt sich in seiner Nähe und bekam Lars' Ration. Er schmatzte zufrieden und grinste breit mit seinem zahnlosen Mund. Mats trank seinen Branntwein selbst und meinte, er werde ihm schon guttun.

Von einem anderen Quartiermeister bekam Lars eine Hängematte. Jetzt sollte er zum ersten Mal unten in der Back schlafen. Er ging hinter Mats her, der sich gut auskannte und zwischen den Hängematten hindurchging, die dicht nebeneinander an Haken in der Wand hingen. Es war dunkel und kalt, aber Mats zeigte auf eine leere Hängematte.

»Da liege ich. Du kannst deine gleich nebenan aufhängen.«

Lars tastete sich an der Wand entlang, fand einen Haken und befestigte die Öse der Hängematte daran. An der gegenüberliegenden Wand saß ein weiterer Haken, an dem er die zweite Öse befestigen konnte. Mats war schon in seine Hängematte geklettert und sagte fröhlich: »Du wirst genausogut schlafen wie der Kapitän in seiner Kabine.«

Aber wie kam man hinein? Lars betastete die Matte mit den Händen. Sie schwankte mit dem Schiff. Als seine Augen sich an die Dunkelheit gewöhnt hatten, sah er die anderen Seeleute in ihren Hängematten schlafen, und alle schwankten im Takt. Der Anblick erinnerte Lars an den Schwarm schlafender Fledermäuse, den er einmal auf einem Dachboden gesehen hatte. Außerdem war da nichts, worauf er treten konnte. Und es war so eng, daß die Gefahr bestand, daß er einen Schlafenden anstieß, wie behutsam er sich auch bewegte.

Er packte mit beiden Händen das eine Ende der Hängematte und versuchte dann, mit einem Sprung hinaufzukommen. Einige Augenblicke lang konnte er das Gleichgewicht halten, doch die

Hängematte glitt zur Seite, so daß er hilflos in der Luft zappelte. Er fiel schwer auf einer Seite herunter und landete auf der Brust eines Matrosen, der seine Hängematte in niedriger Höhe aufgespannt hatte. Der Seemann wachte auf und schob Lars von sich. Dann sprang er auf, und trotz der Dunkelheit konnte Lars sehen, daß der Mann außer sich vor Wut war. Er packte Lars beim Pullover und brüllte: »Auf frischer Tat ertappt! Du Dieb! Wolltest mich bestehlen, was?«

»Ich habe nur versucht, in meine Hängematte zu kommen, und...«

»Ich werde dir den Schädel zertrümmern, du Strauchdieb!« schrie der Matrose. Der Mann bekam etwas zu fassen, was wie eine große Holzkeule aussah, und holte zu einem furchtbaren Schlag aus.

7

IN DER DUNKELHEIT BLITZTE ETWAS AUF, und eine heisere, piepsige Stimme war zu hören.

»Mach keine Dummheiten. Nimm dich in acht, Måns!«

Wo kam Isac plötzlich her? Und woher kam das Messer, das er dem Matrosen an den Hals setzte? Der Seemann hatte die Hand mit der Keule hoch erhoben, hielt aber in der Bewegung inne. Als er sprach, hörte er sich eher verdrießlich als wütend an.

»Was zum Teufel ist mit dir los, Isac?«

»Lasse ist mein Freund, Måns. Wenn du dir einen durchstochenen Hals wünschst, brauchst du es nur zu sagen. Der alte Isac läßt sich nicht lange bitten. Ich habe schon früher Schweine bluten sehen.«

»Er hat versucht, mich zu bestehlen.«

Das Lachen wurde zu einem Husten, und Isacs magerer Körper schüttelte sich, doch das Messer blieb unerbittlich an der Kehle des Matrosen.

»Was gäbe es bei dir schon zu holen? Ärmer als eine Laus. Leg das Kalfatereisen hin und geh wieder schlafen. Was willst du mitten in der Nacht damit? Du gehörst zwar zum Trupp des Zimmermanns, aber mußt du mit deinen Werkzeugen schlafen?«

Måns ließ sein Werkzeug sinken und brummelte etwas Unverständliches. Isac ließ das Messer in einer Tasche verschwinden und einen anerkennenden Schluckauf hören.

»So ist's recht, Måns. Du kannst gern auch anderen erzählen, daß Lasse Norell unter dem Schutz des alten Isac steht. So, jetzt legen wir uns alle schlafen und träumen von der Heimat.«

Måns wuchtete sich mit einer geübten Bewegung in seine Hängematte hoch und schlief sofort ein. Isac verschwand wie eine Nebelgestalt; Lars konnte nicht sehen, wohin. Mats kletterte aus seiner Hängematte und flüsterte: »Ich werde dir raufhelfen. Es ist gar nicht so schwer.«

Schließlich hatte er das richtige Gleichgewicht, so daß er zu entspannen wagte. Er schaukelte sacht in seiner Matte auf und ab, konnte aber trotz seiner Müdigkeit nicht schlafen. Mats röchelte im Schlaf leise vor sich hin. Lars dachte darüber nach, wie gut es war, einen Freund zu haben. Aber es war auch nicht dumm, außerdem noch einen Beschützer in der Nähe zu wissen.

Der Geruch unten in der Back verursachte ihm Übelkeit. Verschiedene Gestanksnuancen fanden den Weg in seine Nasenlöcher, und obwohl er durchaus diverse widerwärtige Gerüche gewohnt war, empfand er die Luft schon bald als unerträglich. Rund hundert Seeleute schaukelten hier auf engstem Raum in ihren Hängematten. Sie schnarchten, schnieften, pfiffen, husteten, seufzten, stöhnten, grunzten, fauchten, ächzten, räusperten sich und bellten im Schlaf. Es war ein wüstes Konzert von Lauten, und Lars konnte nicht begreifen, wie jemand dabei schlafen konnte. Nach etwa einer Stunde hatte er das Gefühl, daß es mit der Luft dort unten allmählich zu Ende ging. Es fiel ihm immer schwerer zu atmen, und der Atem vieler der Schlafenden hörte sich immer keuchender an. Für das bißchen Luft waren es zu viele Männer, und die wenige Frischluft, die den Weg hierher fand, reichte nicht aus.

Und so sollte es ihm jetzt ein paar Jahre lang gehen! Bestenfalls – wenn er nicht über Bord gespült oder wieder in den Mast hochgejagt wurde und hinunterfiel. Mats hatte gesagt, das Schiff werde erst in etwa zwei Jahren wieder in Göteborg sein. In dieser Zeit durften sie mit Aufenthalten in Spanien und China rechnen, aber dort ließ man die Besatzung meist gar nicht an Land.

Wenn und falls er nach Göteborg zurückkehrte, würde er vierzehn Jahre alt sein oder sechzehn wie Lasse Norell. In zwei Jahren würde er es wohl schaffen, sich so sehr zu verändern, daß sie ihn in der Stadt nicht wiedererkannten. Vergessen würden sie ihn nicht, doch es stand zu hoffen, daß er dann sowohl in die Höhe geschossen als auch breiter geworden war, und seine Stimme wäre dann wohl auch etwas rauher geworden. Selbst wenn sie in der Stadt mit ihm zusammenstießen, würden sie vermutlich einfach an ihm vorbeigehen. Vielleicht.

Es war unmöglich, sich in der Hängematte umzudrehen. Man lag, wie man lag, sonst bestand die Gefahr, daß man hinausfiel und krachend auf dem Boden landete. Jemand schrie im Traum auf, ein anderer begann entsetzlich zu schnarchen. Die Luft wurde immer dünner, der Gestank immer schlimmer. Dies war sein Zuhause, sein einziger Halt in der Welt. Er schloß die Augen und versuchte, alle Geräusche auszusperren, indem er sich die Handflächen an die Ohren preßte.

Er mußte eingeschlafen sein, denn Mats weckte ihn, indem er die Hängematte leicht schaukelte. Die Besatzung war schon auf den Beinen. Ihr Grunzen und Fluchen sowie die aufflammenden Streitereien zeigten die Unlust und den Widerwillen der Seeleute. Es war zu kalt und zu früh für die ewigen Morgenerbsen und den halben Salzhering.

Doch Mats ließ sich das alles nicht verdrießen. Er genoß die Fahrt des Schiffs über die offene See und liebte das Leben an Bord, wie das Wetter auch war. Er erzählte in einem nie versiegenden Strom von Worten von der Ostindischen Compagnie, von dem, was das Schiff schon geladen hatte, und von den Lebensbedingungen des Seemanns. Sicher hatte man bei ihm zu Hause nie von etwas anderem gesprochen, und er war der Meinung, daß alles, was er je gehört hatte, jetzt, wo er selbst auf großer Fahrt war, seine Bestätigung fand.

»Weißt du, wenn wir nach Java kommen, kann man sich einen richtigen Papagei anschaffen, wenn man will. Das tun viele. Vielleicht kaufe ich mir auch einen. Ich habe mir für so etwas ein bißchen Geld beiseite gelegt.«

Lars hatte noch nie einen Papagei gesehen, und von Java hatte er nicht einmal etwas gehört. Es interessierte ihn auch nicht. Der Magen machte sich wieder bemerkbar. Der Wind hatte sich gedreht, und die Segel flatterten auf eine Weise, wie sie es seit Beginn der Reise nicht getan hatten. Das Meer schien aus großen, saugenden Gruben zu bestehen, und Lars konnte sehen, daß Kapitän Hallbom auf der Kommandobrücke ein bekümmertes Gesicht machte. Neben ihm stand der Erste Steuermann Fredrik Arfvidsson und sah zu den Segeln und der Takelage hoch. Er sagte etwas zu dem Kapitän, was diesen nicken ließ.

Daß einem so entsetzlich übel sein konnte! Lars ging ein paar Schritte zur Reling, klammerte sich daran fest und übergab sich. Alles, was in ihm war, wollte hinaus. Es schien kein Ende nehmen zu wollen. Mats stand hinter ihm und murmelte mitleidige Worte, aber Lars hörte ihn nicht.

Bei diesem Wetter blieb er nicht lange allein. Als die See immer gröber wurde, bekam Lars Gesellschaft an der Reling. Kadetten drängten sich nebeneinander. Sie waren weiß und grün im Gesicht. Leichtmatrosen waren dabei, und auch Matrosen, die noch keine richtigen Seebeine bekommen hatten, mußten ihren Magen opfern. Offiziere, die ebenfalls krank wurden, schlossen sich in ihren Kabinen ein, um der öffentlichen Schande zu entgehen.

Der Offizierskoch, der Lars gesucht hatte, packte ihn am Kragen, seufzte und ließ ihn wieder los. Mit Lars war nicht zu rechnen. Er erbrach gelbe und schwarze Galle. Rundum stöhnten die Seekranken an der Reling. Wer gegen die Krankheit immun war, schlenderte vorbei und grinste über seine unglücklichen Brüder. Diese Männer unterhielten sich laut über fetten Speck, um die Übelkeit der anderen noch zu steigern. Lars hatte das Gefühl, als müsse er sterben, und als er in die aufgewühlte See hinunterstarrte, überlegte er ernsthaft, ob er sich nicht einfach über Bord fallen lassen sollte. Alles mußte besser sein als diese Seekrankheit.

Dann kam der Regen. Erst kühlte er die erhitzte Haut, doch dann ging er in Hagel über, der die Haut peitschte, und schließlich verwandelten sich die Hagelkörner in schweren Schnee.

Jedesmal, wenn das Schiff sich über einen mächtigen Wellenkamm hinwegrettete, rissen die Gedärme am Magen, und Lars mußte sich übergeben, obwohl er nichts mehr in sich hatte. Die Zunge wurde ihm zu einem schmerzenden Klumpen im Mund, und der Hals tat weh.

Allmählich wurde es dunkel. Die Seekranken hingen an der Reling und jammerten. Isac rannte übers Deck, als hätte er nie etwas anderes getan, und das hatte er vielleicht auch nicht. Er packte Lars und zeigte ihm zufrieden die Branntweinration.

»Ich habe auch deine gekriegt, obwohl dir gar keine zusteht, wie der Koch sagte. Nur die Gesunden bekommen welchen, aber der alte Isac weiß, wie man seinen Willen durchsetzt.«

»Ich bin so krank«, stöhnte Lars.

»Das sieht man«, erwiderte Isac, ohne sich auch nur im geringsten rühren zu lassen. Er trank den Branntwein aus und verdrehte die Augen.

»O ja, diesen Spaß hatte ich bei meiner ersten Heuer auch.«

»Gibt es kein Heilmittel?«

Isac lachte und leerte sein Branntweingefäß bis auf den Grund.

»Dagegen ist kein Kraut gewachsen. Es heißt, starker Senf soll die Übelkeit lindern, doch das glaube ich nicht. Wenn man sich zu Ende übergeben hat, ist es zu Ende, das ist alles. Wohl bekomm's.«

»Ich will sterben«, preßte Lars hervor.

Isac schlug sich vor Lachen auf die Knie.

»Jaja, der Tod ist ein lustiger Herr, der den Qualen ein Ende macht, aber wenn ich du wäre, würde ich noch eine Weile dabeibleiben. Auf einen Lebenden kommen tausend Tote, und das Meer ist ein bißchen zu groß, um blind und taub darin herumzulaufen.«

Er ging glucksend weiter. Was für ein Trost! Kein anderes Heilmittel, als daß man vielleicht gesund wurde, wenn sich das Innerste nach außen gekehrt hatte. Der Abend kam, und die Pfeifen der Seeleute glommen an Deck. Das war der einzige Ort, an dem sie rauchen durften, und sie unterhielten sich mit leiser Stimme.

Wie konnten sie nur? Wie schafften sie es, sich zu unterhalten und zu rauchen, wenn es andere gab, die so krank waren? Lars hatte das Gefühl, als hätte er schon Jahre an der Reling zugebracht. Der Schnee war in der Dunkelheit nicht zu sehen, wirbelte aber in der Nacht mit unverminderter Härte, und die Kälte legte sich mit eisernem Würgegriff um das Mark in den Knochen.

»Ich muß mich hinlegen, Lasse«, sagte Mats hinter ihm.

Lars vermochte nicht zu antworten. Er war vollkommen fertig, doch der Magen machte trotzdem Anstalten, sich noch mehr zu entleeren.

»Gibt es denn nichts, was ich für dich tun kann?«

Lars schüttelte den Kopf, obwohl sein Blutsbruder es in der Dunkelheit nicht sehen konnte. Mats gab ihm einen leichten Klaps auf die Schulter und sagte, er würde später nach ihm sehen. Dann ging er zur Back.

Die Laternen des Schiffs brannten, aber ihr Licht wurde vom Schnee verdunkelt, der sich wie eine Decke auf das Schiff legte. Das Deck füllte sich mit kaltem Schnee, und es wurde dort glatt und rutschig, aber Lars krallte sich mit schweißnassen Händen an den Streben der Reling fest und hielt den Blick starr aufs Meer geheftet, das mehr und mehr von seinem Inneren forderte.

Es wurde eine lange Nacht, und als das bleiche Licht der Morgendämmerung die Dinge wieder sichtbar machte, hing Lars noch immer in der gleichen gebeugten Haltung an der Reling. Andere Seeleute lagen ausgestreckt im Schnee an Deck und wanden sich, wobei sie ihre Hände gegen den Bauch preßten. Die Schiffsglocke ließ ihre acht Glasen ertönen. Damit gab es Wachablösung, und es war Zeit für die erste Mahlzeit.

Essen ... Lars' magerer Körper krampfte sich wieder zusammen, und aus dem geschwollenen Hals ertönten Würgelaute. Mats kam zu ihm, konnte ihn aber genausowenig trösten wie am Abend zuvor. Lars wünschte, er würde gehen. Er wollte gesund und munter sein, wenn er mit dem Freund zusammen war, und ihm nicht ein solches Schauspiel bieten.

»Der Wind wird wohl noch weiter auffrischen«, sagte Mats. »Das habe ich Steuermann Agger sagen hören.«

Na und? Sollte doch passieren, was wollte. Lars war an diese schreckliche, eiskalte Reling gekettet, genauso wie die anderen, die dem gleichen Fluch zum Opfer gefallen waren. Mats wurde zur Arbeit gerufen und versprach wiederzukommen. Das Schneetreiben wurde noch dichter, und Kapitän Hallbom sah auf der Kommandobrücke wie ein Schneemann aus. Allmählich wurde das ganze Schiff weiß. Lars sah, daß die Wellentäler im Meer immer tiefer wurden und daß das Schiff sich immer mühsamer und mühsamer über die Wellenkämme hinweghievte. In den Segeln knallte es besorgniserregend, und die Masten knackten. Oberfeldscher Gunning kam mit langen Schritten herbei. Er hatte die Hände tief in den Taschen seines Pelzmantels vergraben.

»Ihr müßt unter Deck!« schrie er, um den Wind zu übertönen. »In eurem Zustand werdet ihr mit dem Sturm nicht fertig. Unter Deck mit euch!«

Einige krochen in Richtung Back, aber die meisten schienen den Befehl nicht gehört zu haben. Gunning schüttelte den Kopf. Er rief Matrosen zu sich und befahl ihnen, den anderen beizustehen. Die Seeleute schleiften ihre Kameraden über das Deck und kippten sie in die Back hinunter. Sie brüllten ihnen zu, sie sollten dort unten bleiben.

Lars war der letzte an Deck. Der Matrose, der hinter ihm herlief, rutschte im Schnee aus, glitt übers Deck und knallte mit dem Kopf gegen die Wand. Als er wieder auf die Beine kam und unsicher in die andere Richtung taumelte, hatte er jedes Interesse an Lars verloren.

»Bergt die Segel!« rief der Kapitän, und der Befehl wurde von den Steuerleuten wiederholt.

Die Quartiermeister versammelten ihre Leute, und die Matrosen kletterten in die Takelage und begaben sich auf die Rahen. Sie balancierten in dem härter werdenden Wind auf dem langgestreckten Seil darunter. Sie kämpften an jeder Rah mit dem steifen, kalten, unhandlichen und schweren Segeltuch, und unten an Deck standen die Quartiermeister und brüllten ihre Anfeuerungsrufe.

Schließlich waren die Rahen nackt, so daß der Wind keinen Halt mehr fand. Es hatte den Anschein, als schrie er sein Mißvergnügen darüber hinaus, als wollte er das Schiff für diese Dreistigkeit bestrafen.

»Kontrolliert, ob alles festgezurrt ist. Macht zusätzliche Beschläge«, befahl Kapitän Hallbom.

Gruppen von Seeleuten rannten mit Seilen umher und zurrten Jollen und das Großboot mehrmals fest, und unter Druck wurden Güter und Proviantkisten mit doppelten Tauen festgebunden. Mehr konnte man nicht tun. Jetzt hieß es nur noch warten. Lars konnte erkennen, daß der Kapitän und der Erste Steuermann sich ein Seil um die Taille geschlungen hatten, das sie hinter sich befestigten.

Dann kam der Sturm. Ein neuer Alptraum, der noch weit schlimmer war, als Lars es sich je hatte vorstellen können. Jetzt hatte niemand mehr für ihn Zeit, und ihm ging auf, daß es jetzt nur auf ihn selbst ankam, wenn er überleben wollte. Er krallte sich an der Reling fest und packte so fest zu, wie er vermochte.

Die See wurde zu einer kochenden Masse aus grau-schwarzgrün peitschendem Wasser. Das Schiff tauchte in ein Wellental, kämpfte dort unten, um wieder hochzukommen, und wurde von rasenden Wogen überspült, um sich dann wieder auf einen Wellenkamm zu hieven und in schäumender Gischt vorwärtsgeschleudert zu werden. Das geht niemals gut, dachte Lars. Das Schiff wird mit Mann und Maus untergehen.

Dennoch war es nur der Anfang des Sturms. Die Windstärke nahm immer mehr zu. Kapitän Hallbom rannte auf der Brücke auf und ab und hielt sich mit beiden Händen am Geländer fest. Er schrie Offizieren, die Lars in dem tobenden Schneegestöber nicht sehen konnte, Befehle zu. Irgendwo brach ein Stag, und die Tauenden flatterten im Sturm. Ein Matrose kämpfte sich langsam dorthin, um das Stag wieder zu befestigen, doch es war unmöglich. Er war gezwungen, wieder in Sicherheit zu kriechen.

Der Wind führte Schreie und Geheul der Besatzungsmitglieder mit, doch im nächsten Augenblick waren die Laute wieder verstummt, was eine gespenstische Stimmung erzeugte. Daß Wellen so entsetzlich hoch sein konnten! Sie trafen das Schiff mit ungeheurer Wucht und schleuderten es zur Seite, als wäre es nur ein kleines Stück Holz, als wöge es nicht viele tausend Kilo. Eiskaltes Wasser spülte über Lars hinweg, und er war schon in der nächsten Sekunde völlig durchnäßt. Er hielt die Reling umklammert und preßte sich dagegen, um nicht vom Wasser mitgerissen zu werden, als es zurückwich.

Ein Seemann hüpfte über das Deck, als die nächste Woge das Schiff überspülte. Er wurde umgerissen und von der Welle über die Reling getragen. Im letzten Augenblick hakten sich seine Fingerspitzen an der Reling fest, doch sie war zu glatt, um sein Gewicht zu halten. Lars starrte das angsterfüllte Gesicht des Seemanns an. Im nächsten Augenblick war dieser verschwunden, weit weg vom Schiff, weit weg in dem wirbelnden Meer. Der Seemann war Leichtmatrose Joelsson.

Der Wind hörte sich plötzlich anders an. Dumpfer und gefährlicher. Als stünde auf dem Meer ein gewaltiger Riese, der seinen Haß auf alle Menschen und alle Schiffe hinausschrie. Plötzlich hörte es auf zu schneien, und Lars konnte weit auf den Hexenkessel Meer hinaussehen. Der Himmel war grauschwarz und von einer gleichmäßigen Wolkendecke verhangen, die nur ein seltsames Licht wie von einer anderen, unwirklichen Welt durchließ.

War es das, was sie einen Orkan nannten? Lars hatte jetzt solche Angst, und das Herz pochte ihm so hart in der Brust, daß er zu zerspringen glaubte. Das Schiff geriet hinter eine Welle und wurde, wie es schien, in alle Unendlichkeit immer tiefer und tiefer hintergepreßt. Um Lars herum türmten sich Wellen auf, die wie schwarze eisige Wände aussahen. Hinunter, hinunter, auf den Meeresgrund. Jemand zog das Schiff zu sich heran. Es ging immer nur hinab.

Dann verharrte das Schiff endlich im Wellental und blieb einige Augenblicke lang reglos. Jetzt wird alles zerschlagen, fuhr es Lars wie ein Blitz durchs Gehirn. Er schrie vor Todesangst, aber der Schrei ging im Tosen des Orkans unter. Die Wasserwände brachen über das Schiff herein, alles wurde zu Wasser. Lars' Mund und Ohren füllten sich mit Eiswasser. Er wurde zu einem Wasserwesen.

Das Schiff wurde mit schwindelerregender Schnelligkeit aus dem Abgrund gehoben, und alles an Bord, was nicht niet- und nagelfest war, wurde von den Wassermassen mitgerissen. Der Meeresriese packte Lars an Armen und Beinen, zerrte an seinem Rücken, krümmte ihm den Nacken, schlug auf ihn ein, schüttelte ihn und wollte ihn über Bord reißen. Lars kämpfte und wehrte sich. Die Anstrengung, sich festzuhalten, verursachte einen Krampf in den Armen, doch diesmal bekam die See ihn nicht. Er schnappte nach Luft und spie das Salzwasser aus, aber etwas blieb ihm im Hals stecken, so daß er husten mußte.

Er sah Kapitän Hallbom, der wie ein einsames Gespenst auf der Kommandobrücke stand und unsichtbaren Personen Befehle zurief. Was konnte man jetzt tun? Es war wohl alles verloren. Der Orkan nahm an Stärke immer mehr zu.

Die *Svea Wapen* balancierte kurz oben auf dem Wellenkamm, bis sie wieder in die kochende, schäumende Tiefe gesogen wurde. Das Großboot hatte sich losgerissen und wurde zerschlagen. Teile der Takelage waren zerfetzt. Mehr konnte Lars nicht erkennen, denn urplötzlich befand er sich wieder tief in einem Wellental. Das gesamte große Schiff schrie vor Angst, es rief um Hilfe, doch Hilfe war nicht zu bekommen.

Auf dem Weg zum Wellenkamm sah Lars ein Seilende, das mit der Strömung mittrieb. Er ließ die Reling mit einer Hand los und fing das Seil ein. Er hatte nur ein paar Sekunden Zeit dazu, und die Fäuste waren unbeweglich und steif. Er schluchzte, als er sich das Seil um die Taille schlang und an der Reling festzubinden versuchte. Es wurde eine Art Knoten, doch würde er halten?

Wieder hinunter, hinunter, hinunter. Dies war auch eine Art Hölle. Keine Hölle mit Flammen und siedenden Kesseln voller Schwefel, sondern die peitschende Hölle der Kälte und der Furcht. Die Priester kannten diese Hölle natürlich auch, doch warum erzählten sie nicht davon? Lars' Mund füllte sich mit schleimigem, salzigem Wasser, seine Augen waren voller Seewasser und brannten. In den Ohren pochte es von dem Wasser, das in sie eindrang.

Wieder oben auf dem Wellenkamm. Auf dem Dach der Welt. Nahe dem schwarzgrauen Wolkenmassiv. Lars hing im Seil und weinte verzweifelt. Die Tränen mischten sich mit dem peitschenden kalten Wasser. Eine der Jollen lag in Trümmern, und . . .

Was war das? Es waren keine Wellen. Es stand still im Meer.

Normalerweise unsichtbar, doch jetzt traten sie hervor. Unterwasserfelsen. Zwei spitze, gewaltige Klippen wie zwei Kirchtürme nebeneinander. Gezackter, schwarzgeschliffener Stein.

Und plötzlich wurde das Schiff mit Urgewalt unerbittlich gegen die Unterwasserfelsen geschleudert!

8

Die Klippen wurden zu mächtigen Hauern, die darauf warteten, das Schiff zu zerbeißen. Es kletterte hinauf auf den Wellenkamm, hoch über die Klippen, die sich wieder in dem tosenden Wasser verbargen, und dann hinunter, hinunter, hinunter ... Die Geschwindigkeit war schwindelerregend. Lars' Kiefer waren in einem Krampf gefangen. Er konnte nicht einmal weinen, sondern nur mit salzwassergetränkten Augen zur Seite starren. Jetzt war es unwiderruflich zu Ende. Bald würde es nichts mehr geben. Die gesamte Besatzung würde eine Zeitlang in dem eisigen Wasser zappeln und dann auf den Meeresgrund sinken, den es vielleicht nicht einmal gab.

Die Klippen türmten sich auf beiden Seiten des Schiffes auf. Es versank in dem Wellental zwischen den aufragenden Kirchturmspitzen, schrammte mit den Seiten daran entlang und landete schließlich mit einem entsetzlichen Krachen auf einem Felsplateau. Dort stand es einige Augenblicke, bevor es sich schwer zur Seite neigte. Lars hörte, wie sich etwas im Schiffsbauch löste, konnte aber nicht sagen, was es war. Dazu war er von zu vielen Katastrophenlauten umgeben.

Er befand sich auf der Seite, die sich den Felsen zuneigte, und sah das schwarze, gezackte Gestein auf sich zukommen. Er kämpfte, um sich in dem Seil zu halten, fiel aber über die Reling und schlug mit den Füßen auf dem Felsplateau auf.

In der nächsten Sekunde packte die Wellenhand das Schiff unterm Kiel und trug es wieder nach oben. Es richtete sich auf und wurde weitergeschleudert, weg von den Klippen. Lars hing außenbords und zappelte und trat, um über die Reling zu kommen, schaffte es jedoch erst, als ihm die nächste Welle zu Hilfe kam.

Er lag an Deck, hatte aber nicht mehr die Kraft, sich im Seil festzuhalten. Solange der Knoten hielt, war es seine einzige Rettungsleine. Im Zwischendeck rollte etwas, dann war erneut das entsetzliche Krachen zertrümmerten Holzes zu hören. Lars sah, wie eine der Kanonen durch die geschlossene Geschützpforte schoß und im Wasser verschwand.

Stand Kapitän Hallbom noch immer auf der Kommandobrücke? Oder hatten die Wassermassen ihn über Bord gespült? Lars konnte ihn nicht sehen, doch das spielte jetzt keine Rolle mehr. Ihm war jetzt alles gleichgültig. Er hatte nicht mehr die Kraft, über etwas nachzudenken. Sein Körper war blau und grün geschlagen und unterkühlt, und er war so erschöpft, daß er nicht mal mehr eine Hand heben zu können meinte. Was immer passierte, ihm war es egal.

Der Orkan setzte seine Versuche fort, das Schiff totzuschlagen, doch die *Svea Wapen* weigerte sich zu sterben. Sie kämpfte sich weiter durch Wellentäler und Wellenkämme und schaffte es immer wieder, durch die wirbelnde Gischt hindurch nach oben zu kommen. Lars wurde mit den Wellen hin und her geschleudert. Es gab nicht eine Stelle an seinem Körper mehr, die sich nicht geschunden und zerschlagen anfühlte. Ihm war kaum bewußt, was um ihn herum geschah, aber er reagierte automatisch. Er schloß den Mund, wenn die Wellen ihn überspülten, hielt die Luft an und spie dann das Wasser aus, das ihm trotzdem in den Schlund und die Lungen gedrungen war.

Stunde um Stunde verging. Die Dämmerung kam, und mit der Dunkelheit kehrte das Schneetreiben wieder. Die Nacht brach an, und der Orkan heulte und toste. Diese beiden Unterwasserfelsen konnten ja nicht die einzigen gewesen sein, der ganze Meeresgrund mußte mit ihnen angefüllt sein. Es konnte nur eine Frage der Zeit sein, bis sie auf einer anderen Klippe aufgespießt wurden.

Erneut brach ein bleicher Morgen an. Das Schiff schwamm immer noch wie ein Korken, der auf den Wellenkämmen dorthin geschleudert wurde, wohin der Orkan ihn haben wollte. Dennoch kam es Lars vor, als hätte der Wind ein wenig den Mut verloren. Das tosende Geheul hatte etwas von seiner Kraft verloren. Ganz allmählich legte sich die rasende Wut des Meeres. Die Wellen wurden kleiner. Am Vormittag flaute der Wind plötzlich vollkommen ab, als hätte er schon alles geleistet, was er vermocht hatte; als hätte er die Lust verloren weiterzumachen.

»Die Pumpen! An die Pumpen!«

Heisere Schreie und das Getrappel von Füßen auf dem glitschigen Deck waren zu hören. Jemand packte Lars und schüttelte wieder Leben in ihn, und als er blinzelnd die Augen aufschlug, sah er in das großporige Gesicht des Quartiermeisters hoch. Nygren schrie: »Hoch mit dir, du Rotznase! An die Pumpen!«

Lars konnte nicht aufstehen, aber Nygren packte ihn im Nacken und zog ihn mit über das Deck. Lars erkannte den harten Griff wieder, doch es tat nicht weh. Der ganze Körper war ohnehin ein einziger Schmerz. Lars war wach, wenn auch in einer Art seltsamem Nebel. Er nahm die Stimmen nur wie von fern wahr, und als er seine Hände ansah, erkannte er sie nicht wieder. Es waren die Hände eines Fremden.

Nygren schubste ihn eine steile Treppe hinunter. Lars landete auf einem Matrosen, der ein paar saftige Flüche ausstieß. Der Quartiermeister schrie, auch der Matrose solle mitpumpen, und dann verschwand er, um weitere Besatzungsmitglieder zu holen.

Ein Matrose packte Lars beim Arm und wies ihn mit rauher Stimme an, seinen Platz in der Pumpmannschaft einzunehmen. Lars faßte den Pumpenschwengel und folgte den rhythmischen

Bewegungen, ohne selbst etwas zu tun. Von Zeit zu Zeit schlief er ein, erhielt jedoch sofort einen Rippenstoß, der ihn aufweckte.

Alle standen bis zu den Fußknöcheln in Wasser. Lars wußte nicht, ob es durch ein Leck eingeströmt war oder ob es von den Brechern stammte, die das Deck überspült hatten, aber es verwandelte die Füße in kürzester Zeit in Eisklumpen. Die Seeleute pumpten verbissen, und alle sahen müde und erschöpft aus.

Wieviel Zeit inzwischen wohl verstrichen war? Lars hörte keine Schläge der Schiffsglocke. Alles kam ihm wie ein seltsamer Traum vor, in dem alles verschwimmt. Von Zeit zu Zeit hustete er Meerwasser und bekam einen abgestandenen Salzgeschmack in Mund und Nase. Wie schwer es war zu atmen! Er hing mehr am Pumpenschwengel, als daß er ihn hielt, und die anderen Besatzungsmitglieder kümmerten sich nicht mehr um ihn. Er wäre selbst dann kaum eine große Hilfe gewesen, wenn er voll bei Kräften gewesen wäre.

»Das Leck ist abgedichtet!« rief jemand. Die Seeleute grinsten sich müde an.

Dennoch mußten sie noch mehrere Stunden weiterpumpen, bevor sie von einem anderen Trupp abgelöst wurden. Noch gab es viel Wasser im Schiff, das über Bord mußte. Lars folgte den anderen lustlos an Deck. Ihre Füße waren so unterkühlt, daß es ihnen schwerfiel, sich zu bewegen. Sämtliche Besatzungsmitglieder schienen sich mit Fußeisen um die Knöchel mühsam dahinzuschleppen.

Es herrschte dichtes Schneegestöber. Der Schnee legte sich in Verwehungen aufs Deck, als der Wind die Flocken nicht mehr wegtrieb, und verwandelte die Seeleute in bärtige Schneemänner. Kapitän Hallbom stand wieder auf der Kommandobrücke. An seiner Seite waren der Erste Steuermann Arfvidsson und der Zweite Steuermann Wass. Der Wind war jetzt schwach, aber da Lars' Kleider völlig durchnäßt waren, wurden sie in der Kälte steif wie ein Panzer.

»Eine doppelte Ration Branntwein!« rief Steuermann Wass.

Die Fässer wurden herangerollt und angestochen. Die Seeleute stellten sich in einer Reihe an, um ihre Ration in Empfang zu nehmen. Natürlich hatte Lars gleich Isac Österberg neben sich. Der alte Matrose rieb sich die mageren Hände.

»Jaja, Stürme haben wenigstens ein Gutes an sich: Man kriegt den einen oder anderen Schnaps. Der wird dem alten Isac guttun. Eine volle Jungfer Branntwein, und man fühlt sich wie der Kaiser von China.«

Er grinste breit mit seinem zahnlosen Mund. Daß er an nichts anderes denken konnte als an diesen elenden Branntwein! Lars streckte sich, und es knackte. Er hustete noch mehr Salzwasser.

»Das war sicher ein Orkan?« murmelte er.

Isac zuckte unbekümmert die Achseln.

»Sturm oder Orkan oder Brise, das ist doch egal. Das Meer gibt, und das Meer nimmt. Ich habe mal einen Orkan miterlebt, der elf Tage dauerte. Der Seelenverkäufer überlebte ihn und der alte Isac auch. Man nimmt es, wie es kommt. So ist das Gesetz der See.«

»Wir hätten alle sterben können.«

»Na und? Früher oder später steht man doch vor unserem Herrn. Alle meine Jugendfreunde sind in ihre Hängematte eingenäht worden und über die Reling gegangen. Irgendwann bin ich auch an der Reihe. Das Meer ist das Seemannsgrab. Dorthin müssen wir alle.«

Er stieß sein piepsiges Lachen aus und schlug Lars voller Zuneigung auf die Schulter.

»Aber bevor wir in dem nassen Grab landen, wird der gute schwedische Branntwein getrunken!«

Lars hielt sein Gefäß hin und erhielt seine doppelte Ration. Isac zitterte vor Erregung, als er sie Lars abnahm und in den Schlund kippte. Der magere Körper erschauerte. Isac stöhnte vor Wohlbehagen. Lars sah, daß Mats seine Ration ebenfalls austrank, aber er schien den Schnaps nicht sonderlich zu schätzen, sondern schnitt Grimassen des Widerwillens.

»Wir haben da unten in der Back wie verrückte Läuse getanzt«, erzählte er. »Alles trieb da umher.«

»Wie scheußlich«, murmelte Lars.

Aber Mats hatte sofort etwas gefunden, was er dem Orkan abgewinnen konnte.

»Jetzt haben wir jedenfalls einen Orkan mitgemacht. Es wird herrlich, zu Hause davon zu erzählen. Es gehört dazu, daß man Stürme mitmacht. Da du und ich Blutsbrüder sind und uns nie mehr trennen werden, werden wir bestimmt noch viele Stürme miterleben, aber wir werden sie überstehen. Das fühle ich.«

Das waren keine verlockenden Zukunftsaussichten, aber Lars hütete sich zu erzählen, wie er es empfand. Wenn er gesagt hätte, er wolle nie mehr einen Sturm mitmachen, hätte Mats glauben können, daß er nicht mehr zur See fahren wollte. Das stimmte zwar, aber wenn Mats weiterhin Seemann bleiben wollte, mußte auch Lars es wünschen. Sie waren ja jetzt eins, und was eins ist, teilt man nicht.

Ein Schiffsjunge erschien und stieß Lars in die Seite. Er war vielleicht ein paar Jahre älter, hatte ein verkniffenes Aussehen und eine schrille Stimme, die wie ein scharfes Messer das Trommelfell ritzte.

»Warum tust du deine Pflicht nicht? Der Koch Norrblom hat gesagt, daß er eine Suppe aus dir machen will, weil du nicht kommst.«

Er streckte die Nase vor und zog die Oberlippe zu einem boshaften Grinsen hoch.

»Ich werde dich gern in den Topf schubsen. Glaubst du etwa, du bist was Besonderes, nur weil du die Ladungsaufseher bedienen darfst?«

Mats wollte gerade mit ein paar heftigen Worten antworten, als Lars ihn daran hinderte. Er war zu müde, sich zu streiten, und hatte seine Aufgaben als Bursche total vergessen.

»Ich komme.«

»Vergiß nicht, du landest im Kochtopf!«

Der Schiffsjunge rannte davon. Mats sah düster hinter ihm her. Lars seufzte. Woher sollte er die Kraft nehmen, eine Platte mit Essen zu tragen? Würde es ihm gelingen, die Gelenke wieder in Bewegung zu setzen? Er strich sich Schnee von Gesicht und Haar und kniete ein paarmal, um den Blutkreislauf in Gang zu bringen.

»Wir sehen uns später«, sagte er seufzend. »Falls ich nicht im Kochtopf lande.«

Der rundliche Offizierskoch war ausnahmsweise einmal schlechter Laune. Das Feuer brannte schlecht in dem feuchten Herd, und alle seine Gerätschaften lagen durcheinander. Er entdeckte Lars und fauchte: »Wo hast du gesteckt, du Faultier? Ich muß mir hier die Beine in den Bauch stehen, und du liegst irgendwo und schnarchst. Jetzt nimmst du gefälligst die Platte und . . .«

Er verstummte, musterte Lars von oben bis unten und strich sich das Kinn.

»Aha, ist es so schlimm gewesen? Geschnarcht hast du nicht, das kann nun wirklich jeder sehen. So kann es kommen, so kann es kommen.«

Er reichte Lars die große Silberplatte, und seine Stimme war jetzt bedeutend sanfter. Er schien sogar wieder zu Scherzen aufgelegt zu sein.

»Wenn du die Sprache wiedergefunden hast, kannst du den hohen Herren ausrichten, daß es künftig viel Huhn geben wird. Viele sind unter einem umgestürzten Käfig zerquetscht worden. Aber Hühnerfleisch ist gut, wenn es so frisch ist, daß es nicht von Maden wimmelt.«

Lars nahm die Platte und ging ein paar wackelige Schritte auf die Holztreppe zu dem erhöhten Achterdeck zu. Die Silberplatte war so schwer, daß ihm die Arme einzuschlafen drohten. Doch das war nicht der Grund, weshalb er stehenblieb. Er sah den Offizierskoch an, der gerade dabei war, eine neue Platte zu belegen.

»Herr Norrblom«, sagte er unsicher.

Der Offizierskoch sah hoch und hob die Augenbrauen.

»Warum hast du dich noch nicht getrollt? Die Herren warten schon so lange, daß ihnen das Wasser aus den Mundwinkeln läuft.«

Lars hielt ihm die Platte hin. Machte er jetzt eine Dummheit? Es konnte sein, daß Norrblom ihm eine Ohrfeige verpaßte, daß ihm die Ohren abfielen. Lars räusperte sich.

»Herr Norrblom . . . Ist das Essen wirklich in Ordnung?«

Die einfache Frage ließ den Offizierskoch verstummen. Er stemmte die Hände in die Seiten und musterte Lars von oben bis unten.

»Was um alles in der Welt sagst du da, du Höllenbrut? Ob das Essen, das ich zubereite, gut ist? Was hast du damit zu schaffen? Du bekommst kein Gramm davon zu essen. Bist du verrückt? Ist dir der Sturm aufs Gehirn geschlagen? Hast du Salzwasser im Schädel?«

»So habe ich es nicht gemeint . . .«

»Was meinst du dann, du elender Tölpel? Ob ich gutes Essen mache? Man bekommt wirklich viel zu hören, ehe einem die Ohren abfallen.«

Er war blitzwütend, und Lars bekam es mit der Angst. Er hatte aber A gesagt, und so war er gezwungen, auch B zu sagen.

»Es geht natürlich nicht um mich. Aber um Herrn Tallman und Herrn Callander.«

»Was faselst du da? Glaubst du, das Huhn wäre nicht gut genug? Gekochtes Huhn, das auf der Zunge zergeht, und dazu meine leckerste Sauce. Ich werde dir mal was sagen. Eigentlich müßte ich jetzt . . .«

»Irgendwas stimmt nicht damit«, murmelte Lars.

Der Koch nahm sich das zu Herzen, als wäre dies der letzte Tropfen, der das Faß zum Überlaufen brachte.

»Seit zweiundzwanzig Jahren bereite ich die Speisen der Herren zu. Ich kenne meinen Ruf. Ich bin der begehrteste Offizierskoch auf den Schiffen der Compagnie. Und dann kommt so eine kleine Ratte daher und sagt, mein Essen sei schlecht. Eigentlich müßtest du jetzt die Katze schmecken!«

Er hob die Platte verärgert ans Gesicht und schnupperte an dem Gericht.

»Perfekt! Essen für Fürsten. So, und jetzt spute dich zu den Herren, denn sonst werde ich dafür sorgen, daß du einen gestreiften Rücken kriegst. Deine Unverschämtheit werde ich mir merken.«

Er stopfte sich etwas von dem Fleisch in den Mund und kaute.

»Exquisit. Beeil dich jetzt!«

Lars duckte sich, als er beharrlich fortfuhr:

»Es ist vielleicht die Sauce?«

Der Koch bekam rote Wangen, und seine runden Augen funkelten vor Zorn.

»Ich will verdammt sein, wenn du jetzt nicht was mit der Katze kriegst! Dafür werde ich sorgen.«

Er tauchte den kleinen Finger in die Sauce und steckte ihn in den Mund. Dann erstarrte er. Der Zorn verwandelte sich in eine Grimasse des Ekels. Er schluckte, rannte zu einem Wasserkrug und füllte den Mund damit. Er spülte und spie unter lautem Stöhnen und Fauchen aus. Er wiederholte es ein paarmal, bis er den schlimmsten Geschmack von der Zunge bekommen hatte. Als er zum Herd zurückkehrte, sah er Lars an. Sein Gesichtsausdruck war jetzt wie verwandelt. Er untersuchte seine Flaschen und Kübel und seufzte.

»In dem Durcheinander nach dem Sturm habe ich die Gewürze verwechselt, und zwar mit . . . aber das gehört nicht hierher. Das erste Mal! Das passiert zum ersten Mal in meinem langen und sündenfreien Leben. Es hätte mit einem großen Elend enden können. Hör mal, Junge, wie hast du das gemerkt? Hast du mal genascht, obwohl du gar nicht durftest?«

Lars schüttelte den Kopf.

»Es war ein falscher Geruch.«

»Wenn das so ist, hast du eine Nase, um die dich ein Elefant beneiden könnte. Ich habe überhaupt nichts gemerkt, und dabei habe ich die empfindlichste Nase der gesamten Handelsflotte. Warte mal.«

Er stellte die Platte hin und belegte eine andere ausschließlich mit gekochtem Hühnerfleisch.

»Sie bekommen keine Sauce. Sollte es ihnen zu trocken sein, können sie mehr Wein trinken, und dagegen haben sie sicher nichts einzuwenden. Dann kommst du wieder runter zu mir. Wie heißt du noch? Lasse Norell, war das nicht so? Schiffsjungen kommen und gehen, und an solche Stichlinge erinnere ich mich meist nicht. Aber du kommst anschließend wieder her. So, Beeilung jetzt. Die Herren sind ausgehungert.«

Er lächelte Lars an und schien sogar drauf und dran zu sein, sich zu bedanken, aber das wäre wohl zu weit gegangen. Lars ging, so schnell es sein schmerzender Körper zuließ. Er meinte, sich noch nie so schmutzig und zerschlagen gefühlt zu haben wie jetzt.

Im Deckshäuschen war alles naß wie überall sonst auf dem Schiff, aber ein paar Schiffsjungen waren dabei, alles aufzuwischen und aufzuräumen. Die Offiziere hatten sich wie zuvor am Tisch versammelt. Die meisten sahen recht mitgenommen aus, und der Kapitän schien um mehrere Jahre gealtert zu sein. Das lag wahrscheinlich an der Müdigkeit und der Anspannung. Der Oberfeldscher nickte Lars lächelnd zu. Tallman und Callander legten sich ohne Kommentare etwas von dem Huhn auf, und Lars stellte sich mit der Platte an die Wand. Die Platte war so schwer, als läge Blei darauf. Neben ihm stand der Schiffsjunge mit den mißgünstigen Augen, der ihn zum Koch gerufen hatte. Er zog seine schmalen Mundwinkel herunter, als Lars sich neben ihn stellte.

»Nun, eins kann ich euch sagen«, sagte der Kapitän und betonte jede Silbe, »als wir zwischen die Klippen stürzten, habe ich ein letztes Gebet gesprochen. Das sind vielleicht gefährliche Gewässer hier! Teuflisch gefährliche Gewässer!«

Er schüttelte den Kopf, als wollte er seinen Worten Nachdruck verleihen. Die anderen murmelten zustimmend. Keiner schien zu Scherzen aufgelegt zu sein, aber der Ladungsaufseher Duva machte einen lahmen Versuch.

»Es waren natürlich deine Gebete, Bockman, die uns gerettet haben. Du stehst schließlich mit dem Herrn auf du und du.«

Niemand lächelte, und Didrik Bockman sah gequält aus. Seine Stirn war naß vor Schweiß, den er mit dem Handrücken abwischte. Er stocherte im Essen herum und erschauerte bei dem Geruch von Huhn. Dann schob er den Teller zur Seite.

»Ich habe keinen Hunger«, brummelte er.

Er faltete die Hände, schloß die Augen und bewegte die Lippen wie zum Gebet. Die Offiziere sahen einander an und zuckten leicht die Achseln. Die Gespräche mit dem Herrn waren die Domäne des Predigers und nichts, worin sie sich einmischen konnten.

»Wieviel ist beschädigt worden?« fragte Callander mit seiner ernsten, tiefen Stimme.

»Etliches«, erwiderte Kapitän Hallbom, »aber wir schwimmen noch. Wie das Schiff allerdings untenherum aussieht, werden wir erst in Kanton erfahren.«

Der Zweite Steuermann Wass zählte an den Fingern auf:

»Die Jollen sind Brennholz, das große Rettungsboot ist zerschlagen, der Fockmast ist an einigen Stellen gesprungen, mehrere Rahen müssen ersetzt werden, die Takelage ist zerfetzt, sechs der Segel sind nicht mehr zu gebrauchen, und eine der Kanonen hat sich losgerissen und auf dem Batteriedeck große Verwüstungen angerichtet. Der Ochse hat sich das Bein gebrochen und mußte geschlachtet werden. Über die sonstigen Schäden bei den Tieren habe ich noch keine Berichte erhalten. Dies ist alles, was wir im Augenblick wissen. Ihr könnt aber sicher sein, daß es noch mehr Schäden geben wird. Und, wie gesagt, wie wir untenherum aussehen, weiß niemand.«

Es wurde eine Weile still.

»Und die Leute?« fragte Callander. »Sind viele draufgegangen?«

Oberfeldscher Gunning breitete die Arme aus und erwiderte seufzend: »Sieben Personen verschwunden. Zwei Matrosen, drei Leichtmatrosen, ein Kadett sowie Steuermannlehrling Berendt Werning.«

»Potztausend! Werning auch«, wiederholte Steuermann Agger nachdenklich. »Das ist schade. Der hatte Mumm in den Knochen.«

»Ferner hat ein Kadett sich den Arm gebrochen. Ein Leichtmatrose geriet zwischen die Kanone und die Bordwand, und ich glaube nicht, daß er die Woche übersteht«, fuhr Gunning fort. »Der Zweite Obermatrose hat sich einen Fuß übel verletzt, und den werde ich wohl kappen müssen. Danach sehnt sich niemand. Und dann müssen wir mit Lungenentzündungen und weiteren Todesfällen rechnen, bevor dieses Schiff viele Tage älter wird.«

Das wurde mit einem allgemeinen Seufzen quittiert. Der Dritte Steuermann Laurin beugte sich über den Tisch, um etwas zu sagen, als Lars die schwere silberne Platte zu Boden fallen ließ. Die Finger hatten sie nicht länger halten können. Der Schiffsjunge an seiner Seite konnte sein Entzücken darüber nicht unterdrücken, daß Lars jetzt ordentlich angepfiffen werden und vielleicht sogar ein paar prachtvolle Ohrfeigen bekommen würde. Lars war zu müde, um zu reagieren. Er kauerte sich hin und sammelte mit klammen, vor Kälte starren Fingern die Fleischstücke vom Fußboden auf. Tallman zog die Oberlippe hoch und schnaubte.

»Wir sollten diesen kleinen Teufel den Unglücksraben taufen«, sagte er hochmütig.

»Er ist müde wie wir alle«, entgegnete Callander.

»Er ist ein Unglücksrabe und bleibt ein Unglücksrabe.«

Der Kapitän kam Lars unerwartet zu Hilfe.

»Er hing wie ich in einem Seil und wurde vom Meer ordentlich durchgewalkt. Das tut seiner Erziehung gut, zehrt aber an den Kräften. Der Geier weiß, ob ich selbst mit einem Tablett in der Hand dastehen könnte.«

»Mit Verlaub gesagt, er ist doch ein Unglücksrabe«, beharrte Tallman. »Er wird das Schiff in namenloses Elend stürzen.«

»Du redest dummes Zeug«, wandte Callander ein.

»Der Meinung bin ich auch«, stimmte Gunning zu. »Der Junge ist nur müde.«

Tallman trank den Wein aus und genehmigte sich noch etwas aus der Flasche auf dem Tisch.

»Wenn wir alle mit unserem Elend dasitzen, nur weil er das Unglück anzieht, werdet ihr euch noch an meine Worte erinnern. Ich bedaure nur, daß nicht er, sondern sieben andere gute Männer ihr Leben opfern mußten.«

Lars bekam ein Zeichen, er könne gehen. Auf dem Weg zum Koch Norrblom hämmerte in seinem Kopf, was Tallman gesagt hatte. Man wünschte ihm den Tod. Es war falsch, daß er verschont worden war, während andere über Bord gespült worden waren. Er war wertlos. Man gönnte ihm nicht mal das Leben. Hätte Tallman die Namen derer nennen dürfen, die als erste geopfert werden mußten, wäre Lars' Name ganz oben auf der Liste erschienen.

Offizierskoch Norrblom hatte keine Zeit für ihn, sagte aber, er wolle ihn später noch einmal sprechen. Lars mußte noch beim Abwasch helfen, bevor er sich zur Back zurückziehen durfte.

Es schneite nicht mehr, aber die Kälte hatte eine Eishaut über das Schiff gelegt, und das Deck war eisbedeckt. Die Besatzung kratzte es ab, aber kaum waren sie fertig, mußten die Männer von vorn anfangen, um neues Eis abzukratzen. Die gefrorene Reling glänzte. Sämtliche Wanten und Seile waren erstarrt, und in der Takelage hatten Wassertropfen bizarre Muster und Eiszapfen gebildet.

Einige Matrosen kletterten in der Takelage herum, um die noch brauchbaren Segel zu setzen. Die Arbeit ging langsam voran, weil allen klar war, wie groß die Gefahr war, auszurutschen und hinunterzufallen. Die Segel waren so steifgefroren, daß sie sich kaum auseinanderwickeln ließen. Der schwache Wind fand in den erstarrten Falten kaum Halt.

Auf dem Vordeck waren der Oberzimmermann und seine drei Zimmerleute schon bei der Reparaturarbeit. Es mußten ein paar neue Jollen gebaut werden, ebenso ein neues Rettungsboot, und auch die Geschützpforte mußte ersetzt werden. Das Holz lag in Haufen herum, und Oberzimmermann Henriksson erteilte seinen Leuten heisere Befehle. Werkzeuge lagen säuberlich aufgereiht bereit: Zollstöcke, verschiedene Äxte, Kalfatereisen, Stemmeisen sowohl schwedischer wie englischer Art, Bandeisen und Nageleisen, Sägen und Dichteisen. Henriksson sah stolz und zufrieden aus, als könnte er endlich beweisen, was er und die anderen Zimmerleute taugten.

Die beiden Segelmacher hatten ebenfalls viel zu tun. Das Segeltuch war ausgebreitet, und sie nahmen Maß und schnitten zu. Die große Segelnadel mit dem Garn säumte die Ränder, was den Segelmachern schnell von der Hand ging, denn sie verstanden ihr Handwerk. Sie hatten sich die Segelmacherhandschuhe angezogen und schienen auch nichts dagegen zu haben, unter starkem Zeitdruck zu arbeiten. Zu ihren Aufgaben gehörte es auch, die Seile für die Takelage zu spleißen, aber dabei halfen ihnen erfahrene Seeleute, die diese Kunst beherrschten.

Lars ging in die Back hinunter. Dort war es überall naß, und das Eis lag wie dünner Schorf auf der Oberfläche. Es barst, wenn man darauf trat, und dann landete der Fuß in einem Brei aus Wasser und aufgeweichtem Schmutz. Der Gestank war entsetzlich, doch Lars hatte sich inzwischen daran gewöhnt. Er machte ihm nichts mehr aus. Die Hängematten waren tagsüber verstaut, wie es sich gehörte, und Lars hatte dort unten nichts zu tun. Weiter weg an Deck waren einige Seeleute damit beschäftigt, die restlichen Kanonen zu untersuchen. Sie bewegten sich vorsichtig, um nicht auszurutschen und durch das gähnende Loch zu fallen, das die losgerissene Kanone verursacht hatte.

Bald mußte er mit Mats wieder auf Wache gehen, aber würde er es schaffen? Lars hatte das Gefühl, keinen Schritt mehr tun zu können. Er fragte sich, wie oft er sich schon völlig erschöpft gefühlt hatte, seit er an Bord dieses Schiffs gekommen war, das nach dem fernen China unterwegs war. Alle verlangten viel von ihm, weil sie davon ausgingen, daß er schon vierzehn und folglich ein junger Mann war und keine zwölf und im Grunde noch ein Kind.

Oberfeldscher Gunning war eine Ausnahme. Vielleicht war auch die Tatsache, daß der Kapitän ihn verteidigt hatte, ein Ausdruck von Mitleid. Es ist immerhin ein Unterschied, ob man schon vierzehn oder erst zwölf ist. Lars betastete seine Oberarmmuskeln und spannte sie, so fest er es vermochte. Es war kaum zu spüren. Er war in mancherlei Hinsicht ein Jammerlappen. Und dann noch diese ständige Übelkeit, die wie ein Korken im Hals saß!

An Deck wartete Mats. Er schlug mit den Armen um sich, trat auf der Stelle und war sehr zufrieden mit der Wärme, die er sich selbst verschaffte. Er erinnerte sich an eine Geschichte, die sein Vater von einem anderen Sturm erzählt hatte. Jetzt erzählte er sie Lars, der nur mit einem halben Ohr zuhörte. Schlafen, schlafen, schlafen bis zum Jüngsten Gericht. Eisfüße, Eishände, Eisbeine, das war er jetzt. Und außerdem hatte er immer noch Salzwasser in den Lungen.

»Ja, und auf Java kann man sich einen Affen kaufen«, sagte Mats und wechselte zu einem neuen Thema. »Einen kleinen Affen, den man nach Hause mitnehmen kann. Ich glaube, ich werde mir einen anschaffen. Einen Affen und einen Papagei. Wie sie mich zu Hause alle angucken werden. Willst du dir einen Affen kaufen? Wir können je einen von der gleichen Sorte kaufen. Damit sie Gesellschaft haben und nicht allein sind.«

Ein Matrose tauchte hinter ihnen auf. Lars hätte zur Seite treten müssen, wie es der Jüngere für den Älteren tut, doch die schweren Eisfüße gehorchten ihm nicht. Der Matrose ließ einen Fluch hören und versetzte ihm einen verärgerten Schlag auf den Rücken. Lars taumelte vorwärts und rutschte aus. Er fiel gegen die Reling und schlug so hart auf, daß er über sie hinwegkippte. Mats rief etwas, was er nicht hörte.

Lars packte die Reling mit beiden Händen, doch es war, als hätte er in Öl gegriffen. Er fand keinen Halt. Sein Schwerpunkt verlagerte sich nach außen. Mats rannte herbei, um ihm zu helfen, aber es war zu spät.

Ohne daß Mats etwas dagegen tun konnte, stürzte Lars Hals über Kopf ins Meer.

9

ER GING TIEF UNTER. Obwohl er den Mund fest zusammenkniff, drang Wasser durch die Lippen. Es war ihm, als hätte er flüssiges Eis geschluckt. Die Kälte packte ihn sofort mit eisernem Griff, und die Gliedmaßen erstarrten auf der Stelle, so daß sein Zappeln zu einem kraftlosen, matten Herumrudern wurde.

Lars kam wieder an die Oberfläche. Graue Wolken. In weiter Ferne verschmolzen Meer und Himmel zu einer kaum sichtbaren, verwaschenen Horizontlinie. Wo war das Schiff? Es mußte irgendwo hinter ihm sein. Lars versuchte, sich im Wasser umzudrehen, doch es ging nicht. Er war langsam und träge wie eine alte Kröte.

Hatten sie bemerkt, daß er über Bord gefallen war? Und wenn ja – kümmerte es sie überhaupt? Würden sie etwas unternehmen? Tallmans Worte blitzten in seinem Bewußtsein auf. Es war kein Verlust, wenn er ertrank. Das war wohl die Ansicht der meisten auf dem Schiff. Ein Schiffsjunge, dem immer nur übel war und der sich und andere nur in Ungelegenheiten brachte. Nicht zu gebrauchen. Laßt ihn in der Tiefe verschwinden. Der ist es nicht wert, daß wir uns seinetwegen anstrengen. Er ist sowieso verloren.

Dann versank er wieder. Runter in das eisige Wasser. Bestimmt warteten in der Tiefe schauerliche Monster auf ihn. Sie warteten nur darauf, seinen Körper mit ihren schrecklichen Schnauzen zu zerfetzen. Böse Geister, Gespenster und andere auf ewig Verdammte, denen das Meer als Strafe zugeteilt worden war und die sich jetzt an ihm rächen würden. Trotzdem hatte er nicht mal mehr die Kraft, Angst zu empfinden. Es war ihm gleichgültig, was geschah. Lars hielt die Augen offen und starrte in die schwarze Tiefe hinunter. Bewegte sich da nicht etwas? Etwas Großes und Unförmiges? Die bösen Geister konnten wenigstens warten, bis er tot war.

Wie tief er sank, wußte er nicht, aber auch das war ihm gleichgültig. Er war jetzt vollkommen steif; ein Standbild aus Eis, das auf dem Weg in die bodenlose Tiefe allmählich langsamer wurde. Dann ging es wieder ganz sacht nach oben, so sacht, daß er das Gefühl hatte, im Wasser stillzustehen. Er konnte nicht mehr die Luft anhalten und schluckte scheußlich salziges Meerwasser.

Die Oberfläche über ihm war ein heller, schimmernder Spiegel, der in tausend Stücke zersprang, als er mit dem Kopf noch einmal über Wasser kam. Hatte nicht jemand gesagt, es sei für immer, wenn man zum dritten Mal untergeht? Jetzt war es das dritte Mal. Für immer.

Noch immer sah er kein Schiff. Vielleicht war es schon so weit weg, daß es hinter dem Horizont verschwunden war. Er konnte nicht beurteilen, wie lange er unter Wasser gewesen war. Vielleicht schon Tage, Wochen oder Jahre. Er wußte ja nichts mehr.

Nirgends war ein Laut zu hören. Das Wasser hatte sich ihm wie Eisdeckel auf die Ohren gelegt und schloß alles aus, bis auf diesen widerhallenden, seltsamen, erschreckenden Echo-Laut, der bestimmt von irgendwoher im Kopf kam. Langsam breitete Lars die Arme aus, und es kam ihm vor, als müßte er das Meer umarmen, das ihn für immer zu sich nehmen würde. Er wollte etwas flüstern, doch es fielen ihm keine Worte ein. Das Bewußtsein wich einer großen Dunkelheit. Zum dritten Mal sank er in die Tiefe. Zum dritten und letzten Mal.

Warum war es so warm? Die Augenlider waren aus Blei, der ganze Körper war aus Blei, und beim Atmen kam es ihm vor, als seien seine Lungen ebenfalls aus Blei. Lars kämpfte, um etwas zu sehen, konnte die Augen aber nicht öffnen. Er brachte ein Stöhnen heraus, und das zehrte so sehr an den Kräften, daß er nie mehr etwas tun zu können glaubte. Wie eine flüsternde Stimme in einem Traum hörte er: »Er wacht auf.«

»Hol Gunning!«

Es verging eine lange Zeit. Daß es so schwer sein mußte, die Augen aufzubekommen! Er wollte ja sehen, aber die Augenlider waren auf den Augäpfeln wie zugeklebt. Eine Tür knallte, und dann ließ sich die bekümmerte Stimme des Oberfeldschers vernehmen: »Seid ihr sicher, daß er etwas gesagt hat?«

»Was heißt gesagt – gegrunzt hat er jedenfalls.«

»Das habe ich auch gehört, und Herr Gunning hatte ja Befehl gegeben ...«

»Schon gut. Vielleicht war es doch nur irgendein Laut in der Bewußtlosigkeit.«

Hände betasteten seine Brust und preßten vorsichtig. Finger bewegten sich an seinem Hals entlang, tasteten und massierten. Lars schluckte ein paarmal und sammelte Kraft für eine neue Anstrengung. Die Finger schienen zu spüren, wie es im Kehlkopf arbeitete, und hielten dort inne. Nein, auch diesmal wurde es nicht mehr als ein Stöhnen.

»Genau so hat er vorhin auch gegrunzt.«

»Wie ein kleines Ferkel, Herr Gunning.«

Gunnings Mund kam an sein Ohr, und die Stimme war weich und lockend: »So, Lasse, jetzt kannst du aufwachen. Du hast lange genug geschlafen.«

Der Oberfeldscher schien zu verstehen, wie schwer es ihm fiel, die Augen aufzumachen. Die Finger glitten über die Wangen zu den Augenlidern und zogen sie leicht nach oben. Lars starrte in Gunnings Gesicht. Dann mußte er wieder blinzeln. Das Sehen tat ihm weh, da die Augen sich noch nicht wieder an das Licht gewöhnt hatten. Er machte einen Versuch, aufzustehen, aber Gunning legte ihm die Hand auf die Brust und drückte ihn sanft hinunter.

»Noch ist es nicht ganz soweit.«

Man führte Lars warmen Tee an den Mund, und er schlürfte das Getränk in sich hinein. Es lief ihm wie lebenspendende Glut durch den Körper. Er befand sich in einer der Krankenkabinen, und neben ihm lagen auf Pritschen ein Matrose und ein Leichtmatrose, den er vage wiedererkannte. Einer hatte einen dick verbundenen Arm, und der zweite lag mit einem eingewickelten Bein da, das von dicken Schnüren an der Decke hochgehalten wurde.

»Daß du noch lebst, ist ein reines Wunder«, murmelte Gunning. »Vergiß nicht, dem Herrn zu danken, wenn du das nächste Mal dein Gebet sprichst.«

Lars bekam mehr Tee, und Gunning fuhr fort: »In so kaltem Wasser kann man nicht mehr als vier Minuten überleben. Darin sind wir Ärzte uns einig. Das Herz kann dann nicht mehr weiterschlagen. Du hast etwa sechs Minuten im Meer gelegen, und folglich müßtest du tot sein. Dennoch lebst du. Das ist ein schieres Wunder.«

Lars wollte einige Fragen stellen, brachte aber noch immer nicht mehr hervor als dieses lächerliche Stöhnen. Der Oberfeldscher hob die Hand zum Zeichen, daß Lars es ruhig angehen lassen sollte.

»Es war dein Kamerad Mats Larsson, der um Hilfe schrie. Er war auch als erster in der Rettungsjolle, und er war es, der dich am Haarschopf zu fassen bekam, als die anderen schon glaubten, du wärst Haifutter geworden. Ihm mußt du für dein Leben danken.«

Mats. Natürlich. Sein Blutsbruder. Sie hatten versprochen, füreinander das Leben zu geben.

»Du liegst hier seit mehr als einer Woche wie ein Hering. Ehrlich gesagt hätte ich nie gedacht, daß du noch einmal aufwachst.«

Der Matrose war bärtig und hatte wilde Augen, sagte aber

freundlich brummend: »Wir haben dich im Auge behalten, mußt du wissen. Keiner von uns möchte in derselben Back liegen wie eine Leiche.«

»Ein paar Tage ruhst du dich noch aus, und dann kannst du wieder deiner Arbeit nachgehen.«

Gunning lächelte Lars an und verließ die Kabine. Lars schloß wieder die Augen. Die beiden anderen unterhielten sich leise, aber er hörte nicht zu. Er fand es schön, nichts tun zu müssen. Diesmal war es eine Ruhe, die ihn wieder zu Kräften kommen ließ. Er schlief ein und hatte ruhige Träume. Als er aufwachte, saß Mats da mit einem Gesicht wie eine gesprungene Sonne, und Lars erwiderte sein Lächeln. Jetzt konnte er wieder ohne größere Mühe sprechen.

»Ich habe gehört, du warst derjenige, der . . . mich gerettet hat.«

Mats errötete ein wenig und machte eine abwehrende Handbewegung.

»Es war reines Glück, daß ich unter Wasser deinen Kopf gesehen habe. Willst du Grütze haben? Ich habe etwas mitgebracht.«

Lars bekam einen Blechteller und einen Löffel und schlang die Gerstengrütze in sich hinein. Sie war verdorben und roch schlecht, ging aber hinunter, wie das Essen es nun mal tun muß. Dazu bekam er Dünnbier und Brot. Es war steinhart, so daß er es erst im Mund aufweichen mußte. Mats hatte Neuigkeiten mitgebracht.

»Mit der Kälte ist es jetzt vorbei. Du wirst sehen, an Deck ist es warm und schön. Wir haben warme Winde in den Segeln.«

Die älteren Seeleute kümmerten sich nicht um die Schiffsjungen, sondern dösten. Mats flüsterte trotzdem, als er bei Lars auf der Pritschenkante saß.

»Vater hat mir mal von einem Mann erzählt, der eine ganze Stunde unter Wasser gewesen war und trotzdem mit dem Leben davonkam. Ich habe mir also keine Sekunde Sorgen um dich gemacht. Ich habe die ganze Zeit gewußt, daß du wieder gesund wirst.«

»Ich muß geschlafen haben.«
»Du hast im Schlaf geredet.«
Lars war sofort auf der Hut, obwohl es Mats war.
»Ach ja? Was habe ich denn gesagt?«
»Das weiß ich nicht. Jemand sagte, du hättest geschrien, daß es brennt. Du hattest sicher einen Alptraum.«
Lars leckte sich die trockenen Lippen, nickte und erwiderte tonlos: »Ich erinnere mich nicht, aber es war bestimmt ein Alptraum.«
»Der Offizierskoch hat nach dir gefragt. Er sagte etwas von einer Sauce. Und dann natürlich Isac Österberg. Er will deinen Branntwein haben, und solange du hier liegst, bekommst du ja keinen.«
Lars mußte grinsen. Für den alten Seebären war er nichts weiter als ein paar Gläser Branntwein.
»Grüß ihn und richte ihm aus, daß er bald welchen bekommt.«
»Ich habe mich inzwischen an den Geschmack gewöhnt. Das solltest du auch tun. Richtige Männer müssen was vertragen, sagen mein Vater und meine Brüder.«
»Ich will keinen haben.«
»Du bist doch schon vierzehn, und auf See trinkt jeder Branntwein. Wein und Branntwein, obwohl es meist die Offiziere sind, die Wein trinken.«
»Isac bekommt meinen Schnaps.«
Als Mats gegangen war, schlief Lars wieder ein. Er mußte darauf achten, daß er im Schlaf den Mund hielt. Er durfte nicht von Dingen sprechen, die verborgen bleiben mußten. Es war schlimm genug, daß er etwas von diesem Brand geschrien hatte. Zum Glück hatte Mats es für einen Traum gehalten.
Zwei Tage später war Gunning der Meinung, Lars könne wieder aufstehen. Er stellte sich auf den Boden. Vor seinem Blick schwankte alles, und er mußte sich an der Wand abstützen. Man-

gelnde Gewohnheit, meinte der Oberfeldscher. Das sei gleich vorbei. Lars mußte aufs Zwischendeck hinausgehen und ein paarmal auf und ab gehen. Gunning nickte zufrieden.

»Für einen fast Ertrunkenen bist du erstaunlich gesund. Du kannst wieder mit der Arbeit anfangen.«

Der Oberfeldscher hatte recht. Lars fühlte sich wohl. Natürlich war er noch etwas matt, aber er hatte doch das Gefühl, daß er jetzt, wo er mit dem Leben davongekommen war, alles schaffen würde. Die Sonne trug auch ihr Teil dazu bei und die unglaubliche Wärme, die auf der Haut wie reiner Balsam war.

Alles Eis war vom Schiff verschwunden. Die Besatzung hatte ihre nassen Hängematten und die Kleidungsstücke auf den Decksplanken zum Trocknen ausgelegt, und mehrere Seeleute liefen mit nacktem Oberkörper herum. Ihre zuvor bleichen Körper hatten schon einen goldbraunen Farbton angenommen.

Das Schiff machte gute Fahrt. Als Lars an der Reling stand und ins Wasser hinunterblickte, sah er, daß das Meer die Farbe geändert hatte. Das schwarze, bedrohliche Wasser hatte jetzt einen grünblauen Farbton angenommen. Die Bugwelle ließ Gischt aufsprühen, in dem Perlen und Edelsteine zu glitzern schienen. Zum ersten Mal seit sehr sehr langer Zeit, vielleicht zum ersten Mal überhaupt, spürte Lars eine Lust, einfach da zu sein, eine Freude, die ihm wie heißes Blut durch die Adern lief.

»Du Rotznase!«

Lars fuhr herum. Vor ihm stand Quartiermeister Nygren. Groß, drohend und wütend. Er hatte die Hände zu Fäusten geballt. Die Muskeln an den gewaltigen Oberarmen schwollen an.

»Da! Das ist für dich!«

Bevor Lars reagieren konnte, gab Nygren ihm eine dröhnende Ohrfeige auf die linke Wange. Der Quartiermeister hatte mit der Wucht eines Vorschlaghammers zugeschlagen, so daß Lars gegen die Reling schlug und aufs Deck fiel. Nygren riß ihn hoch und packte ihn am Pullover. Er hielt ihn vor sein breites Gesicht. Die kleinen Pfefferaugen sprühten Funken.

»Bilde dir bloß nichts ein. Ich bin derjenige, der befiehlt, und du hast zu gehorchen. Glaub ja nicht, daß du irgendeinen Offizier im Rücken hast. Wenn du nicht spurst, werde ich es sein, der dich beim nächsten Mal über Bord wuchtet.«

Er hob die Hand, um wieder zuzuschlagen, doch plötzlich waren an Deck Schritte zu hören. Nygren ließ Lars mit einem Fluch los und ging mit seinem wiegenden, breitbeinigen und etwas o-beinigen Seemannsgang davon. Lars mußte sich abstützen, um wieder auf die Beine zu kommen. Der Schlag hatte ihm übel werden lassen, und er spie Blut, da die Innenseite der Wange an den Zähnen aufgerissen worden war. Ein Matrose kam vorbei, sah ihn an, sagte aber nichts.

Lars lehnte sich an die Reling, atmete tief durch und rieb sich die Wange, um den brennenden Schmerz zu lindern. Nygren würde ihn nie in Ruhe lassen. Lars wußte nicht, was er dem Mann getan hatte, aber es war offenkundig, daß der Quartiermeister ihn für seinen Feind hielt.

»Siehst du die Delphine? Sind es nicht herrliche Tiere?«

Mats lachte laut und schlug ihm vor Freude, den Freund wieder auf den Beinen zu sehen, auf beide Schultern. Lars vergaß die Ohrfeige, was ja auch das einzige Heilmittel war. Mats zeigte aufs Wasser, und jetzt sah Lars es auch. Gewaltige Tiere tauchten und kamen wieder hoch. Sie schienen viel Spaß dabei zu haben. Es wirkte wie eine Vorführung für die sonderbaren Menschen auf der komischen Nußschale.

Die Freunde standen lange an der Reling und unterhielten sich. Die Sonne wärmte ihnen die Rücken. Auf dem Vorderdeck arbeiteten die Zimmerleute mit Holzkisten, und oben in der Takelage waren weitere Besatzungsmitglieder dabei, Seile neu zu befestigen und Segel zu reparieren. Die Kadetten hatten sich bei dem Zweiten

Steuermann Wass versammelt, der sie in Navigation unterrichtete. Er achtete streng darauf, daß alle bei der Sache waren. Wenn jemand sich anderen Gedanken hingab, bekam er sofort einen Rüffel. Die Schiffsglocke schlug acht Glasen. Lars fuhr zusammen.

»Ich muß bei Tisch bedienen.«

Er eilte zum Offizierskoch Johan Norrblom, der zufrieden grinste, als er Lars sah. Der Schiffsjunge mit dem verkniffenen Mund schnitt eine Grimasse und verschwand mit seinem Tablett. An der Treppe drehte er sich um und streckte Lars die Zunge raus. Der Koch rief fröhlich: »Aha, der Spatz hat sich die Flügel flicken lassen. Dann heißt es wieder Platten und Tabletts tragen und wieder normal werden. Hör mal, du Knirps...«

Er nahm eine Flasche Wein und zog den Korken heraus.

»Ich bin bei diesem Wein etwas unsicher. Ein schlechter Jahrgang. Das habe ich gewußt, aber glaubst du, daß er sich noch ein paar Monate halten könnte?«

Lars schüttelte überrascht den Kopf. Was verstand er schon von Wein?

»Woher soll ich das denn wissen?«

»Riecht er vielleicht etwas sauer? Wie ich gesehen habe, hast du ja einen besonderen Rüssel. Falls der Wein zuviel Säure enthält, muß ich in Spanien neuen Vorrat kaufen. Riech mal.«

Lars nahm die Flasche zögernd in Empfang und führte die Öffnung an die Nase. Er holte tief Luft. Zunächst roch es nur nach Wein. Diesen Geruch erkannte er wieder. Dann holte er nochmals Luft und behielt den Duft einige Augenblicke in sich, bevor er sacht ausatmete.

»Ein wenig sauer ist er schon«, sagte er.

Der Koch kratzte sich seine runde Nase und brummelte: »Nicht gut, aber so ist es immer noch besser, als daß man mir später die Säure unter die Nase gerieben hätte. Wenn die Offiziere Wein bekommen, der ihnen in der Kehle steckenbleibt, ist es der Koch, der was auf die Nase kriegt. Ich werde mit dem Mundschenk und dem Kellermeister sprechen. So, und jetzt nichts wie weg. Du bringst den Herren den Ochsenbraten. Es war ein großer Ochse, der bei dem Sturm krepiert ist, und er wird noch für einige Tage mehr Fleisch liefern.«

Als Lars mit der silbernen Platte eintrat, bemerkte er, daß das Gespräch entspannter und angenehmer war als früher. Es mußte die Wärme sein, die die Offiziere dazu brachte, sich von ihrer besten Seite zu zeigen. Der Kapitän scherzte, und alle lachten, obwohl seine Worte nicht sonderlich lustig waren, aber einem Kapitän muß man schon diesen Gefallen tun, wenn er es verlangt. Der Ladungsaufseher Tallman hob seine schweren Augenlider einen Millimeter oder zwei, als er sich mit Fleisch bediente.

»Aha, der Unglücksrabe hat sich erholt? Na ja, ein Unglücksrabe hat genau wie die Katze neun Leben. Aber früher oder später schlägt das Schicksal zum zehnten Mal zu.«

»Du bist mir vielleicht ein Miesmacher«, knurrte der Oberfeldscher.

»Der Wahrheit die Ehre. Mir liegt es nicht zu schmeicheln.«

Sein Kollege Callander nahm sich ein paar ordentliche Fleischstücke und betrachtete Lars ebenso forschend, wie er es früher getan hatte. Lars war etwas unbehaglich zumute. Wußte er etwas? Wußte er von dieser Geschichte in Schweden? Wartete er nur darauf, Lars zu entlarven? Als den Taugenichts, der er war, als den Unglücksraben, für den ihn Tallman zu Recht hielt?

Im Warten darauf, daß einer der Anwesenden vielleicht noch etwas mehr haben wollte, stellte sich Lars an die Kabinenwand. Der Prediger Didrik Bockman lächelte angestrengt über die Scherzchen des Kapitäns, doch die leicht grüne Farbe seiner Wangen zeigte, daß er immer noch an der Seekrankheit litt. Er vermochte nicht mehr als ein paar kleine, zerschnittene Fleischstücke zu essen und nippte nur an dem tiefroten Wein.

»Halten wir den Zeitplan ein?« wollte der Erste Ladungsaufseher Stocke wissen.

»Einigermaßen«, erwiderte Erik Duva. »Nicht wahr, Bockman? Weißt du es nicht am besten?«

»Es sind die Steuerleute und nicht ich, die für die Instrumente verantwortlich sind«, entgegnete Bockman.

»Ich habe nicht gedacht, daß du Instrumente brauchst«, bemerkte Duva. »Hast du denn keine Engel bei dir in der Kabine, die dir nachts alles erzählen?«

Bockman seufzte, antwortete aber nicht, sondern ging zu einem anderen Thema über. Es war ernst, denn das Lächeln in den Gesichtern der Offiziere erlosch.

»Es wird eine schauerliche Beisetzung. Es ist eine schwierige Pflicht.«

»Ein Glück für ihn, daß er gestorben ist«, sagte Kapitän Hallbom grimmig. »Sonst wäre er in der Gefangenenkiste gelandet, und dort hätte er sitzen müssen.«

»Aber schauerlich ist es trotzdem. Auch er war ein Teil von Gottes großem Plan.«

Der Kapitän schnaubte verächtlich und goß mehr Wein ein.

»Gott verschont keine Diebe. Hätten wir einen Henker an Bord gehabt, hätten wir ihn köpfen können.«

»Einen Henker? Solches Pack kann man doch auf einem ehrlichen Schiff nicht dulden«, fiel Steuermann Laurin ein. »Henker sind Gesindel, und ihre Nachkommen sind verdammt bis ins dritte und vierte Glied. Das hat meine Mutter gesagt, und sie hatte recht.«

Die anderen nickten. Lars' Lebenslust verschwand wie durch Zauberei, und die ihm nur zu bekannte Übelkeit stieg wieder in ihm hoch. Doch das lag nicht am Seegang. Wenn sie wüßten... Er war nichts und würde auch nie etwas werden. Es wäre besser gewesen, wenn Mats ihn beim dritten Mal hätte in die Tiefe sinken lassen.

Später half Lars beim Abwasch. Er war gerade fertig, als der Erste

Steuermann Arfvidsson mit seiner Trillerpfeife das Signal »Alle Mann an Deck« ertönen ließ. Mats erklärte Lars, was geschehen würde.

»Ein Leichtmatrose, Hans Hall, hat Herrn Tallman eine goldene Uhr gestohlen, als du krank warst. Sie fanden die Uhr, als sie bei einer Untersuchung des ganzen Schiffs in den Sachen Halls wühlten. Hall gestand, bekam aber noch am selben Abend ein Fieber und Ausschlag. Gestern ist er gestorben. Das war ein Glück für ihn, denn so blieb ihm die neunschwänzige Katze erspart.«

Ein paar Matrosen schleiften den in die Hängematte eingenähten Leichnam herbei. Sie blieben vor Kapitän Hallbom stehen. Dieser nickte zur Reling, worauf die Matrosen die Leiche dorthin zogen. An Deck war es vollkommen still. Niemand sagte etwas, und niemand sang das Kirchenlied, das sonst immer ertönte, wenn jemand nach Seemannsart im Meer beigesetzt werden sollte.

Didrik Bockman folgte dem Leichnam mit schwerem Blick und machte Miene, den Segen des Herrn herabzuflehen, doch der Kapitän hatte es verboten, und so blieb dem Prediger nur zu gehorchen. Dann wurde die Leiche über Bord gekippt. Ein Platschen, und damit war sie von der Wasseroberfläche verschwunden. Arfvidsson verkündete mit einem weiteren Pfiff das Ende der Zeremonie, worauf die Seeleute wieder an die Arbeit gingen.

»Sie haben die Leiche auf der Backbordseite ins Wasser geworfen«, sagte Mats. »Das bedeutet, daß er ehrlos beigesetzt worden ist. Andere Seeleute werden immer auf der Steuerbordseite dem Meer übergeben. In allen Ehren.«

Isac Österberg grinste mit seinem zahnlosen Mund, ließ seine langen, klapperdürren Arme um Lars' mageren Körper gleiten und stieß sauer auf. Seinen Lippen entströmte meist ein abstoßender Gestank, doch so rochen viele Seeleute. Das war nichts, worüber sich jemand aufregte.

»Das war wirklich höchste Zeit«, piepste er entzückt. »Meine Kehle war schon wieder dabei auszutrocknen.«

Lars wollte gerade antworten, als der Ausguck ausrief: »Land in Sicht!«

Die Besatzung versammelte sich auf dem Vorschiff, und als Lars gespannt zum Horizont blickte, entdeckte er im Dunst die Umrisse eines Bergs. Alle schrien hurra, und auf der Kommandobrücke hielt sich Hallbom ein langes Fernrohr vor das eine Auge.

»Das ist Kap Vicente«, erklärte Isac. »Portugals Südspitze. Dann dauert es nicht mehr viele Tage, bis wir spanische Luft atmen können.«

Land! Lars spürte, wie die Anspannung der anderen auch ihn ansteckte. Wieder festen Boden unter den Füßen haben und nicht mehr Meile um Meile gefährlicher Gewässer mit unbekannten Monstern! Richtiger fester Boden, der nicht nachgab, wenn man darauf trat!

»Wie lange werden wir dort bleiben?« fragte er.

»Einen Monat wird es bestimmt dauern«, erwiderte Isac uninteressiert.

»Dürfen wir einen ganzen Monat an Land bleiben?«

Isac lachte aus vollem Hals und zeigte dabei sein rotschwarzes Zahnfleisch.

»Du machst mir vielleicht Spaß! Die meisten von uns kommen überhaupt nie an Land. Vielleicht für einen Tag, wenn man Glück hat. Dann kann man Branntwein kaufen und ihn an Bord schmuggeln.«

»Aber möchtest du nicht auch gern mal wieder festen Boden unter den Füßen haben?«

»Wozu denn? Ich bin Seemann, und das hier ist mein Zuhause. An Land können sich die Landratten herumtreiben.«

Lars verstand ihn nicht. Wie konnte man sich für das enge, schwankende, übelriechende Schiff entscheiden, wenn man sich statt dessen auf großen Flächen bewegen konnte? Mats teilte sowohl Lars' Gefühle als auch die von Isac. Seine Augen leuchteten, er umarmte Lars und machte ein paar Tanzschritte.

»Spanien, Lasse, Spanien! Dort, wo mein Vater und meine Brüder gewesen sind und wovon sie mir erzählt haben. Selbst wenn ich nicht an Land gehen darf, werde ich sehen, wie es vom Schiff aus aussieht!«

Am folgenden Morgen waren sie schon nahe der spanischen Küste. Es war den Offizieren anzumerken, daß etwas Besonderes bevorstand. Sie hatten ihre besten Uniformen angezogen, und als Kapitän Hallbom sich auf der Kommandobrücke zeigte, hatte er die lange, weiße, gutgebürstete Perücke auf dem Kopf. Die Gösch, die schwedische Flagge in Gelb und Blau, wurde am Bugspriet gehißt, und eine Kanone schoß drei Schüsse Salut.

Kurze Zeit darauf erschien längsseits ein kleineres Boot, und der spanische Lotse kletterte an Bord. Er wurde vom Ersten Steuermann Arfvidsson in Empfang genommen. Lars hörte, daß der Lotse Señor Lopez genannt wurde, und vermutete, daß dieses »Señor« das gleiche war wie das schwedische »Herr«.

An Deck herrschte fieberhafte Tätigkeit. Die Besatzung erhielt Befehl, überall aufzuräumen, damit »niemand zu sehen bekommt, was für Schweine für die Ostindische Compagnie segeln«. Das Deck wurde mit langen Bürsten geschrubbt und gespült, und die ganze Besatzung mußte sich in dem warmen Seewasser waschen, was Isac und viele andere murren und seufzen ließ.

Das Schiff wurde von dem Lotsen auf die Reede dirigiert. Lars und Mats standen an der Reling und blickten mit runden Augen auf die Stadt, die immer noch weit weg war. Lars konnte Häuser sehen. Selbst wenn sie groß waren, wirkten sie im Vergleich mit den hohen Berggipfeln dahinter klein. Im Hafen sahen sie ein Gewimmel von Schiffen jeder Größenordnung, angefangen bei hochseegehenden Schiffen bis hin zu kleinen Ruderbooten. Es konnte keinen Zweifel geben, daß Cadiz für Seefahrer eine sehr wichtige Handelsstadt war.

Die *Svea Wapen* feuerte acht Schuß Salut zur Begrüßung, und kurz darauf antwortete die Stadt mit weiteren acht. Das Schiff kam näher, und jetzt konnte Lars die Häuser klarer erkennen. Isac stand hinter ihm. Obwohl er gesagt hatte, er wolle nicht an Land, schien er die Stadt gut zu kennen und zeigte mit einem mageren, krallenhaften Finger an Land.

»Dort links liegt die Bastion mit Kastell und Türmen. Sie besitzt schwedische Kanonen, aber es sind Spanier, die sie bedienen. Die ganze Pracht ist aus Sandstein erbaut. Und dahinten seht ihr das Hospital, in dem Kranke und Verrückte untergebracht sind. Da hinten rechts liegt ein weiteres Kastell mit Wachen, die das Stadttor im Auge behalten.«

Die beiden Jungen sahen auch eine Menge seltsamer Türme, runde Türme, auf denen flatternde Wimpel wehten. Lars wollte wissen, was es war. Isac spie verächtlich ins Meer und erklärte: »Die Spanischen haben ihre Religion und ihre Kirchen, die kein ehrlicher Protestant betreten kann. Da gibt's noch anderes loses Volk. Mohren. Schwarze und Braune. Die kenne ich. Habe genug von ihnen gesehen und will nichts mehr von ihnen wissen.«

Die Schiffsglocke schlug, und Steuermann Wass pfiff auf seiner Pfeife, worauf sich die ganze Besatzung an Deck versammelte. Ein schön herausgeputztes Boot legte an der Seite an, und drei Männer in blendend weißen Uniformen kamen an Bord. Lars sah, daß noch fünf weitere Männer im Boot sitzen blieben.

Kapitän Hallbom begrüßte sie höflich. Mats und Lars erfuhren von Isac, daß es die Gesundheitspolizei war, die an Bord nach dem Rechten sehen wollte. Die Männer sollten untersuchen, ob an Bord niemand mit einer gefährlichen Krankheit war, und feststellen, daß vor kurzem niemand an der Pest oder den Röteln gestorben war und daß die Schiffsrolle mit der Zahl der Männer an Bord übereinstimmte. Der Kapitän hatte sorgfältig über jedes kleine Ereignis Buch führen müssen. Der Chef der Gesundheitspolizei saß mitten auf dem Deck auf einem kleinen Stuhl und blätterte langsam um. Es war ihm anzusehen, daß ihm nichts entging. Von Zeit zu Zeit hielt der Finger in einer Zeile inne, und Kapitän Hallbom mußte etwas erklären. Lars fand es lustig zu sehen, daß der mächtige Kapitän sich wie ein kleiner Junge verhielt.

Schließlich klappte der Spanier das Journal zu, und anschließend gab es eine Mannschaftsinspektion. Der Erste Steuermann Arfvidsson nannte den Namen jedes der Männer, und anschließend wurde mit dem Namen in der Rolle verglichen. Die Männer der Gesundheitspolizei starrten jeden einzelnen durchdringend an, als mißtrauten sie dem, was in der Rolle geschrieben stand.

»Schiffsjunge Lasse Norell, vierzehn Jahre«, sagte Arfvidsson.

Der Spanier hatte eine lederne Haut, große schwarze Augen und einen gepflegten dicken Schnurrbart unter der kräftigen Hakennase. Lars stand vollkommen still und wagte dem Beamten nicht in die Augen zu sehen. Natürlich konnte der Spanier sehen, daß er nicht Norell hieß und keine vierzehn Jahre war und daß er ausgerissen war und sich an Bord geflüchtet hatte. Der dunkle Blick musterte Lars von oben nach unten und von unten nach oben, und nach einer Zeit, die Lars wie eine Ewigkeit vorkam, machte der Gesundheitspolizist beim nächsten Mann weiter. Der Dolmetscher übersetzte die Angaben des Ersten Steuermanns.

Als der Polizeichef zufrieden war, rief er die fünf Männer aus seinem Boot an Deck. Sie begannen damit, das Schiff vom Bug bis zum Heck zu untersuchen, vom Kielschwein bis zum Masttopp. Sie drehten alles um, suchten in Hohlräumen und versteckten Winkeln, und als sie sich später vor ihrem Chef aufreihten, waren ihre weißen Uniformen schmutzig. Der Polizeichef sagte etwas zum Kapitän, und dieser nickte zu der Übersetzung des Dolmetschers. Anschließend kletterten die spanischen Beamten unter dem anhaltenden Schrillen der Pfeifen als Ehrenbezeigung zu ihrem Boot hinunter. Der Kapitän ergriff von der Kommandobrücke aus das Wort.

»Wir sind mit drei Tagen Quarantäne davongekommen. Wie ihr wißt, ist es bei Todesstrafe verboten, irgendwelchen Tabak an Land zu bringen. Ich werde deshalb allen Tabak einsammeln lassen, der sich an Bord befindet. Jeder darf seine Tagesration behalten und an Deck rauchen, aber alles andere wird erst wieder zurückgegeben, wenn das Schiff Cadiz verlassen hat.«

Isac erzählte Lars hinterher: »Es stimmt, daß die Spanier Leute köpfen, die mit den Taschen voller Tabak an Land gehen. Geriebener Schnupftabak ist besonders gefährlich. Ein Kamerad von mir hat vor ein paar Jahren bei einer Reise Schnupftabak an Land geschmuggelt. Sie schnappten ihn und stellten ihn auf den Kopf. Der Schnupftabak lief ihm aus den Taschen, und am nächsten Tag war er einen Kopf kürzer. Er war selber Schuld. Damit hatte er eine nagelneue Witwe zu Hause, nur weil er das Zeug teuer verkaufen wollte.«

Die drei Quarantänetage wurden dafür verwendet, das Schiff in Ordnung zu bringen, zu putzen und schadhafte Dinge zu reparieren. Jeder einzelne hatte alle Hände voll zu tun. Alles, was sich in der Back befand, wurde an Deck geholt. Verlauste Decken wurden gegen die Reling geschlagen. Anschließend wurden Wände und Bodenplanken mit Essig abgewaschen.

Als Lars beim Ersten Tisch servierte, ging es bei den Gesprächen ausschließlich um Dinge, die eingekauft werden mußten. Die Ladungsaufseher entschieden über die Mengen. Der Kapitän konnte zwar etwas fordern, doch zu entscheiden hatte er nicht.

»Wir haben kein Dünnbier für die Mannschaft mehr«, teilte Steuermann Laurin mit.

»Dann müssen wir mehr Wasser an Bord nehmen«, sagte Callander.

»Und Zitronensaft«, fuhr Duva fort. »Das schmeckt gut und ist erfrischend, wenn man es mit dem Wasser mischt.«

»Den Branntweinvorrat müssen wir natürlich auch aufstocken«, meinte Tallman. »Sonst weigern sich die Leute, ihre Pflicht zu tun.«

»Aber der spanische Branntwein muß mit einem Drittel Wasser verdünnt werden«, fiel Stocke ein. »Das ist Gesetz.«

Die grüne Wangenfarbe des Schiffspredigers war der gewohnten Blässe gewichen. Er war zufrieden, dem Land so nahe zu sein, daß das Schiff still im Wasser lag. Lars empfand es ähnlich. Zum ersten Mal, seit er an Bord gekommen war, war ihm nicht übel. Zum ersten Mal hatte er keinen zähen Klumpen im Hals, sobald er schlucken mußte.

Einen Tag nach dem Ende der Quarantänezeit erschien der Vertreter der Ostindischen Compagnie in Cadiz, Herr Grauff, zusammen mit dem schwedischen Konsul Bellman an Bord. Beide wurden mit großen Ehren in Empfang genommen, doch jeder konnte sehen, daß es Herr Grauff war, um den die Offiziere am meisten herumscharwenzelten. Lars begann zu begreifen, wie mächtig die Schwedische Ostindische Compagnie war und mit welcher Achtung sie überall empfangen wurde. Ein schwedischer Konsul war etwas schwindelerregend Hochgestelltes, und trotzdem hielt man Herrn Grauff für wichtiger!

Lars war gerade dabei, das Deck zum dritten Mal zu spülen, als Offizierskoch Norrblom angewatschelt kam. Er war so dick, daß er wie eine lebende Tonne wirkte. Lars trat zur Seite, um ihn passieren zu lassen, aber Norrblom blieb stehen und lächelte gutmütig.

»Der Kellermeister ist krank geworden. Am Fuß ist etwas geschwollen und bereitet ihm Schmerzen. Ich habe von Ladungsaufseher Stocke Befehl erhalten, was eingekauft werden soll, und werde mich recht oft an Land aufhalten müssen. Du sollst mitkommen.«

»Ich? Aber ich habe ja keine . . .«

»Es ist so entschieden worden. Dein Rüssel kann uns von Nutzen sein. Wenn die Herren die vorzüglichen Speisen bekommen sollen, mit denen ich sie verwöhne, müssen wir das Allerfeinste einkaufen. Es wird viele Proben zu tragen geben. Bis wir an Land gehen, mußt du also dafür sorgen, daß deine Spatzenflügel zu Armen mit Muskeln werden.«

»Darf ich Mats Larsson mitnehmen?« fragte Lars schnell.

Norrblom sah ihn überrascht an.

»Was um Himmels willen sollen wir mit noch einer Rotznase?«

»Er kann auch Proben tragen. Er ist stark.«

Der Offizierskoch verstand und gluckste vor Lachen.

»Na schön, dann nimm Mats als Probenträger mit. Übermorgen geht es los. Laß dir von dem Zweiten Feldscher die Haare schneiden, damit wir uns vor den Spaniern nicht schämen müssen. Wir wollen ihnen keine schwedischen Bengel präsentieren, die wie entlaufene Schafe aussehen.«

Mats jubelte vor Freude, hüpfte an Deck herum und bedankte sich immer wieder bei Lars, weil dieser so schlau gewesen war.

»Das wird etwas, was ich Mutter erzählen kann! Vielleicht kann ich irgendwo einen Seidenschal für sie ergattern. Vater hat gesagt, in Spanien gibt es so was. Einen roten Schal aus echter Seide. Aber das wäre vielleicht dumm. In China gibt es ja mehr und bessere Seide. Aber etwas muß ich in Spanien für Mutter kaufen. Soll ich auch für dich etwas mitbringen? Blutsbrüder tauschen Geschenke aus.«

»Ich habe kein Geld«, murmelte Lars.

»Hast du keinen Vorschuß auf die Heuer bekommen?«

»Daraus ist nichts geworden.«

»Nein? Das ist aber merkwürdig. Aber dann warten wir eben, bis wir nach China kommen. Dort müssen sie dir einen Teil der Heuer geben, und dann können wir Brudergeschenke kaufen.«

Später am Nachmittag fiel Lars auf, wie Quartiermeister Nygren um ihn herumschlich. Er dachte aber nicht weiter darüber nach, da es noch so viel zu tun gab. Die leeren Wasserkrüge wurden ausgespült, und außerdem mußten die Holzkisten der Zimmerleute gestapelt werden, um später mit dem Lastkahn an Land gebracht zu werden.

»Lasse!« ließ sich hinter ihm eine grobe, heisere Stimme vernehmen. Lars erkannte sie sofort. Er wirbelte herum und sah in Nygrens merkwürdige Augen.

»Ja, Herr Nygren?«

»Es heißt, du sollst mit Norrblom an Land gehen. Stimmt das? Sollst du nach Cadiz?«

»Ja, Herr Nygren.«

Der Quartiermeister nickte mit seinem gewaltigen Kopf, als sei ihm jetzt etwas klar geworden, was er bezweifelt hatte. Er strich sich übers Kinn und ließ Lars dabei keine Sekunde aus den Augen. Lars empfand in Nygrens Gegenwart die gewohnte Angst. Man wußte nie, was ihm plötzlich einfallen konnte. Auch wenn man alle Ohrfeigen irgendwann vergaß, waren sie doch schrecklich, wenn man sie bekam, und Lars spannte sich unbewußt an, weil er erwartete, auch jetzt wieder geschlagen zu werden.

»Komm mit in meine Kabine. Da ist etwas, was ich mit dir besprechen will.«

Nygren drehte sich auf dem Absatz um und ging breitbeinig vor. Lars blieb nichts anderes übrig, als ihm zu folgen. Was konnte Nygren wollen? Wie immer war alles, was der Quartiermeister tat, ein Rätsel. Es lohnte nicht mal den Versuch, hinter die Lösung zu kommen.

Die Quartiermeister hatten wie die anderen Unteroffiziere kleine Kabinen auf dem Zwischendeck nicht weit von der Back entfernt, und als Nygren die Kabine betreten hatte, fand Lars, daß da kaum noch Platz war.

»Komm rein, habe ich gesagt. Und mach die Tür hinter dir zu.«

Lars gehorchte. Es war so eng, daß zwischen der Wand und Nygrens Brustkorb nicht viele Zentimeter Platz blieben. Nygren sah ihn so lange an, ohne etwas zu sagen, daß Lars vor Angst und Unbehagen eine Gänsehaut bekam. Es schickte sich nicht für ihn, als erster zu sprechen. Er mußte warten, wie lange es auch dauern mochte. Plötzlich hob Nygren seine großen Hände und zeigte sie Lars.

»Du siehst die hier? Klar und deutlich?«

»J-ja, Herr Nygren«, stammelte Lars verwirrt.

Die Hände legten sich ihm um den Hals, so daß Lars wie in einem Schraubstock festsaß. Dann flüsterte Nygren heiser: »Damit werde ich dich erdrosseln!«

10

Nygren presste Lars den Hals zusammen, aber nur einige Sekunden, um zu zeigen, daß er es ernst meinte. Lars stöhnte auf und schnappte nach Luft. Der Quartiermeister behielt den Griff um seinen Hals und flüsterte: »Du sollst für meine Rechnung ein paar Dinge an Land mitnehmen. Hast du verstanden?«

Lars verstand gar nichts, nickte aber mit dem Kopf, so gut er vermochte. Nygren leckte sich die dicken Lippen und zog sie dann zu einem Lächeln zurück, das ihm ein raubtierhaft gefährliches Aussehen verlieh.

»Du sollst nichts fragen und nichts wissen. Wenn sie dich schnappen, kennst du mich nicht. Kein Mensch wird so einen Knirps wie dich verdächtigen, aber genau weiß man es nie. Wenn du nicht tust, was ich dir sage, erwürge ich dich. Nun, wofür entscheidest du dich? Es muß vollkommen klar sein, daß du verstanden hast. Nun?«

Jetzt begriff Lars. Er konnte nichts dagegen tun. Nygren wollte etwas Verbotenes an Land schmuggeln. Tabak vielleicht. Wenn man Lars in Cadiz erwischte, würde er dort vermutlich das Leben verlieren, aber wenn er nicht gehorchte, würde Nygren ihn töten. Was er auch tat, er saß in der Falle. Immerhin bestand noch die Chance, daß die spanische Polizei ihm nicht auf die Schliche kam.

»J-ja, Herr Ny-hyg-ren«, brachte er heraus.

Der Quartiermeister ließ sofort los und brachte so etwas wie ein Lächeln zustande, das auf Lars nicht beruhigend wirken sollte.

»Gut. Du weißt, daß ich ein Mann bin, der Wort hält. Was

Nygren gesagt hat, gilt. Ich werde dich im Auge behalten. Ich werde also sehen, wenn du an Land sollst. Wage ja nicht, auszureißen. Du weißt, was dann passiert. Mir entkommst du nie!«

Damit schob er Lars aus der Kabine, und dieser torkelte wieder an Deck und zu seiner Arbeit dort. Mats fragte, warum er so merkwürdig aussah. Um ein Haar hätte Lars alles erzählt, bremste sich jedoch im letzten Augenblick. Zwar waren sie Blutsbrüder und sollten alles teilen, aber es würde für Mats Gefahr bedeuten, wenn er von dem Geheimnis erfuhr. Nygren würde nicht zögern, alle beide zu bestrafen, wenn er einen Anlaß dazu fand. Es war am besten, den Freund in Unwissenheit zu lassen. Lars gab sich einen Ruck und erwiderte, es sei nichts Besonderes. Mats vergaß die Sache gleich wieder. Er war damit beschäftigt, sich vorzustellen, wie es in der spanischen Stadt wohl aussehen mochte.

Am folgenden Morgen waren die Wasserbarken angekommen, und man hievte beim ersten Mal neununddreißig Oxhoft Wasser an Bord, ungefähr dreitausend Liter, die in die Tonkrüge umgefüllt wurden. Es wurde darauf geachtet, daß das geflochtene Tauwerk um die Krüge feucht gehalten wurde, damit das Wasser frisch und gut blieb.

»Da bist du ja!« rief Norrblom. »Ich habe schon nach dir gesucht, aber eine Mücke wie du verschwindet natürlich in diesem Durcheinander. Gleich kommt ein Boot, mit dem wir an Land sollen. Die Körbe da sollen mit. Warte auf mich, wenn du an Bord bist. Ich bekomme noch letzte Befehle von Herrn Stocke.«

Damit eilte er weiter. Nygren kam Lars entgegen, wobei er tat, als sähe er ihn nicht. In dem Augenblick, in dem er vorbeiging, fauchte er: »Bring einen Korb in meine Kabine mit. Vorsichtig!«

Lars wartete, bis Nygren verschwunden war, und nahm dann einen der großen hohen Körbe, den er zu der Kabine des Quartiermeisters trug. Es war ein schwerer Korb. Er konnte nicht sehen, was sich darin befand, da er mit einem Deckel verschlossen war.

Lars klopfte an die Kabinentür, und Nygren machte sofort auf. Er zog sowohl den Jungen als auch den Korb schnell zu sich herein.

»Herr Nygren, ich ...«

»Maul halten, du kleiner Kaulbarsch.«

Nygren fummelte an dem Deckel herum, bis er aufging, und Lars sah, daß der Korb fünf leere Weinflaschen enthielt, die in feinem Sand steckten. Der Korb war innen mit einem dünnen grauen Stoff ausgekleidet. Der Quartiermeister hob die Flaschen heraus und kippte den Sand auf seinen kleinen Tisch, der in der Wand befestigt war. Dann holte er ein paar kleine Säcke hervor, die er mit der flachen Hand plattdrückte und anschließend auf den Boden des Korbes legte. Er fegte den Sand mit der Hand über die Säcke und steckte die Flaschen zurück. Wer nicht Bescheid wußte, konnte nicht sehen, daß sich unter dem Sand etwas verbarg.

»Vergiß nicht – du hast nichts gesehen und nichts gehört. An meinen Namen kannst du dich nicht erinnern. Wenn man den Korb findet, hast du nichts zu erzählen.«

Lars kehrte mit dem Korb an Deck zurück. Er fühlte sich jetzt bedeutend schwerer an, und er mußte ihn mit beiden Händen tragen. Mats wartete schon auf ihn und hatte in der Zwischenzeit einige andere Körbe ins Boot gewuchtet. Die beiden Jungen kletterten die Jakobsleiter hinunter, setzten sich auf die hintere Ducht und warteten auf Norrblom. Es dauerte.

»Wie gut es von der Stadt her riecht!« sagte Mats.

Das stimmte. Von Cadiz wehten mit den Windböen Düfte herüber: von Gewürzen, Blumen, Grünpflanzen und Dingen, die sie nicht kannten und von denen sie noch nie etwas gehört hatten. Lars spürte, wie die Spannung im Körper stieg. Was immer sich in diesem Korb befand, dieser Ausflug war ein Abenteuer.

»Man muß wirklich an alles denken«, seufzte Norrblom, als er endlich ins Boot herunterkam. Er sah aber nicht unzufrieden aus.

»Die Herren vertrauen ihrem Koch, und damit haben sie mit Verlaub gesagt recht.«

Er gab den spanischen Ruderern ein Zeichen, worauf das Boot schnell das stille, blaugrüne und unbegreiflich klare Wasser durchpflügte. Lars konnte den Blick nicht davon losreißen. Er konnte tief dort unten den Sandboden sehen. Im Wasser schwammen fremdartige, farbenfrohe Fische, und er sah wehendes Seegras. Plötzlich entdeckte er auf dem Grund ein Schiffswrack. Fische schwammen durch große Löcher in der Bordwand hinein und heraus, und an den Planken hatten sich Schnecken festgesetzt.

»Wenn es auf der Reede so ruhig ist wie jetzt, besteht keine Gefahr«, sagte Norrblom, »aber bei Unwetter ist das ein unsicherer Ankerplatz. Schlanke und schmale Schiffe können leicht kentern, wenn der Wind plötzlich stark auffrischt.«

Das Boot wurde zu einem langen Anleger gerudert, der wie eine Zunge vom Strand ins Wasser hinausragte, und darauf standen bewaffnete Polizisten. Lars meinte zu spüren, wie ihm das Herz bis in die Knie rutschte, und bekam einen trockenen Mund. Mats fühlte mit der Hand die Wassertemperatur und sagte, es sei lauwarm, aber Lars vermochte ihm nicht zu antworten. Vielleicht waren sowohl Luft wie Wasser warm, doch ihm war ganz kalt vor Angst. Das Boot stieß an, und die Polizisten stellten sich auf je eine Seite der Laufplanke.

»Dann gehen wir an Land«, sagte Norrblom munter. »Wir werden vier Tage in der Stadt bleiben. Dann müssen wir vielleicht wieder her. Wir haben Zimmer in einem Gasthaus bekommen. Möchte gern wissen, wie die Herren an Bord ohne mein köstliches Essen zurechtkommen. Es wird lustig sein, Dinge zu essen, die andere zubereitet haben. Nehmt die Körbe und verliert nichts, denn dann macht ihr uns unglücklich.«

Der Gedanke war Lars noch gar nicht gekommen. Vielleicht konnte er den Korb ins Wasser fallen lassen, wenn er über die

Laufplanke ging? Nygren würde nie beweisen können, daß er es mit Absicht getan hatte. Nein, es war zwecklos. Das Wasser war so flach, daß man den Korb mühelos herausholen konnte, und außerdem wären Nygren Beweise gleichgültig. Er würde ihm einfach seine großen Hände um den Hals legen und zudrücken. Es gab kein Zurück.

»Warte, Mats«, rief Lars, »diesen Korb trage ich!«

Mats sah den Freund erstaunt an.

»Spielt das denn eine Rolle? Du nimmst einen Korb, und ich nehme den anderen. Sie sind gleich schwer.«

Lars befeuchtete die Lippen und suchte nach den richtigen Worten. Mats durfte den Korb mit den Säcken nicht nehmen, denn dann würde er in Schwierigkeiten geraten, wenn man sie erwischte. Norrblom streckte sich, nahm einige der kleineren Körbe, stiefelte schwerfällig über die Laufplanke und übergab die Körbe den Polizisten zur Inspektion. Jetzt mußten auch die Jungen an Land.

»Herr Tallman hat mir gesagt, ich soll gerade diesen Korb tragen«, sagte Lars.

»Herr Tallman?«

»Ja, genau der. Es sind seine Weinflaschen darin, und ich bin dafür verantwortlich, daß sie unbeschädigt an Land kommen. Wir müssen den Ladungsaufsehern ja gehorchen.«

Das war eine schlechte Lüge. Lars schämte sich. Aber Mats glaubte ihm offenbar und reichte ihm den Korb, worauf er den anderen nahm. Die Polizisten sahen sich Norrbloms Körbe sehr genau an und schlugen dem Koch leicht auf den Bauch, um zu sehen, ob es wirklich nur Fett war oder ob er etwas verbarg. Norrblom kicherte. Er öffnete sein Hemd und klopfte sich selbst auf den dicken rosafarbenen Bauch. Die Polizisten brüllten vor Lachen.

Lars spürte, wie es ihm in der Stirn pochte, und das Herz schlug ihm wie Trommelwirbel in der Brust. Er sah die Polizisten und Mats wie im Nebel. Was würden sie mit ihm machen? Ihm auf der Stelle den Kopf abschlagen? Nein, das durften sie wohl nicht. Erst würden sie ihn sicher ins Gefängnis schleifen und ihn verurteilen, und dann würde man ihn auf den Richtblock legen. Er fragte sich, ob dem spanischen Scharfrichter auch die Ohren fehlten ...

Norrblom legte die Arme um Lars und Mats und sagte etwas in einer Sprache, die Spanisch sein mußte. Die Polizisten lachten erneut laut auf und winkten ihnen zu. Sie konnten gehen. Der Offizierskoch hatte den beiden immer noch die Arme auf die Schulter gelegt und zog sie auf dem Anleger mit an Land.

»Ich habe ihnen gesagt, ihr seid meine beiden kleinen Jungs, die mir dabei helfen sollen, einen noch größeren Bauch zu kriegen«, sagte Norrblom munter. »Ich dachte mir, daß sie das gern hören, und so haben wir Zeit gespart. Jetzt gehen wir erst mal ins Gasthaus.«

Es kamen noch mehr Boote von der *Svea Wapen*, und die Polizeibeamten bekamen plötzlich viel zu tun. Allmählich schlug Lars' Herz wieder normal. Bis jetzt hatte er es geschafft. Aber wie sollte es weitergehen? Was würde mit den Säcken im Korb passieren? Und was sollte er erfinden, wenn Norrblom sie entdeckte? Nun, er würde ein Problem nach dem anderen in Angriff nehmen. Mats' Freude war ansteckend, als er auf den schwankenden Holzplanken ging.

»Spanien, Lasse, Spanien!«

Der Fuß landete im Sand. Land, richtiges, echtes Land! Zum ersten Mal seit neunundzwanzig Tagen stand Lars auf richtiger Erde. Mit einem Mal bekam er Lust zu fliegen. So mußte das Leben sein. Der Mensch, dachte Lars, ist nicht dafür gebaut, auf einem aufgewühlten Meer herumzufahren und am ganzen Körper zerschlagen zu werden, wenn er nicht gleich ertrinkt. Nein, der Mensch ist dazu bestimmt, an Land zu leben. Dort ist man sicher, und wenn eine Gefahr kommt, findet man immer eine Möglichkeit zu fliehen. Wohin soll man auf einem Schiff fliehen?

Norrblom war ebenfalls strahlender Laune und sang aus vollem Hals, als er den kleinen Trupp durch die Straßen von Cadiz führte. Lars sah sich mit wachen Blicken um. Es war eine viel schönere Stadt als Göteborg, und ganz anders. Die Häuser waren weiß verputzt und sauber, und die meisten hatten blühende Gärten mit Zitronen- und Apfelsinenbäumen, die einen betäubenden Wohlgeruch verströmten.

Die Menschen sahen glücklich aus und lachten, wie sie in kleinen Gruppen durch die Straßen gingen. Sogar die Arbeiter, die schwere Lasten schleppten, hatten ein Lächeln auf den Lippen, als wäre die Schufterei nur etwas Vorübergehendes, als würden bald wieder schönere Stunden kommen. Die einzigen, die grimmig dreinblickten, waren die vielen Soldaten und Polizisten. So mußte es ja auch sein. Schließlich war es ihre Aufgabe, und wer hat schon jemals einen glücklichen Polizisten gesehen?

»Hier bin ich schon oft gewesen«, sagte Norrblom. »Einmal sind wir hier mit einem Schiff gestrandet, und da mußte ich ein ganzes Jahr in der Stadt bleiben. Damals habe ich Spanisch gelernt. Hier finde ich mich zurecht wie in meiner eigenen Kombüse.«

Das Gasthaus lag in dem älteren Teil der Stadt, und als Norrblom eintrat, stürzte ein älterer Mann mit ausgebreiteten Armen auf ihn zu. Die beiden umarmten sich und redeten in ihrer unbegreiflichen Sprache aufeinander ein.

»Wir werden es ruhig angehen lassen«, entschied Norrblom schließlich. »Die Herren rechnen nicht damit, daß wir uns übermäßig hetzen, und es geht mir gegen die Natur, mich vor der Obrigkeit zum Affen zu machen. Ihr beiden teilt das Zimmer, das euch die Magd zeigt, und wenn ihr eure Körbe abgestellt habt, kommt ihr wieder hierher. Dann essen wir. Mein Freund Manuel hat versprochen, eine herrliche Mahlzeit zu bereiten. Die wird natürlich nicht so gut sein wie mein Essen, aber das kann man auch nicht verlangen.«

Ein schwarzhaariges Mädchen zeigte ihnen im ersten Stock ein kleines Zimmer. Es war gemütlich und hatte kleine Fenster zu einem ummauerten Hof mit Blumen, Bäumen und einem kleinen Teich mit Goldfischen. Da waren zwei Betten und Wolldecken, und Lars und Mats sahen sich an. Sollte etwa jeder in einem eigenen Bett schlafen? So etwas gab es einfach nicht! Lars hatte sein Bett immer mit mindestens fünf oder sechs Personen geteilt, und Mats ebenso. Doch das Mädchen zeigte ihnen mit einem Lächeln und einer Handbewegung, daß es tatsächlich so war. Lars legte sich ungläubig auf das Bett, um es auszuprobieren. Mats tat es ihm nach. Sie sahen sich an und lachten beide glücklich los.

Unten im Speisesaal wartete Norrblom. Er hatte eine Mahlzeit auftischen lassen, wie Lars sie noch nie gesehen hatte: frisches weiches Brot, frischgebratener Fisch, Obst, Gemüse und dann Schweinebraten, der so zart war, daß die Zähne kaum auf Widerstand stießen. Der Wirt Manuel stand daneben und rieb sich vor Zufriedenheit die Hände. Norrblom versicherte ihm immer wieder, er habe einen schwedischen Orden verdient, und er, Norrblom, werde dem schwedischen König empfehlen, einen Orden in gediegenem Gold nach Spanien zu schicken.

»Guten Wein wollen wir«, strahlte Norrblom. »Den besten! Die Compagnie bezahlt. Gewöhnliche Seeleute bekommen nichts, aber wenn man im Auftrag der Compagnie ausgeschickt wird, ist nur das Beste gut genug. Kein Mensch dankt einem dafür, wenn man bescheiden ist. Lasse und Mats, ihr trinkt doch auch Wein?«

Mats nickte und blähte den Brustkorb.

»Das tun richtige Männer«, erwiderte er und gab sich Mühe, mit tiefer Stimme zu sprechen.

»Äh – ja, genau. Richtige Männer«, pflichtete Norrblom ihm bei.

In seinen Augen funkelte es. »Bist du auch ein richtiger Mann, Lasse?«

»Ich will gewöhnliches Dünnbier«, erwiderte Lars.

»Du verzichtest damit auf eine Gaumenfreude.«

»Für mich bitte nur das Übliche.«

Manuel erschien mit dem Verlangten und schenkte die großen Gläser voll. Norrblom prostete den beiden Jungen zu und nahm einen tiefen Schluck. Mats folgte seinem Beispiel und bekam schon bald einen glasigen Blick. Die Zunge versagte ihm immer mehr den Dienst, als er drauflosredete. Er sprach immer mehr und wurde immer lauter. Lars saß schweigend da und aß. Es gefiel ihm nicht, seinen Freund so zu sehen. Daß Erwachsene sich betranken, war ja üblich, aber Mats hätte wirklich noch ein paar Jahre damit warten können. Es war absolut nicht notwendig, dazusitzen und zu plappern wie ein Idiot.

Ein paar Männer betraten das Gasthaus. Sie saßen so, daß Lars nur ihre Schatten sehen konnte. Er hörte von ihnen nur ein leises Gemurmel. Er dachte nicht weiter daran, denn das Gasthaus hatte natürlich viele Gäste. Statt dessen widmete er sich der gesegneten Mahlzeit und lauschte nur mit einem halben Ohr dem schwadronierenden Mats und den Antworten Norrbloms, der immer zu einem Lachen aufgelegt war.

Eine Stunde verging, und sie saßen immer noch an dem Tisch, der sich unter den üppigen Speisen bog. Lars hätte sich nie träumen lassen, daß er, Lars Olausson, Speisen würde essen dürfen, die einen König zufriedengestellt hätten. Mats gähnte. Ihm wurden die Augenlider schwer. Norrblom leerte mit einem lauten Rülpser sein Glas und strich sich nachdenklich übers Kinn.

»Ich glaube, wir sollten es mal bei einem Weinhändler probieren, solange wir dabei sind«, sagte er. »Dann haben wir ein gutes Gewissen.«

Mats warf ihm einen glasigen Blick zu und brummelte etwas

Unverständliches. Norrblom grinste und schüttelte den runden Kopf.

»Lasse, wahrscheinlich werden nur wir beide die Ehre haben. Der richtige Mann Mats dürfte jetzt etwas Schlaf nötig haben. Bring ihn ins Bett und komm dann mit deinem Korb wieder her.«

Lars packte Mats unter den Armen und stützte ihn, als sie die Treppe hinaufgingen. Mats schwankte heftig und redete wirr. Er glaubte offenbar, in Göteborg zu sein, um seinen Vater zu treffen. Lars öffnete die Tür. Mats entdeckte das Bett wie im Nebel und torkelte darauf zu. Dann fiel er einfach um und schlief sofort ein. Lars deckte ihn mit einer Wolldecke zu und seufzte. Es war viel lustiger, wenn sein Freund nicht versuchte, ein richtiger Mann zu sein.

Lars nahm den Korb und spürte, daß er leichter geworden war. Wie war das möglich? War es der falsche Korb? War es nicht dieser helle? Und hatte er ihn nicht dort drüben abgestellt? Er entdeckte auf dem Fußboden zwei kleine Sandhäufchen, öffnete den Deckel und steckte die Finger zwischen die Flaschen. Am Boden des Korbs stießen seine Finger nur auf Stoff. Lars erschrak. Was würde Nygren jetzt mit ihm machen? Lars konnte doch nichts dafür, daß Diebe im Zimmer gewesen waren. Aber wie hatten die Diebe wissen können, was im Korb war?

Plötzlich ging ihm ein Licht auf. Nygren hatte natürlich das nächste Boot nach Cadiz genommen, war ihnen gefolgt und hatte dann herausbekommen, in welchem Zimmer Lars wohnte. Er war es, der seine rätselhaften Säcke geholt hatte. Lars fühlte sich so erleichtert, daß er am liebsten losgesungen hätte. Die Gefahr war vorbei. Was Nygren jetzt auch mit seinen Säcken anstellte, Lars konnte nicht mehr in seine scheußlichen Geschäfte verwickelt werden.

Mats wälzte sich im Bett schwer auf die Seite und plapperte etwas Unzusammenhängendes. Er würde sicher gut schlafen und vermutlich mit diesen Kopfschmerzen aufwachen, die Lars schon an so vielen Männern gesehen hatte, die Wein oder Branntwein getrunken hatten. Auf dem Schiff war es genauso. Jeden Abend saßen die Steuerleute, einige der Ladungsaufseher, ein Assistent und vielleicht noch einige Männer in der Großen Kabine und tranken, bis sie nicht mehr aufstehen konnten. Dann mußte der Hofmeister sie stützen und ins Bett bringen. Aber nicht alle tranken. Callander zum Beispiel war ein Mann, der Maß halten konnte. Lars hatte ihn noch nie über Kopfschmerzen klagen hören, wenn er ihn bediente.

Norrblom wußte genau, wohin er durch die schmalen Gassen gehen mußte, und Lars trottete mit dem Korb hinterher. Hunde liefen frei herum und bettelten jeden, der danach aussah, um etwas Eßbares an. Kinder spielten auf der Straße, und auf Balkons saßen ältere Frauen, die meist ganz in Schwarz gekleidet waren und sich mit einem Fächer Kühlung verschafften. Eine Patrouille Soldaten, die streng in Reih und Glied gingen, erschien mit einem Offizier an der Spitze. Dieser gab mit schriller Stimme den Takt vor, und in der Mitte ging ein Gefangener mit auf dem Rücken gefesselten Händen und gesenktem Kopf. Das hätte ich sein können, dachte Lars.

Aber er war es nicht, und jetzt bestand für ihn keinerlei Gefahr mehr. Solange sie in der Stadt waren, stand er unter Norrbloms Schutz. Der Koch bog in einen kleinen Hof ein, an dem einige kleinere Häuser mit offenen Türen lagen. Norrblom betrat das Haus in der Mitte. Als Lars' Augen sich an die Dunkelheit gewöhnt hatten, entdeckte er Flaschen. Flaschen vom Fußboden bis an die Decke. Einen langen Tresen mit weiteren Flaschen, und an der einen Wand eine Pumpvorrichtung. Im ganzen Raum waberten die schweren Dünste alten Weins.

Ein Mann mit einem grauen Spitzbart und halbgeschlossenen Augen erschien aus einem Nebenzimmer. Als er Norrblom erblickte, stieß er einen kurzen Ruf aus, stürzte herbei und umarmte ihn. Unglaublich, wie beliebt der Koch ist, dachte Lars ein wenig neidisch. Mich wird nie jemand so umarmen.

»Stell den Korb auf den Tresen«, forderte Norrblom ihn auf.

Lars tat es, und der Koch zog die Flaschen hervor und stellte sie daneben. Er zeigte auf sie und sagte etwas in der fremden Sprache. Der Spanier beäugte die Flaschen, roch an ihnen und schloß die Augen. Er hielt lange die Luft an und ließ sie dann behutsam durch einen Mundwinkel entweichen.

»Der Kerl ist glatt wie ein Aal«, sagte Norrblom, »und er wird versuchen, uns hereinzulegen. Ich weiß aber, daß er gute Weine zum richtigen Preis hat.«

Der Mann ging nachdenklich an den Flaschenreihen entlang und nahm einige heraus, wie es schien, aufs Geratewohl. Er reichte sie Norrblom und pries ihre Qualität in den höchsten Tönen. Norrblom entkorkte sie, goß ein wenig in ein Glas und probierte.

»Recht annehmbar«, sagte er anerkennend. »Mittelgut. Lasse, halt deine Nase hin und sag mir, ob du etwas von Säure merkst.«

Lars atmete den Duft des Weins ein, spürte Erde, Blumen und herbe Säure, nahm aber auch einen schwachen Hauch von Essig wahr.

»Der wird bestimmt bald sauer«, sagte er.

»Potztausend! Dann wollte er also versuchen, uns eine miserable Mischung aufzuschwatzen.«

Er erklärte es dem Spanier, der sich an Stirn und Herz faßte und sich laut über die Anschuldigungen beklagte, aber Norrblom lachte nur und forderte ihn auf, andere Sorten zu bringen. Er verlangte, alles müsse so gut sein wie die Probeflasche.

So ging es mehrere Stunden weiter. Lars verlor allmählich jede Erinnerung an all die Düfte, die er hatte schnuppern müssen. Der Koch wies ihn an, nur die Weine zu akzeptieren, die ohne jeden Essigduft waren. Das waren nicht viele. Schließlich stand jedoch eine Reihe von Flaschen auf dem Tresen. Es waren sowohl Rot-

wie Weißweine. Norrblom hatte von jeder Flasche probiert. Sein Blick war etwas glasig geworden, aber sonst war ihm nichts anzumerken.

»Und jetzt noch ein paar Flaschen von dem absolut besten Wein, den das Haus zu bieten hat, einem Wein, den der Kapitän geehrten Gästen an Bord anbieten kann.«

Der Spanier holte mit großen Gesten und einer gewissen Feierlichkeit ein paar verstaubte Flaschen hervor und entkorkte sie, wobei er eine Miene machte, als hielte er Edelsteine in der Hand. Lars erhielt Befehl, das Aroma auch dieser Weine zu prüfen. Zwei der Flaschen enthielten guten Wein, doch der dritte hatte einen deutlichen Essiggeruch. Der Spanier drohte mit der Faust. Seine Augen blitzten, und er schrie Lars an. Dieser war froh, nicht zu verstehen, was der Mann sagte.

»Jetzt kannst du dich ein Weilchen ausruhen«, sagte Norrblom, »denn jetzt werden wir über Preise diskutieren. Das dauert seine Zeit, und er wird sowohl Gott als auch die Madonna anrufen, aber am Ende werden wir uns einig. So ist das Spiel nun mal, und ich habe strikten Befehl der Ladungsaufseher, nicht mehr zu bezahlen, als ich unbedingt muß.«

Es kam zu einer lebhaften Diskussion. Der Spanier ging aufgeregt auf und ab, riß sich an den Haaren und stöhnte. Lars konnte der Auseinandersetzung nicht folgen und zog sich zurück. An der kurzen Wand war ein kleines rundes Fenster mit einer dicken, bauchigen Glasscheibe, und er warf einen Blick hinaus.

Auf der anderen Seite war offenbar ein kleines Wirtshaus mit wenigen Tischen. Ein dicker Kneipenwirt hing am Tresen und schlug mit einem Handtuch träge nach Fliegen. Eine Kellnerin trocknete Gläser ab. Das Wirtshaus hatte nur drei Gäste an einem Tisch, der zur Hälfte von einer Säule verborgen wurde.

Einer der Männer war Nygren.

11

NEBEN IHM SASS EIN KLEINWÜCHSIGER SPANIER, der neben dem Riesen Nygren wie ein Zwerg wirkte. Von dem dritten Mann konnte Lars nicht mehr als die Hände sehen, doch der war es, den die beiden ansahen. Sie bestätigten dessen Worte mit einem Kopfnicken. An den verstohlenen Blicken konnte Lars erkennen, daß die Männer etwas im Schilde führten, aber das war schließlich nicht seine Sache. Es war nicht ratsam, sich in die Geschäfte des Quartiermeisters einzumischen.

»Lasse, nimm deinen Rüssel mit, wir gehen. Hier sind wir fertig.«

Der Weinhändler grinste ihn freundlich an, kniff ihn in die Wange und sagte etwas, was Norrblom übersetzte: »Er sagt, wenn du der See einmal überdrüssig bist, kannst du bei ihm Anstellung finden.«

Während sie zum Wirtshaus zurückgingen, begann Lars zu überlegen. Warum sollte er eigentlich wieder an Bord gehen? Er verabscheute die See, und alle hatten ihm gesagt, er würde niemals Seebeine bekommen. Warum sollte er nicht in Spanien bleiben? Er konnte sich versteckt halten, bis das Schiff ausgelaufen war, und dann zum Weinhändler gehen und dort Arbeit erhalten. Jedenfalls für den Anfang. Hier war es warm und schön, und Isac hatte ihm erzählt, daß es in Südspanien niemals schneite. Hier kannte ihn kein Mensch. Er brauchte sich seiner Vergangenheit nicht zu schämen, da er nicht zu befürchten brauchte, daß sie ans Licht kam. Hier schienen die Menschen nett zueinander zu sein. Es war ein verführerischer Gedanke. Er konnte sich aus dem Staub machen, wenn Norrblom schlief. Natürlich war es ein schweres Vergehen, sein Schiff im Stich zu lassen, aber andererseits würden sie sich wohl nicht einmal die Mühe machen, nach ihm zu suchen. Es war bestimmt nicht der Mühe wert, wegen eines unbedeutenden Schiffsjungen eine große Suchaktion zu beginnen.

Aber dann war da noch die Sache mit Mats. Konnte Lars einen Blutsbruder einfach im Stich lassen? Seinen einzigen richtigen Freund? Die Versuchung wich allmählich, und Lars ging auf, daß er weder der *Svea Wapen* noch Mats entkommen konnte. Man kann den nicht im Stich lassen, mit dem man sein Blut vermischt hat.

Die vier Tage in Cadiz vergingen schnell. Norrblom kaufte bei mehreren Händlern Wein für das Schiff ein und bekam bei jeder Bestellung ein paar Flaschen für den persönlichen Gebrauch, die er in den Sand in den Körben steckte. Sie kauften auch Essig ein, der auf der Liste der Ladungsaufseher stand, außerdem Krüge mit Olivenöl, Zitronensaft und Branntwein. Ferner wurde der Vorrat an lebenden Tieren um fünf Ochsen, sieben Kälber, zwölf Schafe, zehn Schweine und rund fünfhundert Hühner aufgestockt. Als Futter für die Tiere bestellten sie dreiunddreißig Sack Häcksel.

»Wir haben gute Arbeit geleistet«, schnaufte Norrblom. »Die Herren werden zufrieden sein.«

Sie fuhren mit dem Boot zum Schiff zurück, und Mats sprach davon, wie wunderbar es sei, in Spanien so viel erlebt zu haben. Er war nach dem ersten Tag etwas vorsichtiger mit dem Wein umgegangen, was Norrblom als Anzeichen dafür wertete, daß er am Ende doch ein Mann zu werden begann. Einen Kerl, der zuviel trinkt, nimmt niemand ernst, wie er sagte.

Quartiermeister Nygren stand an der Reling und erwartete sie. Lars fuhr bei seinem Anblick zusammen. Von dem Mann kam nie etwas Gutes. Und da war noch etwas anderes mit Nygren, etwas, was Lars im Hinterkopf saß, etwas, was er sich nicht erklären konnte. Es war wie ein Traumschleier, an den man sich zu erinnern versucht, der sich aber um so mehr auflöst, je mehr man an ihn denkt. Nygren sah freundlich aus und begrüßte Norrblom mit einem lärmenden Lachen.

»Soso, Johan, du hast dich jetzt mit den guten Dingen des Lebens eingedeckt?«

Norrblom grinste zurück.

»Man tut, was man kann.«

»Du hattest keine Probleme mit den Polizisten am Anleger?«

»Sie haben mich und meinen dicken Bauch wiedererkannt und winkten uns einfach durch. Das habe ich schon immer gesagt: Ein runder Bauch ist das vornehmste Kennzeichen eines Mannes.«

»Diese Körbe sehen für kleine Knirpse etwas zu schwer aus«, fuhr Nygren fort und musterte Lars und Mats. »Ich werde sie in dein Reich tragen. Übrigens habe ich einen Befehl von Tallman für Lasse. Am besten kommst du gleich mit.«

Nygren hob die Körbe, als hätten sie kein Gewicht, und Mats folgte Norrblom zur Schiffsküche. Nygrens Gutmütigkeit verschwand sofort. Lars spürte, daß etwas nicht stimmte. Wieder mußte er den Quartiermeister bis zu dessen Kabine begleiten und erhielt kurz angebunden Befehl, die Tür zu schließen.

Lars blinzelte vor Erstaunen. Nygren nahm die Flaschen aus dem Korb und kippte den Sand wie beim letzten Mal auf den Tisch. Damals hatte er ein paar Säcke auf den Boden gelegt, und jetzt holte er dieselben Säcke heraus. Waren es überhaupt dieselben? Was sollte das alles? Nygren hatte sie doch in Cadiz geholt? Der Quartiermeister wischte den Sand wieder in den Korb und steckte die vollen Weinflaschen zurück.

»Du weißt nichts und sprichst auch nicht darüber«, brummelte Nygren. »Das heißt, wenn dir dein Hals lieb ist.«

Er mußte während der allerletzten Stunden in Lars' Zimmer gewesen sein, um die Säcke wieder auf den Boden des Korbs zu legen. Folglich hatte Lars noch einmal für ihn den Schmuggler spielen müssen. Wenn er aber Tabak nach Cadiz geschmuggelt hatte, warum mußte er dann wieder Tabak hinausschmuggeln? Das ergab überhaupt keinen Sinn.

Nygren scheuchte Lars ohne jede Erklärung mit den Körben hinaus. Na ja, jetzt brauchte er das Ganze nur zu vergessen. Es ging ihn nichts mehr an. Dennoch war da dieser traumgleiche Gedanke im Hinterkopf . . .

Die Wochen vergingen. An jedem Tag wurde geladen, gelöscht und repariert. Jeden Tag war Herr Grauff an Bord und führte lange Gespräche mit den Ladungsaufsehern. Lars war klar, daß es um große Geschäfte ging. Es waren unbegreiflich hohe Summen, über die bei Tisch gesprochen wurde. Der Kapitän und die Steuerleute mußten meist stumm dasitzen und durften die Unterhaltung nicht unterbrechen, da ihre Arbeit davon abhing, wieviel Geld die Ostindische Compagnie verdiente.

Dann kamen endlich die neuen fünfzig Holzkisten mit zweihundertfünfzigtausend Silberpiastern an Bord, für die in China eingekauft werden sollte. Das war ein großes Ereignis. Die Gösch wurde gehißt, die Kanone schoß Salut, und als die Kisten versiegelt und verstaut waren, wurde nochmals Salut geschossen.

Ein paar Tage später wurde erneut die Gösch gehißt, und man lichtete die Anker. Es gab acht Schuß Salut. Die Stadt erwiderte mit ebenso vielen zum Abschied, und mehrere der Schiffe auf der Reede salutierten aus Höflichkeit ebenfalls. Lars wurde von all dem Lärm fast schwerhörig.

»Und jetzt, Lasse«, zwitscherte Mats, »jetzt fahren wir bis nach China, bevor wir wieder vor Anker gehen. Abgesehen von Java, natürlich.«

Die Vorstellung, in dieser Nußschale bis auf die andere Erdkugel zu segeln, war scheußlich für Lars.

Isac Österberg hatte seit mehreren Tagen nicht mehr mit ihm gesprochen. Lars hatte in Cadiz nämlich keinen Branntwein für ihn gekauft und an Bord geschmuggelt. Die tägliche Ration war Isac jedoch so lieb und teuer, daß er zu Kreuze kriechen mußte.

»Jaja, jetzt werden wir an Afrika entlangsegeln«, erzählte er. »Wißt ihr, was dort für Leute wohnen? Der alte Isac wird es euch erzählen, denn er weiß es. Ganz schwarz sind sie. Wie die schwärzeste Kohle. Und sie essen Kinder.«

Kaum hatte das Schiff Wind in die Segel bekommen, spürte Lars im Hals die alte Übelkeit und bereute bitter, den Plan, in Cadiz auszureißen, nicht verwirklicht zu haben. Er hätte Mats sicher dazu bringen können, es zu verstehen. Die See war und blieb für Lars eine Qual. Er würde nie ein guter Seemann werden, und wenn ihn die Offiziere noch so sehr in die Wanten jagten oder in den Ausguck, um dort nach Untiefen zu starren. Lars hatte einfach Angst vor dem Meer.

Kapitän Hallbom hatte Erlaubnis erhalten, die Perücke abzunehmen. Er war froh, bei der Hitze nicht mehr so viele Haare auf dem Kopf zu haben. Alle Anwesenden im Deckshaus waren bei den Mahlzeiten bester Laune – alle bis auf den Prediger Bockman, der ebenfalls an Seekrankheit litt und sich deswegen viele Sticheleien anhören mußte. Seine Morgengebete und Abendpredigten waren kurz und kraftlos. Jeder konnte sehen, daß er nur eins wollte: in seiner Kabine in der Koje zu liegen. Bei einem Gespräch merkte Lars besonders auf.

»Sind diese Gewässer nicht ein bißchen gefährlich?« wollte der Ladungsaufseher Erik Duva wissen.

»Nicht gefährlicher als andere«, erwiderte der Kapitän. »Es bläst und kann manchmal Sturm geben, aber so ist es ja überall auf dem Meer.«

»Das habe ich nicht gemeint. Besteht hier nicht die Gefahr, daß wir Piraten begegnen? Seeräubern?«

Kapitän Hallbom nickte und machte wieder eine grimmige Grimasse.

»An dieser gesamten Küste operieren Piraten, aber noch ist kein Schiff der Compagnie überfallen worden.«

»Das ist doch keine Garantie dafür, daß es uns erspart bleibt?«

»Ich glaube, die Piraten würden es sich nicht nur einmal, sondern zweimal überlegen, bevor sie auf die Idee kommen, uns anzugreifen. Die *Svea Wapen* ist ein großes Schiff und mit ihren weitreichenden Kanonen gut bewaffnet. Ich kann mir vorstellen, daß die Seeräuber sich leichtere Beute wünschen, die sie mit ihren verdammten Zähnen schnappen können.«

Lars fragte Mats über Seeräuber aus, doch davon hatte der Freund noch nie etwas gehört. Isac dagegen kannte sie gut, und wenigstens dieses eine Mal wurde er vollkommen ernst.

»Sie sind schlimmer als Bluthunde. Ein Kamerad von mir ist einmal gerade in diesen Gewässern auf einem holländischen Schiff gefahren, das von den Räubern überfallen wurde. Sie sind Ungeheuer, sagte er.«

»Hat er es überlebt?« fragte Mats ungläubig.

»Sie töten nur die, die sie beim Angriff unbedingt töten müssen. Dann wird der Rest in irgendeinem Land, in dem man an jedem Tag, den der Herr einem schenkt, ausgepeitscht wird, als Sklaven verkauft. Dann muß man in Ketten gehen wie ein Festungshäftling. Mein Kamerad flüchtete und war schon halbtot, als er von Leuten gerettet wurde, die mit den Piraten im Streit lagen. Nie mehr segle ich an der Küste Afrikas, sagt er. Der alte Isac hat keine Angst vor dem Tod, aber die Aussicht, wie ein Sträfling angekettet zu werden, macht mir angst!«

Er schüttelte sich. Doch da schlug die Glocke zum Essen, und bald hatte Isac über der täglichen Schnapsration die Seeräuber vergessen. Noch war das Essen gut, da alle verschimmelten Lebensmittel in Cadiz über Bord gegangen und gegen frische ausgetauscht worden waren. Auch das Wasser schmeckte frisch, so daß der Koch den gewohnten Schmähungen noch entging.

Am Horizont herrschte ständig leichter Dunst, doch von Zeit zu Zeit konnte man auf der Backbordseite des Schiffs die Westküste Afrikas als gezackte, verschwommene Linie erkennen. Isac begann davon zu sprechen, daß sie bald den Äquator passieren würden, die sogenannte Linie, und daß jeder, der sie zum ersten Mal passiere, vom Meergott Neptun getauft werden würde.

»Die Reederei hat zwar alle Taufen verboten«, sagte er mit einem Seufzer, »aber ich glaube schon, daß der Kapitän uns ein wenig Spaß erlaubt. Das gehört nun mal zum Seemannsleben. Und so muß jeder mal gehänselt werden.«

»Ich weiß, was das ist«, fiel Mats ein. »Man muß ein paar Taler für ein Fest zahlen, das die Seeleute geben, wenn alle wieder zu Hause in Göteborg sind. Aber ich will von Neptun getauft werden, so wie Vater und meine Brüder.«

Lars hatte keinerlei Interesse an dieser Taufe, die, wie er vermutete, unangenehm war. Er wußte inzwischen, daß die meisten Dinge, die Seeleute amüsierten, ziemlich weh taten. Außerdem konnte er die Taufe gar nicht mitmachen, weil er überhaupt kein Geld hatte.

»Aber einen Schnaps werdet ihr vom Kapitän schon bekommen«, sagte Isac. Sein Gesicht hellte sich auf. »Das gehört dazu, wenn man die Linie passiert.«

Als Lars und Mats am folgenden Morgen zu ihrer Wache gehen wollten, hörten sie den Ausguck rufen: »Schiff in Sicht!«

Es war nicht ungewöhnlich, daß man auf See anderen Schiffen begegnete. Dabei war es üblich, sich mit Flaggenspiel und Signalen zu begrüßen. Der Kapitän kam auf die Kommandobrücke und richtete das lange Fernrohr auf den winzig kleinen Punkt, der am Horizont über der Wasseroberfläche schwebte, doch das Schiff war zu weit entfernt, so daß er Einzelheiten nicht erkennen konnte. Während der Mahlzeit, als Lars servierte, sprach man ruhig und fast nebenbei von dem Schiff.

»Es ist wahrscheinlich ein Holländer«, vermutete Callander.
»Könnte auch ein Engländer sein«, sagte Steuermann Agger. »Die machen ja große Geschäfte in diesem Teil der Welt.«
»Ich hoffe, wir sind weder mit Holland noch mit England im Krieg«, lachte Duva. »Wenn man schon so lange auf See ist, weiß man ja nicht, ob Schweden sich im Krieg befindet.«
»Die da drüben sind genauso lange auf See und wissen dann genausowenig Bescheid«, entschied der Kapitän.

Später am Tag kam der Punkt etwas näher und bekam schärfere Umrisse, aber der Kapitän schien noch immer keine Klarheit über die Nationalität zu gewinnen. Lars wußte nicht, was er davon halten sollte, aber außer ihm schien niemand besorgt zu sein, und die Offiziere mußten doch mehr über Gefahren wissen als die einfache Besatzung? Gegen Nachmittag hatte das andere Schiff sich noch mehr genähert. Es war jedoch immer noch nicht zu identifizieren.

Es wurde Abend und Nacht. Die Dunkelheit war dicht wie ein schwarzer Sack, und Lars dachte, daß er sich nie an die Furcht vor dieser seltsamen Schwärze gewöhnen würde. Das Schiff fuhr durchs Wasser, aber man konnte nicht wissen wohin, da nichts zu sehen war. Lars begriff nicht, wie man sich auf diese seltsamen Instrumente verlassen konnte. Als er und Mats die Wache übernahmen, war es schon dunkel. Sie hielten einander bei der Hand, als sie über das Deck gingen, in alle Richtungen spähten und kontrollierten, daß in der Takelage nichts von dem, was sie mit den Händen ertasten konnten, zerrissen oder zerfetzt war. Sie unterhielten sich leise miteinander. In dieser Art Dunkelheit konnte man nicht mit lauter Stimme sprechen.

Die Dämmerung kam und dann das erste fahle Tageslicht. Die Sonne stand schließlich so plötzlich am Himmel, daß es Lars vorkam, als hätte er nur einmal geblinzelt. Und dann war da das fremde Schiff. In der Dunkelheit war es erheblich näher gekommen. Es war ein großes Schiff, und Lars konnte an Deck Leute sehen, die wie kleine Ameisen wirkten.

»Es sind Engländer«, sagte Mats. »Ich erkenne die Flagge. Vater hat zu Hause die Flaggen aller Länder gezeichnet und gemalt, und ich kann mich an sie erinnern.«

Auf der Kommandobrücke versammelten sich die Steuerleute um Kapitän Hallbom, der mit dem Fernrohr dastand, als wäre es am Auge festgewachsen. Er erteilte mit leiser Stimme Befehle, und die Steuerleute beeilten sich, sie auszuführen, aber Lars konnte nicht wissen, was befohlen worden war, da die Offiziere eilig unter Deck gingen. Isac tauchte plötzlich hinter den beiden Jungen auf und strich sich bedächtig übers Kinn.

»Auf die Englesen kann man sich nicht richtig verlassen«, brummelte er. »Merkwürdiges Volk. Sie reden, als hätten sie einen Kloß im Hals. Genau wie die Holländer.«

Steuermann Wass hißte einige Flaggen, und Isac erklärte:

»Der Kapitän läßt fragen, ob sie etwas von uns wollen.«

Kurz darauf wurden auf dem anderen Schiff ebenfalls Signalflaggen gehißt, wenn auch andere. Isac blinzelte hinüber und versuchte die Mitteilung zu lesen, doch es fiel ihm schwer, die Flaggen mit bloßem Auge zu erkennen.

»Laßt mal sehen . . . ja, jetzt erkenne ich es . . . Die Englesen wollen, daß wir beidrehen. Das hört sich nicht gut an. Was antwortet der Kapitän darauf?«

Auf Befehl von Kapitän Hallbom ließ Wass neue Flaggen aufziehen.

»Aha, genau wie ich mir dachte. Der alte Isac weiß, wie man mit den Englesen umgeht. Der Kapitän sagt, wir könnten nicht beidrehen.«

»Sprichst du die Sprache dieser Englesen?« wollte Mats wissen.

»Dummkopf! Die Signalflaggen sagen in jeder Sprache das gleiche. Seht mal, jetzt hissen sie neue Signale. Daß meine Augen so trübe geworden sind! Als ich Leichtmatrose war, konnte ich jede Signalflagge auf den sieben Meeren erkennen, ohne ein Fernrohr zu verwenden, und das von Spanien bis China!«

Isac beschattete die Augen mit der Hand und starrte auf die kleinen bunten Stoffetzen.

»Wir haben eine wichtige Mitteilung, heißt es. Was kann das sein? Vielleicht die Pest am Kap? So was ist schon vorgekommen, und vor der Pest warnt man.«

Dieser Meinung schien auch Kapitän Hallbom zu sein, denn er gab Befehl, einige der Segel zu bergen. Matrosen kletterten in die Takelage hinauf und tuchten einige Segelflächen auf, um die Geschwindigkeit zu verringern. Das zweite Schiff kam langsam näher, und jetzt konnte Lars die Besatzung deutlicher erkennen. Die Männer standen an Deck. Sie trugen schöne Uniformen.

»Soldaten«, knurrte Isac. »Nun ja, jedenfalls ist es nicht gewöhnliches Gelichter.«

»Was ist, wenn sie uns angreifen wollen?« fragte Mats atemlos.

»Gegen die Englesen führen wir keine Waffen. Außerdem glaube ich, daß der Kapitän für alle Fälle vorgesorgt hat.«

Erst da bemerkte Lars, daß die Geschützpforten auf der Steuerbordseite entfernt worden waren. Man konnte sehen, wie die Kanonenrohre hervorlugten. Das beruhigte ihn. Das zweite Schiff war zwar groß, aber die *Svea Wapen* war größer und mächtiger und würde sich nicht erschrecken lassen.

»Klar zum Aussetzen des Langboots«, rief der Erste Steuermann Arfvidsson.

Der Bootsmann ließ das Tauwerk lösen und das Boot ins Wasser fieren. Der Kapitän ging in seine Kabine und kam mit seiner Ausgehuniform zurück. Er hatte sich auch die Perücke aufgesetzt. Die ganze Besatzung stand jetzt an Deck und blickte zu dem zweiten Schiff hinüber. Die Weitsichtigsten konnten erkennen, daß es *Hope* hieß, und das hieße »Hoffnung«, meinten sie.

Das Schiff schien neben der *Svea Wapen* längsseits beidrehen zu wollen, machte aber ein plötzliches Wendemanöver, so daß es eine Kreisbewegung beschrieb und nun dahinter lag. Isac ließ ein Keuchen hören und packte Lars am Arm.

»Jetzt wird der Hund in der Pfanne verrückt!« stieß er hervor. »So können wir sie mit den Kanonen nicht erreichen!«

Kapitän Hallbom schrie dem Ruderginger Befehle zu, doch die *Svea Wapen* hatte inzwischen zu wenige Segel gesetzt und war mit ihrer geringen Geschwindigkeit zu schwer und unbeholfen. Es würde lange dauern, bis sie gieren konnte. Prediger Bockman zeigte sich auf der Kommandobrücke. Er faltete die Hände und senkte den Kopf zum Gebet.

»Das liegt doch nur daran, daß es zu schnell ging?« vermutete Mats. »Glaubst du nicht auch, Isac?«

Isac schüttelte seinen kleinen Vogelkopf und zuckte die spitzen Schultern.

»Diese Manöver macht man einfach nicht so. Der alte Isac spürt im Mark, daß hier etwas oberfaul ist.«

Der Erste Steuermann Arfvidsson pfiff mit seiner Pfeife zum Sammeln, und die Besatzung stellte sich wie befohlen in Reih und Glied auf. Plötzlich zeigte ein Matrose auf das fremde Schiff und schrie: »Da! Sie wechseln die Flagge!«

Die englische Flagge wurde eingeholt, und statt dessen wurde eine schwarzweiße Flagge mit merkwürdigen Zeichen darauf gehißt.

»Seeräuber!« flüsterte Isac. »Jetzt werden wir allesamt Sklaven!«

12

AUF DEM DECK DES PIRATENSCHIFFS wimmelte es plötzlich von Männern. Diejenigen, die noch Uniformen trugen, zogen sie schnell aus. Sämtliche Seeräuber brüllten aus vollem Hals, um dem Feind angst zu machen. Säbel glitzerten im Sonnenschein, Dolche wurden drohend in der Luft geschwungen, Pistolen wurden abgefeuert, und die Enterhaken wurden einsatzbereit hochgereckt.

Kapitän Hallbom brüllte Befehle, und die Besatzung rannte zum Batteriedeck, um die Waffen zu holen, die aus dem Arsenal hochgebracht worden waren. Lars wurde kalt vor Angst. Das fremde Schiff war jetzt so nahe, daß er die wilden Gesichter der Seeräuber erkennen konnte. Bald würden sie so nahe sein, daß sie über die Reling der *Svea Wapen* klettern konnten. Und dann waren alle an Bord verloren!

Lars wußte nicht, was er tat. Er bewegte sich wie in einem merkwürdigen Traum. Sein Magen war nur noch ein harter Klumpen, und die Kiefer waren vor Verkrampfung so starr, daß es weh tat. Er wurde die steile Treppe hinuntergeschubst und starrte die Seeleute an, die Musketen, Äxte und andere Waffen an sich rissen und anschließend sofort wieder aufs Oberdeck stürzten. Isac war da und Mats und Nygren, der wie ein Nebelhorn brüllte, um den Männern Mut zu machen.

Alle anderen, nur er nicht. Warum konnte er nicht helfen? Lars trat einen Schritt vor, blieb dann aber wieder stehen. An den Kanonen standen Matrosen bereit, jederzeit zu feuern, falls das andere Schiff in Reichweite geriet, und auch sie schrien. Es war ein Höllenlärm.

Lars trat langsam beiseite und drückte sich an die Bordwand. Er sah deutlich vor sich, was auf ihn zukommen würde: ein Säbel in den Magen ... ein Schuß in den Kopf ... von diesen Wilden niedergetrampelt ... zuschanden geschlagen ...

Er mußte sich verstecken. Da war die Treppe zum Unterdeck. Niemand bemerkte, daß er langsam hinunterglitt, denn jeder war mit anderem beschäftigt. Er mußte noch weiter hinunter; sich so verstecken, daß niemand ihn sah und er niemanden sah. Er mußte sich vollkommen unsichtbar machen.

Steile Leitern führten hinunter in den Schiffsbauch. Ganz unten, über dem Kielschwein, befand sich der Vorratsraum mit dem Pökelfleisch. Hinter den Tonnen? Nein, dort würde man ihn entdecken. Vielleicht wäre es am besten, wenn er wie beim ersten Mal versucht hätte, sich in dem Häcksel neben den Tieren zu verstecken. Aber dann würde er wieder hinauf müssen, und das konnte er nicht. Lars wischte sich den kalten Schweiß von der Stirn. Er zog sich zur Pulverkammer zurück und starrte die Balken an der Decke des Banjerdecks an. Der Lärm drang nur schwach durch das dicke Holz. Lars hörte gedämpfte Schreie und Gebrüll und dann auch ein paar donnernde Kanonenschüsse.

Die Beine trugen ihn nicht mehr. Durch die Ritzen drang nur ein schwaches Licht von oben. Er konnte kein anderes Versteck entdecken als ein paar leere Säcke neben der Pulverkammer. Er legte sich flach auf den Boden und zog die Säcke über sich. Er kniff die Augen fest zusammen und hielt sich die Ohren zu.

Es wurde ihm immer schwerer zu atmen. Lars hob die Säcke ein wenig hoch, um frischen Sauerstoff zu bekommen. Was war das für ein merkwürdiges Licht? Ein flackernder Lichtschein, der bizarr geformte Schatten warf. Lars hörte ein heiseres, triumphierendes Lachen und drehte sich um.

Der Seeräuber hatte einen entblößten Oberkörper. Er glänzte vor Schweiß. Quer über der Brust lagen zwei gekreuzte Lederriemen, in denen ein paar lange Dolche befestigt waren. In der einen Hand trug der Mann eine Fackel, die mit einem zischenden Geräusch brannte. Das breite, platte Gesicht war durch Narben verunstaltet, die kreuz und quer verliefen, und die große Nase war irgendwann schiefgeschlagen worden. In der anderen Hand hielt er einen langen, scharfen Haudegen, den er erhob, um auf Lars einzuschlagen. Er lachte wieder.

Lars konnte nichts tun. Er lag vollkommen still und wartete auf den tödlichen Hieb. Der Körper weigerte sich, dem Befehl zur Flucht zu gehorchen. Der Schrecken band ihn am Boden fest. Der Seeräuber kam ein paar hüpfende Schritte näher, und da er den Blick auf den Jungen gerichtet hielt, bemerkte er die lose Planke nicht, die auf dem Boden lag. Er stolperte, fiel gegen die Wand der Pulverkammer und schlug hart mit dem Kopf auf.

Er ließ ein Grunzen hören und wälzte sich ein paarmal herum, bis er bewußtlos liegenblieb. Lars kam auf die Beine. Er zitterte am ganzen Körper. Der Pirat würde nach wenigen Augenblicken wieder aufwachen. Lars mußte fliehen. Falls er nicht ...

Er hob die Planke auf und schlug sie dem Seeräuber auf den Kopf. Einmal, zweimal, dreimal ... Von oben waren wieder einige donnernde Kanonenschüsse zu hören, und der ganze Schiffsrumpf erzitterte. Noch ein viertes Mal mit der Planke, ein fünftes ...

»Die Fackel!«

Jemand rannte an ihm vorbei und riß die Fackel an sich, deren Flammen schon um die Holzwand der Pulverkammer züngelten. Ein anderer Mann erschien mit Wasser und kippte es auf das angesengte Holz. Lars stand mit der Planke da und atmete keuchend. Jetzt sah er, wer die Männer waren: Ladungsaufseher Callander und der Vierte Steuermann Agger. Beide waren mit langläufigen Pistolen bewaffnet. Callander klopfte Lars auf die Schulter:

»Du hast ihn also auch gesehen? Und dir war klar, daß er das Schiff in die Luft sprengen wollte?«

Lars sah Callander an, brachte aber kein Wort heraus. Dieser klopfte ihm wieder auf die Schulter.

»Das war geistesgegenwärtig. Sehr geistesgegenwärtig und sehr mutig. Agger und ich hätten es gar nicht rechtzeitig schaffen können. Dieser Kerl hätte uns alle schon längst in die Ewigkeit gesprengt.«

Agger holte ein paar Seile aus dem Vorratsraum und fesselte dem Piraten die Arme auf dem Rücken. Dann schüttete er ihm Wasser aus dem Krug ins Gesicht. Der Pirat wachte mit einem wütenden Schnauben auf und ließ in einer fremden Sprache wilde Flüche hören, als er entdeckte, daß man ihn gefangen hatte. Er rollte auf dem Boden herum, kam auf die Beine und stürzte sich brüllend und mit gesenktem Kopf wie ein wilder Stier auf Agger. Der Steuermann trat schnell zur Seite, und der Pirat knallte mit dem Schädel gegen die Bordwand. Sein Blick wurde wieder glasig.

»Rauf aufs Oberdeck mit dem Schwein«, sagte Callander barsch. »Er soll sich ansehen, wie es seinen Kameraden ergeht.«

Agger packte den Piraten an den Armen und zwang ihn, mit an Deck zu gehen. Lars zitterte immer noch. Callander hielt das für eine natürliche Reaktion. Die Angst vor dem, was man gerade getan hat, kommt ja immer erst hinterher.

»Versuch raufzuklettern«, sagte er väterlich. »Da oben hast du einen schönen Anblick. Die Gefahr ist vorbei.«

Er half Lars, stützte ihn und hielt ihn um die Schultern, und schließlich schaffte der es wieder, die Beine zu bewegen. Je höher er kam, um so lauter waren die Hurrarufe zu hören und die gebrüllten Verwünschungen. War die Gefahr wirklich vorüber? Als er sich aus dem Staub gemacht hatte, waren die Piraten gerade dabei gewesen, an Bord zu klettern.

Aber die *Svea Wapen* hatte es offenbar geschafft, so weit zu drehen, daß das Piratenschiff in Schußweite geraten war, und die Kanonenkugeln hatten auf dessen Deck schwere Verwüstungen angerichtet. Weitere Schüsse hatten die Bordwand an der Wasserlinie durchlöchert, und das ganze Schiff hatte schwere Schlagseite bekommen. Die überlebenden Seeräuber klammerten sich am Wrack fest, drohten der *Svea Wapen* mit geballten Fäusten und brüllten ihren Zorn hinaus. Die Schweden brüllten zurück und feierten ihren Sieg mit anhaltenden Hurrarufen.

Im Meer trieben Leichen. Das Blut der Toten hatte das Wasser rot gefärbt. Lars hörte von einem aufgeregten Mats, wie sich alles zugetragen hatte. Es war acht Seeräubern gelungen, an Bord der *Svea Wapen* zu kommen, bis die Kanonen in Schußposition gekommen waren. Drei schwedische Matrosen waren niedergesäbelt worden, und einer war schwer verwundet.

»Quartiermeister Nygren hat persönlich zwei der Räuber über Bord geworfen und einen dritten mit seinem Säbel gespalten, und dann . . .«

Lars flimmerte es vor den Augen, und er mußte sich gegen die Reling lehnen. Agger hielt den gefangenen Piraten fest, doch dieser riß sich plötzlich mit einem Ruck los, machte einen Satz über die Reling und sprang ins Meer. Mit seinen gefesselten Händen hatte er keine Chance.

Kapitän Hallbom stand auf dem Kommandodeck und sah sehr zufrieden aus. Der Erste Steuermann Arfvidsson lächelte so breit, daß seine Mundwinkel sich im Nacken zu begegnen schienen. Der Bootsmann erhielt Befehl, die Segel setzen zu lassen, und kurz darauf kletterte die Besatzung in die Takelage. Die Rahsegel blähten sich wieder unter dem Wind und trieben das Schiff vorwärts.

Sie ließen die Piraten auf dem Wrack hinter sich, und solange die Schweden sie sahen, brüllten die Seeräuber als letzten Gruß Verwünschungen hinter ihnen her. Callander war zu den anderen Offizieren unter Deck gegangen. Isac tanzte wie ein Verrückter an

Deck herum, da jeder zum Dank für den erfolgreichen Kampf eine doppelte Ration Branntwein erhielt.

»Ich hatte ein Messer in der Hand«, erzählte Mats mit leuchtenden Augen, »und ich war einem der Seeräuber schon ganz nahe, bin aber nicht ganz herangekommen. Ich hätte ihn abgestochen! Stell dir vor, was wir zu erzählen haben, wenn wir wieder nach Göteborg kommen. So was haben weder mein Vater noch meine Brüder je erlebt! Seeräuber! Und einen hätte ich fast mit dem Messer niedergestochen. Wo bist du gewesen? Ich habe dich gar nicht gesehen.«

»Ich war unten auf dem Banjerdeck«, erwiderte Lars tonlos.

Mats hob die Augenbrauen und warf ihm einen erstaunten Blick zu. »Auf dem Banjerdeck? Was hattest du denn da zu suchen?«

Es schmerzte Lars, erzählen zu müssen, was er getan hatte. Daß er feiger gewesen war als der feigste Feigling und sich unter ein paar schmutzigen Säcken verkrochen und es all seinen Kameraden überlassen hatte, den Kampf gegen die Eindringlinge aufzunehmen. Aber Mats war sein Freund. Sein Blutsbruder. Er würde ihn nicht tadeln. Wenn man befreundet ist, ist man es, unabhängig davon, wie man handelt, obwohl ...

»Da war ein Seeräuber ... der da herunterkam, und er ... wollte mit einer Fackel das Pulver anzünden und das Schiff in die Luft sprengen.«

»Ist da noch einer an Bord gekommen? Ach so.«

»Das war der, der sich ins Meer stürzte, obwohl er gefesselt war.«

»Ach so, der. Aber was hast du mit ihm gemacht?«

»Ich habe ihm mit einer Planke auf den Kopf geschlagen, und dann kamen Herr Callander und Steuermann Agger, und die haben sich um ihn gekümmert.«

Mats sah ihn mit großem Respekt und plötzlicher Ehrfurcht an, und Lars leckte sich die trockenen Lippen. Was er gesagt hatte, war ja nicht direkt die Unwahrheit, aber am liebsten hätte er trotzdem hinausgeschrien, daß es eine große, fette, entsetzliche, ekelhafte Lüge war. Ich lüge, ich lüge, ich lüge! Ich bin falsch, falsch, falsch!

»Mats, es war eigentlich so . . .«

Er bekam einen Klaps auf den Rücken, und als er sich umdrehte, sah er das Grinsen des Offizierskochs Norrblom und dessen strahlendes Gesicht.

»Lasse, du sollst zu Callander in die Kabine kommen. Ich habe gehört, was du getan hast. Wirklich, der Spatz fängt an, mit einer Baßstimme zu singen!«

Die Gelegenheit war vorbei. Jetzt konnte er den Schritt von Feigheit zu Mut nicht mehr tun. Er mußte sich damit abfinden, daß er nicht nur ein armer Teufel war, sondern auch ein Lügner. Gott würde ihn jetzt mit Abscheu betrachten, aber das hatte er wahrscheinlich schon so lange getan, daß es nichts Neues war.

»Ich komme«, murmelte Lars.

»Ich werde die Herrschaften persönlich bedienen, und zwar als privates kleines Vergnügen. Es gibt meinen köstlichen Truthahn, unübertroffen unter den Köchen der gesamten Handelsmarine. Mir läuft schon selbst das Wasser im Mund zusammen, wenn ich nur daran denke«, schwatzte Norrblom.

Der Ladungsaufseher hatte eine große und komfortable Kabine, die in schönem Edelholz mit vielen Verzierungen eingerichtet war. Lars stellte sich an die Tür, aber Callander winkte ihn zu sich und wies mit einer Handbewegung auf einen bequemen Stuhl an dem kleinen, in der Wand befestigten Tisch.

»Du sollst mit mir essen«, sagte er.

Ich bin ein feiger und falscher Lügner und habe nicht das Recht, bei einem so vornehmen Herrn wie einem Ladungsaufseher zu sitzen, und wenn Recht Recht wäre, würdet Ihr mich statt dessen über Bord werfen, dachte Lars. Er schluckte und verbeugte sich tief.

»Danke, Herr Callander«, sagte er leise.

Er setzte sich auf den äußersten Rand des Stuhls. Callander war gut gekleidet, seine Hände waren weiß und die Fingernägel kurzgeschnitten und sauber. Lars versuchte, seine Hände mit den langen, schwarzen Fingernägeln zu verstecken, aber Callander schien es nichts auszumachen, daß er nicht fein herausgeputzt war. Es klopfte an der Tür, und der Koch erschien mit einem Silbertablett mit gebratenem Truthahn und Sauce und deckte grinsend den Tisch mit Porzellantellern, Gläsern, Messern und Gabeln.

»Was trinkst du, Lasse?« fragte Callander.

»Der Knirps trinkt nur Wasser«, erwiderte Norrblom anstelle von Lars. »In diesen Hals kriegt man keinen Wein rein.«

»Wie du willst. Dann gibt es für dich Wasser.«

Er selbst ließ sich Rotwein in ein langstieliges Glas einschenken, hob Lars das Glas entgegen, lächelte und trank einen kleinen Schluck. Lars wußte nicht, wie er sich benehmen sollte. Er trank etwas Wasser, wagte aber nicht zu lächeln und scheute sich, sein Glas zu heben.

»Es ist gut, Norrblom. Du kannst später wiederkommen.«

Der Offizierskoch verließ die Kabine, und die beiden begannen zu essen. Lars wußte nicht, wie er mit der Gabel umgehen sollte, und sah Callander verstohlen zu. Er hatte es zwar jeden Tag beim Servieren gesehen, doch es war etwas völlig anderes, dieses Werkzeug selbst zu gebrauchen.

»Wie alt bist du, Lasse? War es nicht vierzehn?«

Wieviel wußte er? Hatten der Kapitän, Oberfeldscher Gunning oder Tallman etwas gesagt? Dann mußte er ja wissen, daß Lars erst zwölf war. Aber Callander schien nur ernsthaft interessiert zu sein.

»Ja«, erwiderte Lars kurz.

»Du hast das Leben noch vor dir, Lasse. Wenn du so weitermachst, wirst du es noch sehr weit bringen.«

Wie weit kann es ein Feigling bringen? Lars blickte auf den Teller. Der Truthahn schmeckte ihm überhaupt nicht. Fleisch ist die

Speise des Mutigen, dachte er. Ein Feigling sollte sich mit verdorbener Gerstengrütze begnügen.

»Kapitän Hallbom hat deine Tat ins Logbuch eingetragen, und jetzt steht dort für ewige Zeiten, daß Lasse Norell, Schiffsjunge bei der Schwedischen Ostindischen Compagnie, das Schiff *Svea Wapen* mit Mut und Geistesgegenwart vor der Vernichtung bewahrt hat und damit auch das Leben aller Männer an Bord.« Callander lächelte. »Es ist doch nicht übel, das auf Papier festgehalten zu sehen?«

»Danke«, murmelte Lars.

Er wußte nicht, wo er mit sich bleiben sollte. Die Bissen schwollen ihm im Mund an, und er fühlte sich ganz krank vor Scham.

»Die Reederei wird eine Belohnung für dich vorschlagen, und ich weiß, daß die Compagnie nicht geizig ist. Wenn du es wünschst, kannst du einen Vorschuß darauf bekommen, damit du in Kanton einkaufen kannst oder auch in anderen Städten auf unserer Rückreise.«

»Danke«, wiederholte Lars.

Callander trank noch etwas Wein und sah Lars prüfend an.

Darf ich nicht bald gehen? Wie lange muß ich hier noch sitzen, wo es viel zu fein für mich ist? Ich gehöre doch gar nicht hierher. Hier dürfte sich kein elender Lügner aufhalten, dachte Lars.

»Gibt es vielleicht eine andere Art Belohnung, die du gern hättest?«

In die Back hinunterzugehen und sich in Schande zu verstecken, das war sein einziger Wunsch, aber den konnte er nicht äußern.

»Nein, Herr Callander«, sagte er leise.

»Das sagst du wahrscheinlich nur, weil du nicht verstehst, was eine Belohnung sein kann. Kannst du übrigens lesen?«

Lars erinnerte sich: die Büffelei. Die Ohrfeigen, wenn er etwas nicht lesen konnte. Die Wutausbrüche. Mutter, die in ihrem Rausch nur den einzigen Gedanken im Kopf hatte, daß der Sohn ordentlich lesen können sollte. Ihr zufriedenes Gesicht, wenn er die Worte zusammenbuchstabierte.

»Ja, Herr Callander.«

Der Ladungsaufseher streckte sich nach einem dicken Wälzer aus, schlug die erste Seite auf und reichte ihm das Buch.

»Lies«, sagte er.

Lars überflog die ersten Zeilen. Es sah nicht sehr schwierig aus. Eintönig, aber deutlich las er: »Das erste Schiff der Schwedischen Ostindischen Compagnie wurde auf Terra Nova gebaut, war zweihundert Lasten schwer und hatte zwanzig Kanonen und hundert Mann Besatzung. Die Kapitäne auf diesem Schiff hießen ...«

»Danke, das genügt. Es war ausgezeichnet.«

Callander nahm Lars den Wälzer ab und stellte ihn zu den anderen Büchern auf dem kleinen Regal an der schmalen Seitenwand. Der Offizierskoch erschien mit Nachschub und erhielt das erwartete Lob für seine Kochkunst. Er schenkte Wein und Wasser nach.

»Du sagtest, Lasse habe eine gute Nase?«

»Einen besseren Rüssel habe ich noch nie erlebt.«

Wovon sprachen sie? Mußte er noch mehr Essen in sich hineinquälen? Seine Lügnermahlzeit, seine falsche Mahlzeit, seine Feiglingsmahlzeit. Um ein Haar hätte Lars losgeheult. Er mußte tief Luft holen, um die Tränen zurückzuhalten.

Norrblom verließ die Kabine wieder, und Callander prostete Lars erneut zu.

»Die Compagnie kauft in China Tee, Seide und Porzellan. Ja, wir kaufen natürlich auch andere Dinge, Gewürze und Arzneimittel, zum Beispiel. Aber Tee, Seide und Porzellan sind die wichtigsten Waren, und von diesen dreien ist der Tee die allerwichtigste. Verstehst du etwas von Tee?«

»Nein, Herr Callander.«

Der Superkargo lehnte sich im Stuhl zurück, sah träumerisch an die Decke, und plötzlich hatte er einen verliebten Tonfall in der Stimme.

»Es gibt so viele Sorten und so viele Mischungen. Jede einzelne hat ihre Verdienste, und jede einzelne hat ihren Geschmack. Tee paßt zu jedem Gaumen. Es kommt darauf an, für die verschiedenen Sorten den richtigen Preis zu finden, und das ist für die Einkäufer der Compagnie wohl die schwierigste Aufgabe. Ich möchte behaupten, daß die gesamte Schwedische Ostindische Compagnie damit steht und fällt, daß man den richtigen Tee zum richtigen Preis auswählt. Und eins will ich dir sagen, Lasse Norell . . .«

Jetzt senkte er den Blick, der bohrend und überzeugend wurde.

»Die Compagnie ist das wichtigste Unternehmen in Schweden, ja, ich möchte sogar behaupten, in der ganzen Welt. Tausende guter Schweden haben ihr Auskommen durch die Compagnie, und wenn wir unsere Arbeit gut erledigen, werden wir noch mehr wachsen, und unser Land wird reich werden. Hast du verstanden?«

»Ja, Herr Callander.«

Lars hörte kaum zu. Was hatte er mit der großen Compagnie zu schaffen? Callander erhob sich, zog ein paar Holzkisten hervor und öffnete einen Deckel. In der Kiste befanden sich unzählige Porzellanteile, Seidenproben und dann Tee in kleinen Tüten, wahrscheinlich mehr als hundert Stück.

»Hier habe ich Proben von fast allem, was wir in China kaufen müssen. Hier sind auch Bücher über unsere liebe Compagnie und über die Waren. Du hast von jetzt an meine Erlaubnis, meine Kabine zu betreten, wann immer du es wünschst, die Bücher zu lesen und die Warenproben zu untersuchen. Vielleicht kannst du etwas lernen, was uns eines Tages nützt. Wer weiß?«

Der Ladungsaufseher überlegte eine Weile und korrigierte sich dann. »Damit du auch zu tun wagst, was ich sage, gebe ich dir lieber den ausdrücklichen Befehl, die Bücher zu lesen und dir die Proben anzusehen. Jeden Tag. Ich werde dafür sorgen, daß du von allen sonstigen Pflichten mit Ausnahme des Servierens befreit wirst. Solange du als Bursche in der Rolle eingetragen bist, tust du auch als solcher Dienst. Und jetzt kannst du gehen, wenn du mit dem Essen fertig bist.«

Lars murmelte ein Dankeschön. Er verneigte sich so tief, wie Callander es wohl von ihm erwartete, und eilte aus der Kabine. Eine schöne Belohnung! Herumsitzen und Teeproben ansehen! Er hatte keine Belohnung verdient, und selbst wenn er eine verdient hätte, hätte er sich als letztes gewünscht, sich ausgerechnet Teeproben zu widmen!

Er spürte eine harte Faust im Nacken und wurde in einen kleinen Verschlag an Deck geschleudert. Der plötzliche Schmerz ließ ihn aufschreien, worauf der Griff gelockert wurde. Es konnte kein anderer sein als Quartiermeister Nygren, der jetzt wilder aussah als je zuvor.

»Du Teufelsbrut!« knurrte er. »Was hast du drinnen bei Callander gemacht?«

»E-er wollte mit mir sprechen«, stammelte Lars.

»Worüber?«

»Ü-über Tee.«

Nygren atmete schwer, starrte ihn zornig an und schob die Unterlippe vor.

»Du lügst! Ich werde dich zu Brei schlagen.«

Die gewaltigen Fäuste wurden zu bedrohlichen Keulen, und Lars plapperte schnell: »Es ist wahr. Es ging um Tee und Seide und so.«

»Halt's Maul! Ist es in Wahrheit nicht so gewesen, daß du dem Ladungsaufseher gesteckt hast, was du in Cadiz erlebt hast? Ist es nicht so gewesen? Du hast ihm von dem Korb erzählt und meinen kleinen Säcken. Hast wohl gedacht, du könntest mich reinlegen, aber das kannst du nicht. Du wirst deine Strafe bekommen, wie ich versprochen habe.«

»Herr Nygren, wirklich, ich verspreche, ich habe nichts gesagt. Das . . . das würde ich nie tun.«

Der Quartiermeister strich sich mit dem Fingernagel über die Bartstoppeln auf der Wange. Ihm ging auf, daß Lars vermutlich die Wahrheit sagte. Er würde es nie wagen, ihm zu trotzen, und diese Erkenntnis ließ ihn die dicken Lippen zu einem schnellen verächtlichen Lächeln verziehen.

»Dein Glück. Sonst . . .«

Dann kam Nygren eine andere Idee. Er ergriff Lars am Oberarm und schleifte ihn zum Großmast. Er zeigte mit dem Daumen nach oben.

»Rauf in den Topp mit dir!«

13

Nicht schon wieder! Nicht noch einmal! Nygren hob die Hand zu der gewohnten schallenden Ohrfeige, da Lars nur dastand und ihn anstarrte. Bevor Nygren zuschlagen konnte, war Callanders ruhige Stimme zu hören: »Was gibt's, Nygren?«
Der Quartiermeister wandte sich mürrisch zu dem Ladungsaufseher um.
»Ich habe Befehl erhalten, aus dieser Rotznase einen Seemann zu machen, und er hat noch nicht gelernt, wie ein Affe in der Takelage zu klettern. Er soll in den Masttopp hoch und wieder runter.«
»Lasse Norell steht jetzt unter meiner Aufsicht«, erwiderte Callander. »Ich habe ihm seine neuen Pflichten erklärt. Lasse soll nicht mehr in Masten herumklettern. Er hat jetzt anderes zu tun.«
Nygren wippte auf den Absätzen und glotzte Callander hinterhältig an.
»Ich habe meine Befehle vom Kapitän«, knurrte er.
»Und der Kapitän erhält von mir Befehle. Ich hoffe doch sehr, Nygren, Ihr wollt Euch nicht dem widersetzen, was die Beamten der Reederei befehlen?«
»Nee. Dann machen's wir eben so.«
Er warf Lars einen Blick zu. Der verstand ihn nur zu gut: ›Ich bin mit dir noch lange nicht fertig.‹ Dann machte er auf dem Absatz kehrt und ging mit seinem wiegenden Gang davon. Die großen Hände waren immer noch zu Fäusten geballt.
Callander nickte Lars zu und setzte seinen Spaziergang an Deck fort.

Lars begann den Quartiermeister zu verstehen. Er hatte etwas gesehen, was für den Mann gefährlich war, wenn andere davon erfuhren. Solange er, Lars, am Leben war, durfte Nygren sich nicht sicher fühlen. Lars erschauerte. Er mußte darauf achten, daß er Nygren aus dem Weg ging.

Die getöteten Matrosen wurden im Meer beigesetzt, und Bockman tat sein Bestes, um seiner Stimme einen Klang zu geben, der zum Anlaß paßte, da von Helden gesprochen werden sollte. Er war jedoch wie gewohnt seekrank, und seine grünen Wangen und die schnell heruntergeleierten Worte ließen bei keinem eine feierliche Stimmung aufkommen. Aber immerhin wurde ein Kirchenlied gesungen, und man ließ die eingenähten Leichen auf der Steuerbordseite ins Meer fallen.

Mats war nicht wiederzuerkennen. Er hörte ganz anders zu als früher und sprach auch ganz anders. Lars ertappte ihn sogar dabei, daß er sich vor ihm verneigte. Es war ein Elend. Obwohl Lars immer wieder erklärte, es solle alles so sein wie immer, blieb der Freund bei seiner entsetzlichen Ehrerbietung.

Am nächsten Tag hatte Mats Wache, aber Lars war dazu ja nicht mehr verpflichtet. Dieser blöde Tee! Er seufzte, mußte aber gehorchen. Als er sah, daß Callander seine Kabine verlassen hatte, ging er hinein, holte ein Buch vom Regal und klappte den Deckel der ersten Kiste auf. Vermutlich würde Callander ihn abhören, und wenn er seine Arbeit nicht tat, erhielt er bestimmt eine Strafe. Lars begann zu lesen.

Nach einigen Stunden sah er die Sache mit dem Tee mit ganz anderen Augen. Daß eine einzige Ware eine so große Rolle spielen konnte! Callander hatte nicht übertrieben. In dem Buch über die Compagnie gab es vieles, was Lars nicht verstand. Viele der Wörter hatte er noch nie zuvor gehört, aber das, was er begriff, faszinierte ihn. Große, mächtige Schiffe einer gewaltigen Flotte segelten um die Erde, um kostbaren Tee zu kaufen. Lars öffnete vorsichtig einige der Tüten und atmete das Aroma ein. Dann las er nach, welche Sorte die Tüte enthielt und prägte sich den Duft ein.

Die Tage vergingen, und es herrschte ständig guter Segelwind. Das Schiff passierte eine Inselgruppe, von der es hieß, es seien die Kanarischen Inseln. Die seien nach den wilden Hunden benannt worden, die es dort einmal gegeben habe, meinte Isac. Und Hund heiße Canis in einer Sprache, die Latein heiße.

Wenn man an der Reling stand und Himmel und Meer betrachtete, gab es viel zu sehen und zu entdecken. Fliegende Fische landeten mit einem schmatzenden Geräusch an Deck, und man brauchte sie nur aufzuheben. Das Schiff wurde von spielenden Delphinen begleitet, und Lars sah große, schwimmende Geleeklumpen, von denen Isac sagte, es seien Blasenquallen.

Einmal wurde ein Hai an Bord gezogen. Der Koch hatte den Matrosen ein Stück Speck gegeben, das sie auf einen großen Haken zogen. Sie befestigten ihn an einer groben Leine und warfen die Angel aus. Ein Hai schluckte den Köder fast auf der Stelle, und es waren zehn Mann nötig, ihn an Deck zu hieven.

Lars hatte noch nie einen solchen Haß gesehen, wie ihn die Seeleute dem gefangenen Tier entgegenbrachten. Sie gingen mit allem, womit sich schlagen ließ, auf den Hai los, überschütteten ihn mit Verwünschungen und droschen auf ihn ein, bis sie ihn für tot hielten. So viele ihrer Kameraden waren in Haimägen gelandet! Jeder Seemann lebte in der ständigen Furcht, über Bord zu fallen und von den nadelspitzen Zahnreihen in kleine Stücke gerissen zu werden.

Sobald er Gelegenheit dazu hatte, saß Lars in Callanders Kabine, las und studierte die Proben. Als er anfing, wußte er kaum, was Tee war; Seide hatte er kaum je gesehen, und das ostindische Porzellan war ihm völlig unbekannt. Jetzt erkannte er, daß sich ihm eine neue und wunderbare Welt geöffnet hatte, und wenn er nachts in der

Back lag und in seiner Hängematte schaukelte, träumte er von den Dingen, die er herausgefunden hatte.

Der Ladungsaufseher hörte ihn nie ab. Er lächelte nur freundlich, wenn er Lars' Eifer sah, und dieser hatte den Verdacht, daß Callander nicht an die Fähigkeit seines Schützlings glaubte, die Studien zu bewältigen. Die Belohnung hatte er wohl nur erhalten, weil man glaubte, Lars habe dem Schiff und der Reederei einen großen Dienst erwiesen.

Nygren sah er nur gelegentlich im Vorbeigehen, und der Quartiermeister sah einfach durch ihn hindurch. Lars begann schon zu hoffen, endgültig in Ruhe gelassen zu werden. Alles war gut – wenn da nicht die Sache mit Mats gewesen wäre! Lars wollte, daß es zwischen ihnen sein sollte wie früher. Er wollte es so sehr, daß es weh tat, doch da war diese schreckliche Mauer der Ehrerbietung zwischen ihnen. Nie mehr gab es diesen schönen brüderlichen Ton. Mats sprach selten als erster, sondern wartete, bis Lars etwas gesagt hatte, und diesem gab sein schlechtes Gewissen jedesmal einen Stich. Er war falsch und verlogen und ein hundsmiserabler Schiffskamerad, aber Mats sah in ihm einen gewaltigen Helden und war der Meinung, ihm sein Leben zu verdanken. Es war schrecklich.

Es kamen kleinere Stürme. Furchtbare Regenfälle überspülten das Schiff, die Blitze jagten einander an dem schwarzen Himmel, und Lars wurde krank, sobald die See gröber wurde. Jetzt konnte er die Übelkeit jedoch unter Kontrolle halten, indem er in den Büchern las und sich auf Tee oder Porzellan konzentrierte.

Das Schiff passierte die Linie, und zum Verdruß der Seeleute erhielt der Kapitän das Verbot der Reederei, die Äquatortaufe vorzunehmen, aufrecht. Die kleinen Zeremonien, die es trotzdem gab, waren eher ein Scherz, und jeder erhielt eine doppelte Ration Branntwein. Die älteren Matrosen vermißten die übliche Prozedur, bei der die Neulinge gedemütigt und lächerlich gemacht wurden.

Derlei gehöre auch zu echter Seemannschaft, meinte man und fluchte über »die alten Weiber« in der Reederei.

Die Nächte wurden wieder kälter, als das Schiff fast drei Monate nach der Abreise aus Cadiz das Kap der Guten Hoffnung an der Südspitze Afrikas passierte. Dort pflegten die Winde gegeneinander zu kämpfen. Unzählige Schiffe waren hier zugrunde gegangen, doch diesmal waren die Götter gnädig, und das Schiff umrundete das Kap ruhig und steuerte in den Indischen Ozean. Viele der Seeleute hatten geglaubt, man werde vor Kapstadt ankern und neue Vorräte bunkern, doch die *Svea Wapen* passierte in Sichtweite und setzte ihre Reise fort. Lars hörte die Offiziere bei einer Mahlzeit davon sprechen.

»Das Wasser fängt an, schlecht zu werden«, murmelte Ladungsaufseher Duva. »Wir hätten auffüllen müssen. Die Leute brauchen was zu trinken.«

»Vielleicht«, entgegnete Kapitän Hallbom, »aber wir haben strikte Order der Reederei, nicht am Kap zu bleiben, wenn es nicht absolut notwendig ist. Es hat zwischen der Reederei und den Behörden am Kap Streit gegeben. Wir gehen kein Risiko ein.«

»Es sind noch sechs Wochen, bis wir Java erreichen. Bestenfalls. Und noch mehr als zwei Monate, bis wir Kanton anlaufen können.«

»Meine Befehle sind klar und eindeutig. Wir haben am Kap nichts verloren.«

Eine Woche später gab es keinerlei Wind mehr. Die Segel hingen schlaff in den Rahen. Albatrosse schwebten auf unsichtbarer Luft, die vollkommen still stand. Es war nicht mehr möglich zu loggen, da das dreieckige Logbrett, das sogenannte Logscheit, sich an den Schiffsrumpf legte, ohne sich zu bewegen. Ringsum war nur glatte See zu sehen und darüber die klare, blaugraue Kuppel des Himmels. Es war, als hätte die Zeit aufgehört zu existieren.

Es war drückend heiß. Die Hitze trieb den Schweiß hervor und führte beim kleinsten Anlaß zu Streit. Die Matrosen fluchten sich gegenseitig an, und der Bootsmann und die Quartiermeister mußten mehrere Schlägereien beenden. Der einzige, der sich durch die Schwüle nicht beeindrucken ließ, war Isac. Er grinste nur und zuckte seine spitzen Schultern.

»Jetzt bekommen wir bald die ersten Fälle von Skorbut. Mir macht das nichts aus, denn er hat schon alle meine Zähne geholt. Habe nichts mehr zu opfern. Spürst du nicht, wie deine Zähne zu wackeln anfangen, Lasse? Spuck sie ja aus, damit du sie nicht verschluckst. Was zum Henker soll man übrigens mit alten Zähnen, die einem nur Beschwerden machen?«

Lars fühlte oft mit den Fingern, ob die Zähne wirklich noch festsaßen. Die älteren Matrosen seufzten schon über die ersten Symptome der Mangelkrankheit.

Eines Tages mußte der größte Teil des Brots über Bord gekippt werden. Es war so verschimmelt, daß sich der Schimmel nicht mehr abkratzen ließ. Im Pökelfleisch hatten sich Maden eingenistet, aber noch konnte man die am meisten befallenen Stellen abschneiden. Im Wasser befanden sich ebenfalls Larven und Würmer, so daß es gesiebt werden mußte, bevor man es trinken konnte. Es schmeckte muffig und abgestanden.

Die Offiziere erhielten natürlich immer noch ihre gewohnte Kost und tranken Wein statt Wasser, doch sie wußten, wie es der Mannschaft erging, denn mit Ausnahme der Ladungsaufseher hatten alle ihre Laufbahn als gewöhnliche Leichtmatrosen begonnen. Sie erkundigten sich jeden Tag bei Gunning nach dem Gesundheitszustand der Besatzung.

Am elften Tag der Flaute erkrankte einer der Kadetten an Fieber und Schüttelfrost, und beim Oberfeldscher zeigte sich in der ohnehin zerfurchten Stirn eine weitere Falte. Bei der Mahlzeit sagte er düster: »Ein klarer Fall von Faulfieber. Verflucht! Wie viele werden diesmal draufgehen? Ich war mal an Bord eines Schiffs, auf dem mehr als vierzig Mann dahingerafft wurden.«

Alle schüttelten sich vor Angst. Das Faulfieber konnte jeden treffen und machte keinerlei Unterschied zwischen Offizieren und einfachen Besatzungsmitgliedern.

»Gibt es denn gar kein Heilmittel?« murmelte Callander.

»Heilmittel? Jedenfalls keine Medikamente. Was wir den Leuten geben können, ist wirkungslos, und das wissen wir, aber natürlich stopfen wir ihnen trotzdem dieses ungenießbare Zeug rein. Man weiß ja nie, ob nicht doch ein Wunder geschieht.«

Er seufzte und starrte auf den Tisch.

»Sollte ich aber selbst das Faulfieber bekommen, verbiete ich dem Zweiten Feldscher schon jetzt, mir dieses Zeug zu verabreichen.«

»Nun ja«, sagte Kapitän Hallbom, »es stirbt nicht jeder. Ich habe Kranke gesehen, die wieder gesund geworden sind.«

»Wie viele denn, Hallbom? Wie viele hast du gesund werden sehen, die das Faulfieber bekommen haben?«

Der Kapitän saß lange Zeit schweigend da, bevor er knurrte: »Zwei. Nicht mehr als zwei. Aber immerhin . . .«

Am dreizehnten Tag starb der Kadett. Seinen Platz nahmen zwei andere ein, die vom Fieber geschüttelt wurden und papierbleiche Wangen und fieberglänzende Augen hatten. Am selben Abend mußte der Oberfeldscher feststellen, daß einer der Quartiermeister, ein weiterer Kadett und zwei Matrosen die Krankheit bekommen hatten. Es mußten weitere Kabinen geräumt werden, um sie unterzubringen.

Pfarrer Bockman war ebenfalls bleich wie Papier, als er für die Toten seine Gebete sprach, und die Besatzungsmitglieder sahen sich mit besorgten Blicken an. Wen würde man als nächsten in seine Hängematte einnähen?

Der Dritte Steuermann Hans Laurin kämpfte mit Schweiß und

Schüttelfrost und versuchte, zur Mahlzeit seinen Wein zu trinken, mußte aber schließlich zugeben, daß er Fieber habe. Er wurde zum Krankenrevier hinuntergetragen. Lars erinnerte sich daran, wie der Kranke sich verzweifelt im Deckshaus umgesehen hatte. Er ahnte, daß er es zum letzten Mal sah. Noch in derselben Nacht starb er wortlos und still.

Außerhalb des Deckshauses verlief ein großer Balkon aus Holz, der sogenannte Söller, auf dem sich der Kapitän und die höheren Offiziere an den heißesten Tagen aufhielten. Es gab an Bord nichts zu tun. Das Schiff stand still auf diesem einzigen kleinen Punkt in dem anscheinend endlosen Ozean, und man konnte nur auf Wind warten – und auf Krankheit und Tod.

Als Lars am sechzehnten Tag der Flaute aufwachte, kamen ihm die Beine merkwürdig schwer vor. Da das Schiff sich nicht von der Stelle bewegte, konnte es nicht die Seekrankheit sein. Lars schleppte sich an Deck und an die Reling und hoffte, dort etwas kühlende Luft zu bekommen, aber auch die Luft stand still. Es war eine stickige, feuchtwarme Luftwand, die er vorfand. Seine Hände fühlten sich schwer an, und er konnte sie kaum an die Stirn heben, um den triefenden Schweiß abzuwischen.

Er mußte etwas trinken. Der Koch gab ihm durchgesiebtes Wasser, aber es war lauwarm und schmeckte übel nach all den Larven, die darin herumgeschwommen waren.

Mehr. Er brauchte mehr. Mund und Rachen waren trocken. Der Koch sah ihn forschend an und reichte ihm einen neuen Becher, ohne wie gewohnt zu fluchen.

Übrigens, war es tatsächlich so heiß? Ihm war ja kalt. Das Wetter mußte mit einemmal umgeschlagen sein. Unten in der Back hatte Lars einen Pullover. Er ging schlurfend auf die Treppe zu, doch die Beine trugen ihn nicht bis dorthin. Er mußte sich ausruhen. Er setzte sich schwerfällig mit dem Rücken zur Kabinenwand und schnaufte. Wie konnte es einem zugleich warm und kalt sein? Das war wirklich sehr merkwürdig. Plötzlich verstand Lars. Das Faulfieber! Jetzt war also er an der Reihe. Er vermochte nicht einmal Verzweiflung zu empfinden. Er war krank, und es war zu Ende, und damit hatte es sich. Pfarrer Bockman eilte über Deck und hielt den Blick auf die Planken gerichtet, wie er es immer tat.

»Herr Bockman...«, röchelte Lars.

Der Schiffsprediger blieb stehen, sah Lars an und wandte dann den Blick ab. Ein Schauer durchfuhr seinen mageren Körper.

»Ich werde Gunning Bescheid sagen«, murmelte er.

»Kann ich auf der Steuerbordseite beigesetzt werden? Die Backbordseite bleibt mir doch erspart?«

»Mein Gott! Ich sage Gunning Bescheid.«

Bockman eilte weiter. Sie werden mich doch nicht auf der unehrenhaften Backbordseite ins Wasser werfen? dachte Lars. Sie halten mich ja für einen Helden, und Helden behandelt man doch nicht schlecht? Sie wissen ja nicht, wie es sich in Wahrheit verhält. Wenn sie die Wahrheit herausfinden, werden sie mich ohne Federlesens auf der schändlichen Seite über Bord kippen. Aber außer mir kennt niemand die Wahrheit. Unter den Lebenden, natürlich. Gott und der Teufel wissen natürlich Bescheid.

»Kannst du aufstehen, Lasse?«

Gunning reichte ihm die Hand. Lars strengte sich an, um auf die Beine zu kommen, aber der Körper verweigerte ihm den Dienst. Der Oberfeldscher winkte einen Matrosen zu sich, der Lars zu den Kabinen auf dem Unterdeck hinuntertrug. Der Junge war leicht wie eine Feder. In einigen der Räume hatten Vorräte gelegen, aber jetzt wurden auch sie als Krankenrevier benutzt.

Dort lagen einige Männer auf dem Rücken. Sie waren vollkommen still. Man hörte nur ihren schwachen, röchelnden Atem. Der Matrose legte Lars auf ein paar weiche Wolldecken, und dieser fand es schön, liegen und entspannen zu können. Er schloß die Augen, und die Umwelt entglitt ihm. In weiter Ferne hörte er Gunning flüstern.

»Den da könnt ihr rauftragen. Und den und den da auch.«
»Er atmet noch, Herr Gunning.«
»Ach so. Na schön, dann kann er noch eine Weile liegenbleiben. Bei der nächsten Runde dürfte er aber dran sein.«

Lars schlief ein. Als er aufwachte, zitterte er vor Schüttelfrost, und die Zähne klapperten. Er drehte sich um, stieß aber mit einem anderen zusammen, der dicht neben ihm reglos dalag. Das Kinn des Mannes war heruntergefallen, und der Blick war gebrochen. Tot. Lars wälzte sich auf den Rücken und schlief erneut ein. Seine Träume waren wirr und unruhig.

Als er wieder aufwachte, hatte man den Toten neben ihm schon weggeschafft. An seiner Stelle lag jetzt ein anderer da. Ein anderer mit Fieberblick und Schüttelfrost, dem der Tod auch schon in den Gliedern steckte.

Mats Larsson!

14

MATS VERSUCHTE IHN ANZULÄCHELN, doch das Lächeln wurde zu einer verzerrten Grimasse. Lars fühlte sich vollkommen ruhig, fast glücklich. Wenn der Tod unausweichlich war, war es gut, daß es so kam.

»Wir gehen gemeinsam«, flüsterte er.

Mats nickte und leckte sich die aufgesprungenen trockenen Lippen.

»Das tun Blutsbrüder. Lasse Norell und Mats Larsson. Du und ich.«

»Ich heiße nicht Lasse Norell. Ich heiße Lars Olausson und bin nicht vierzehn Jahre, sondern zwölf.«

Da fiel ihm etwas ein, und er zählte an den Fingern ab.

»Dreizehn bin ich! Ich habe vorige Woche Geburtstag gehabt.«

Endlich war es Zeit für die Wahrheit. Lars war erleichtert. Es sollte keine Lügen mehr zwischen ihnen geben, wenn sie in den Tod gingen. Mats sah ihn an und wartete. Er schien zu verstehen, obwohl er noch nicht ermessen konnte, was er verstand. Lars war sehr müde, doch das, was gesagt werden mußte, mußte heraus, und da waren seine schwindenden Kräfte ohne Bedeutung.

»Ich bin aus Norrköping. Glaube ich jedenfalls. Mein Vater war Scharfrichter. Einer, der Leute aufhängte oder ihnen den Kopf abschlug oder sie quälte, damit sie ihre Taten gestanden. Ein Henker. Man hatte ihm die Ohren abgeschnitten, und er mußte mit einer schwarzen Kapuze herumlaufen.«

Lars verstummte. Er sah seinen Vater vor sich. Einen großen, schwermütigen, wortkargen Mann mit ständig heruntergezogenen Mundwinkeln und mit Augen, die niemand anzusehen wagte.

»Alle spuckten hinter ihm her oder bekreuzigten sich, wenn er vorbeiging, aber sie hatten auch Angst vor ihm, und da haben sie statt dessen mich geschlagen. Niemand durfte mit mir zusammen sein. Mutter...«

Er mußte wieder tief Luft holen, um weitersprechen zu können.

»Mutter war erst mit einem Kaufmann verheiratet und hatte singen und lesen und sticken gelernt, aber dann verarmte er völlig und starb. Da mußte Mutter eine Stellung als Magd annehmen. Sie hatte einen Verwandten in Dänemark, zu dem sie fahren wollte, hatte aber kein Geld. Da stahl sie ihrer Herrin zwei große goldene Ringe und ein goldenes Armband, die sie verkaufen wollte. Aber man erwischte sie und verurteilte sie wegen des Diebstahls zum Tod. Dann sagte der Richter, sie könne ihr Leben retten, wenn sie sich einverstanden erkläre, den Scharfrichter zu heiraten. Und da hat Mutter es getan.«

Andere hatten ihm erzählt, daß seine Mutter einmal eine schöne Frau gewesen war. Die hatte er nie zu sehen bekommen. Die Mutter, die er kannte, hatte schmutziges, strähniges Haar und einen schlaffen Körper. Eine Frau, die in ständigem Branntweinrausch und mit einem schrillen, gackernden Lachen über den Fußboden schlurfte. Sie wurde von Vater oft verprügelt. Er schlug sie, ohne einen Laut von sich zu geben. Sie verdrehte nur die Augen und verbreitete einen üblen Schnapsgestank.

Die einzigen, die mit dem Scharfrichter und dessen Frau umgehen konnten, waren die Handlanger des Henkers, die man Henkersknechte nannte. Im Henkershaus wurde gegrölt und gesoffen. Sie waren stolz darauf, Leute zu sein, vor denen andere Angst hatten. Lars erinnerte sich daran, wie er sich ihre vor Schnaps lallenden Stimmen anhören mußte, wenn sie beschrieben, wie man Leute am besten auspeitschte oder ihnen mit den Daumenschrauben die Finger zerquetschte, damit sie mit der Wahrheit herausrückten. Der Henker und seine Knechte bogen sich vor Lachen, wenn sie diese Qualen beschrieben.

»Vater wollte nach Kungälv, um dort eine Stelle des Scharfrichters zu übernehmen. Wir fuhren auf dem Karren hinunter. Mutter und ich hinten und Vater auf dem Kutschbock. Wir durften nirgends Quartier nehmen, sondern mußten auf der Karre liegen, während die Kneipwirte uns etwas zu essen zuwarfen. Und als wir wegfuhren, streuten sie Erde dorthin, wo der Karren gestanden hatte, damit niemand in unserer Spur stehen mußte.«

Mats lauschte aufmerksam. Die Worte strömten nur so aus Lars heraus. Sie hatten jetzt schon so lange in ihm versteckt gelegen, daß sie hinaus mußten.

»In Kungälv bekamen wir das Henkershaus in dem Gebiet, in dem sonst niemand wohnen wollte, und Vater tötete diejenigen, die dazu verurteilt waren. Dann riß ein Gefangener aus, den er unten im Henkershaus in der Kiste hatte, und da bekam Vater natürlich die gleiche Strafe wie der, den er hatte bewachen sollen. Und der hatte in einer Kirche Silber gestohlen. Das bedeutete den Strick, und Vater wurde selber gehenkt! Da waren Mutter und ich allein. Aber das Haus sollte ein anderer Henker haben, und wir bekamen ein Zimmer bei einem der Henkersknechte.«

Lars schüttelte sich in der Erinnerung an die Ratten, die ihm übers Gesicht liefen, nachdem er sich schlafen gelegt hatte. Die Kakerlaken, die auf dem Fußboden wie ein Teppich waren. Das Gewimmel von Wanzen. Die Ohrfeigen, das Zerren an den Haaren, die Fußtritte, das Geschrei, das Gejohle, der Lärm, die Schlägereien der Henkersknechte mit ihren Frauen, der in Strömen fließende Branntwein.

»Mutter wurde wegen eines anderen Diebstahls angeklagt. Ich nehme an, daß sie schuldig war. Sie mußte an mehreren Sonntagen im Stock sitzen und sollte dann am Pfahl ausgepeitscht werden, doch an dem Tag starb sie. Wahrscheinlich hatte sie Angst vor der Rute. Sie wurde außerhalb des Friedhofs auf der Nordseite begraben.«

In der ungeweihten Erde, wo nur die Leichen der Verdammten verscharrt wurden, und dort durfte mit nichts an sie erinnert werden. Lars hatte seine Mutter nicht sonderlich betrauert. Jeder mußte irgendwann sterben, und er hatte schon so viele Tote gesehen, denen sein Vater das Leben genommen hatte. Lars war mit dem Tod vertraut, auch mit dem gewaltsamen Tod.

Dennoch erinnerte er sich auch an andere Seiten seiner Mutter. An die seltenen Male, als sie ihn wortlos in die Arme genommen und gedrückt und geküßt hatte. Daran, wie er morgens aufgewacht war und sie bei ihm auf der Bettkante gesessen und ihn nur mit merkwürdig klaren Augen angesehen hatte. Und die Hartnäckigkeit, mit der sie darauf bestand, daß er lesen lernte. Er hatte das nicht gewollt, aber es war wohl wirklich das einzige gewesen, was *sie* wirklich wollte, und er hatte sich fügen müssen.

»Dann brachten sie mich in einer Seilerei in Göteborg unter. In einer großen Seilerei mit vielen Arbeitern, einem Meister und mehreren Gesellen. Sie wußten, daß ich der Sohn des Henkers war, und schlugen mich jeden Tag zur Strafe mit einem Seil. Ja, und dann kam im letzten Jahr Weihnachten. Die anderen wollten in die Kirche, und ich war allein. Ich durfte kein Licht anzünden, da es so viel gab, das Feuer fangen konnte. Ich hatte aber solche Angst, als ich ganz allein dasaß, und so habe ich doch ein Licht angezündet. Einer der Gesellen kam in die Seilerei zurück, um etwas zu holen, was er vergessen hatte, und entdeckte mich. Er versprach, es den anderen zu sagen, und sagte, sie würden mich verprügeln, wie sie mich noch nie verprügelt hätten, und dann ging er wieder.«

Jetzt kam das große Verbrechen. Das, wofür man ihn hundert Mal zum Galgen verurteilen konnte.

»Da habe ich alles angezündet. Die ganze Seilerei brannte ab. Ich wollte nicht so schrecklich verprügelt werden. Gerade als sie zurückkamen, floh ich, und sie jagten mich zum Hafen hinunter.«

Er erzählte, wie er an Bord gekommen und was danach geschehen war. Mats hörte zu, ohne ein Wort zu sagen, und ließ Lars keine Sekunde aus den Augen.

»Als die Seeräuber kamen, wollte ich nicht dabei sein. Ich riß einfach aus und versteckte mich unten auf dem Banjerdeck unter ein paar Wolldecken. Ich bin kein Held. Ich hatte einfach nur Angst.«

Lars erzählte die ganze Geschichte. Schließlich war alles heraus, was in ihm gewesen und ihn bedrückt hatte, und er verstummte. Warum sagte Mats nichts? Es blieb lange Zeit still. Immer noch sprach Mats kein Wort. Lars seufzte. Dann hatte er sich wohl geirrt. Mats wollte nicht mehr sein Freund sein, wollte nicht der sein, der sein Blut mit dem Sohn des verachtetsten Wesens auf Erden gemischt hatte, dem Sohn eines Henkers. Dennoch hätte Lars die dunkle Grenze nicht überschreiten können, ohne dies erzählt zu haben.

»Lars«, sagte Mats mühsam und suchte nach Worten.

»Ja?«

Mats streckte die Hand aus und hielt die Finger auseinander. Das war ein Zeichen, daß Lars seine Finger mit seinen verflechten sollte. Lars tat es, und die Wärme von Mats pulsierte in seinen Adern.

»Ich kenne nur Lasse Norell. Du hast ein neues Leben bekommen. Du bist mein einziger Freund, Lasse. Mein einziger Freund und Blutsbruder.«

Sie lächelten sich an, und Mats schlief ein, immer noch mit dem Lächeln auf seinen trockenen Lippen. Lars schloß auch die Augen und fühlte, wie der Schlaf sich mit der Wolldecke auf ihn legte. Jetzt war alles gut. Das Leben war abgeschlossen. Auf der anderen Seite konnte jetzt geschehen, was wollte. Er durfte jedenfalls mit einem Freund neben sich sterben.

Als er aufwachte, hielten sich ihre Hände noch immer umklammert. Aber Mats' Finger waren steif und kalt. Lars hatte Mühe, die Finger zu lösen. Sein Freund war ihm also vorausgegangen. Warte, Mats, warte auf mich! Ich komme gleich. Warte, wir wollen ja zusammen bleiben, ich komme, ich komme, streck wieder die Hand aus . . .

Er versank wieder in der Dunkelheit, und lange Zeit gab es nichts mehr. Als er wieder die Augen aufschlug, war er so schwach, daß er nur dunkel wahrnahm, daß Mats nicht mehr da war und daß ein anderer Mensch dort lag. Dann wurde er wieder bewußtlos. Schlafen, schlafen, ewig schlafen!

Um ihn herum schwankte es, und er schlug langsam die Augen auf. Wo befand er sich? Auf der anderen Seite? Aber es sah ja genauso aus wie vorher. Dieselbe Kabine, aber jetzt war er allein. Lars versuchte aufzustehen, aber es ging nicht. Er fiel mit einem Stöhnen wieder auf den Rücken. Dennoch war es nicht die frühere bleierne Schwere, die er im Körper spürte, sondern nur eine unendliche Schwäche. Er lag etwa eine Stunde wach, ohne dem Gehirn auch nur einen Gedanken zumuten zu können.

Die Tür ging auf, und Oberfeldscher Gunning trat ein. Es hatte den Anschein, als wolle er nur einen Blick auf Lars werfen, doch als er dessen weit geöffnete Augen entdeckte, ließ er ein Grunzen hören und kniete neben ihm nieder.

»Aha, Bürschchen, du geruhst also aufzuwachen?«

Seine Stimme klang so weich, daß man hätte glauben können, er spräche zu einem Wickelkind. Lars stöhnte wieder auf, und Gunning legte ihm die Hand auf die Stirn.

»Immer mit der Ruhe jetzt. Fieber hast du nicht mehr. Jaja, jetzt kann Kapitän Hallbom damit prahlen, schon drei Menschen gesehen zu haben, die vom Faulfieber genesen sind. Das ist wirklich merkwürdig. Du sollst ordentlich zu essen bekommen, damit diese mageren Stäbchen von Armen etwas Kraft bekommen. Es wird Norrbloms Essen geben. Das hat Callander für den Fall entschieden, daß du wieder gesund wirst. Nur er hat daran geglaubt, daß es so kommen könnte. Du Knirps!«

Norrblom kam persönlich mit Kalbsbraten und Wasser zu ihm herunter und fütterte ihn unter allerlei Scherzen, auf die er keine Antwort erwartete, da Lars dazu viel zu schwach war. Am folgenden Tag konnte Lars sich aufrichten. Er aß mit gutem Appetit, aber er war bedrückt. Er hatte Mats enttäuscht. Er war ihm nicht über die Grenze gefolgt. Er war noch einmal falsch gewesen.

Am dritten Tag konnte er allein an Deck gehen, ohne gestützt zu werden. Die Segel waren gebläht, und das Schiff machte gute Fahrt. Isac ließ sein heiseres Lachen hören, dem das gewohnte Husten folgte, und schlug ihm auf den Rücken. Es war ungewöhnlich, daß er sich so über etwas freute, ohne daß man ihm Branntwein versprochen hatte.

»Ich hätte nie gedacht, daß wir den jungen Herrn mal wiedersehen! Du hast wahrscheinlich den gleichen Schutzengel wie ich. Er wacht über uns beide, obwohl er manchmal die Augen geschlossen hält, dieser geflügelte Lümmel!«

Lars erfuhr, daß er neun Tage krank gewesen war und daß insgesamt dreiundzwanzig Männer gestorben waren. Bockman sei wegen all der Leichenreden so traurig gewesen, daß er neuerdings die Nächte hindurch weine. Unter den Toten waren auch der erste Ladungsaufseher Gabriel Stocke und einer der Assistenten.

Die Schiffsglocke schlug ihre vier Doppelschläge, die acht Glasen markierten, und jetzt mußte Lars wieder am Ersten Tisch servieren. Er war schwerkrank gewesen, doch jetzt war er wieder gesund und bereit, und niemand an Bord durfte auf der faulen Haut liegen. Wenn man einen Auftrag hatte, mußte man ihn erledigen. Offizierskoch Norrblom gluckste zufrieden und erzählte ihm, Lars habe es ausschließlich seiner fabelhaften Kochkunst zu verdanken, daß er mit dem Leben davongekommen sei.

Im Deckshaus herrschte eine dumpfe Stimmung. Die leeren Stühle, die Laurin und Stocke zurückgelassen hatten, erinnerten daran, daß niemand unsterblich ist. Es wurden nicht viele Worte gewechselt. Callander lächelte schwach und nickte Lars zur Begrüßung zu, als er sich etwas Fleisch von dem Silbertablett nahm.

»Soso? Es war also nicht möglich, dir den Garaus zu machen? Dann rechne ich damit, daß du weiterhin die Schriften über unsere Compagnie studierst.«

»Ja, Herr Callander.«

Tallman warf ihm unter halbgeschlossenen Augenlidern einen Blick zu und sagte mit näselnder Stimme: »Dieser Unglücksrabe soll nichts lesen. Der Taugenichts soll nichts weiter sein als ein Taugenichts. Es gibt nichts Schlimmeres als einen Unglücksraben, der Bücher hat lesen dürfen.«

»Lasse hat durch sein mutiges Eingreifen das ganze Schiff gerettet. Hast du das schon vergessen?«

Tallman zuckte die Achseln und trank etwas Wein.

»Ich habe mich geirrt. Es gibt etwas, was noch schlimmer ist als ein Taugenichts, der Bücher gelesen hat. Nämlich einen Taugenichts, der von sich glaubt, etwas gerettet zu haben.«

Damit wandte er sich demonstrativ von Lars ab und versank in dem gleichen drückenden Schweigen wie die anderen. Kapitän Hallbom sah mitgenommen aus. Er hatte scharfe Falten zwischen Mundwinkeln und Hals bekommen, und der Erste Steuermann Arfvidsson saß die ganze Zeit da und seufzte, als dächte er ständig an all die, die gestorben waren.

Der Besatzung erging es schlimmer als je zuvor. Selbst das abgestandene Wasser ging allmählich zur Neige. In einem Sturm, den Lars in seinem Dämmerzustand gar nicht wahrgenommen hatte, waren viele Wasserkrüge zerschlagen worden. Jetzt wurden die verbliebenen Tropfen rationiert. Der getrocknete Fisch war mit dem größeren Teil des Pökelfleischs über Bord gegangen, so daß meist Erbsen und Gerstengrütze gegessen wurden. Die Erbsen mußten erst von Würmern gereinigt werden, bevor man sie kochen konnte, und die Grütze schmeckte so, daß alle nur noch würgten.

Viele verloren Zähne, hatten Ausschlag am Körper, und bei manchen lösten sich Finger- und Zehennägel. Lars aß, was ihm vorgesetzt wurde, und trank, was da war. Er murrte nicht wie die anderen, die damit drohten, den Koch in den großen Kessel zu stecken und bei lebendigem Leib zu kochen, wenn er nicht bessere Nahrung hervorzaubere. Für Lars gab es die Bücher und die Kisten mit den Warenproben. Jetzt, wo er sein Leben wie durch ein Wunder zurückerhalten hatte, hatten diese Dinge für ihn eine noch größere Verlockung.

Er war ganz allein in der Welt. Er hatte keine Freunde, die ihm nahestanden. Mats war wohl bei Gott und sah zu ihm hinunter, wie er so dasaß und las. Es war ein gutes Gefühl, das zu wissen. Mats sollte zu Gott und er selbst in die Hölle, wenn er irgendwann nach all dem Bösen, das er angerichtet hatte, ebenfalls starb, aber im Augenblick stand er unter Mats' Schutz. Die Blutsbrüderschaft hielt auch noch nach dem Tod, und sie hatten beide Verantwortung füreinander.

Eines Morgens rief der Ausguck »Land in Sicht«, und die Matrosen schrien hurra, bis sie heiser waren. Jeder wollte Ausguck sein, wenn Land näher kam, denn derjenige, der als erster die Umrisse des Landes entdeckte, erhielt von den Ladungsaufsehern eine Belohnung in Form einiger Silberpiaster.

»Das ist Java«, sagte Isac. »Vor den Javanesen muß man sich in acht nehmen. Die essen sich gegenseitig auf. Wenn jemand in eine andere Richtung blickt und unachtsam ist, schleicht sich ein anderer Javanese von hinten an ihn heran und schlägt ihm mit etwas Hartem auf den Kopf. Anschließend wird er gegessen. Schmecken tut es auch nicht. Die Javanesen sollen zähes Fleisch haben.«

Am folgenden Morgen war die *Svea Wapen* dem Land so nahe, daß sie die Südspitze umrunden konnte, Java Point, um dann durch gefährliches und strömendes Gewässer die Stadt Angeri anzusteuern, wo sie auf der Reede vor Anker ging. Die Insel war mit ihrem üppigen Grün, den weich gerundeten Bergen und hohen Bäumen von betäubender Schönheit. Von den Stränden wehten gesättigte Gewürzdüfte herüber.

»Schön sieht es schon aus«, sagte Isac, »aber ich bin schon auf Java gewesen und weiß, wie es da zugeht. In den Bäumen hängen grüne Schlangen, in den Flüssen tummeln sich Krokodile und schnappen nach Menschen, und im Wald schleichen Tiger umher und sabbern nach Menschenfleisch. Dort kann kein gewöhnlicher Mensch wohnen. Nur Javanesen.«

Das Großboot wurde sofort zu Wasser gelassen, und die Ladungsaufseher, der Kellermeister und der Hofmeister sowie der Offizierskoch Norrblom fuhren an Land, um Einkäufe zu machen. Gleichzeitig strömten kleine Flöße und Lastkähne in die andere Richtung. Javanesen paddelten zu dem großen Schiff und boten ihre Waren an. Die Seeleute kauften Kokosnüsse, verschiedene Früchte und Affen sowie Papageien in prunkvollen Farben oder tauschten sie ein. Es war stickig heiß, doch Lars hatte sich schon an die Wärme gewöhnt. Anders als bei den meisten Besatzungsmitgliedern gefiel sie ihm. Dann kamen die ersten Proviantboote mit den Waren, die von den Kaufleuten auf der Insel erstanden worden waren: mit Eiern und Zucker, lebenden Meeresschildkröten und Kisten mit Waren, von denen Lars nicht wußte, was sie enthielten. Außerdem kam frisches Wasser, so daß das alte endlich weggekippt werden konnte. Die Krüge wurden ausgespült und mit frischem Wasser gefüllt. Lars fing den Ladungsaufseher Callander ab, als dieser an Bord kam, und sprach ihn an.

»Herr Callander, könnte ich ein paar Taler Silbergeld bekommen?«

»Was willst du denn kaufen? Einen Teppich?«

»Einen Papagei. Mats sagte immer, er wolle einen für seine Mutter kaufen, und jetzt möchte ich es an seiner Stelle tun. Sie soll ihn von mir bekommen, wenn ich wieder in Göteborg bin.«

Ohne ihm weitere Fragen zu stellen, gab ihm Callander so viel Silber, daß Lars einen großen und farbenprächtigen Papagei kaufen konnte, ohne feilschen zu müssen.

Kapitän Hallbom hatte es eilig. Die wochenlange Flaute hatte die Reise um mehrere Wochen verzögert. So lichtete man schon am folgenden Tag die Anker und glitt sacht durch den wirbelnden Sund zwischen Java und Sumatra. Die Besatzung war wieder guter Laune, und die Männer saßen oder standen an Deck und aßen frische Ananas oder tranken Kokosmilch. Die frisch eingekauften Affen hockten auf den Schultern ihrer neuen Herren oder tobten in der Takelage herum. Der Zimmermann und seine Leute bauten Holzkäfige für die Papageien.

»Jetzt werden wir bald die Chinesische See erreichen«, erzählte Isac. »Dort wehen nur zwei Arten von Winden, und zwar je sechs Monate lang. Der eine führt uns nach China, der zweite von dort zurück. Der alte Isac erinnert sich an ein paar schreckliche Stürme hier, die man Taifune nennt. Wären wir nur ein paar Wochen später angekommen, hätten wir China nie erreichen können oder wären in einem Taifun gekentert.«

»Wann sind wir endgültig da?«

»In ein paar Wochen. Erst müssen wir nach Macao, das den Portugalesen gehört. Dort holen wir einen Lotsen an Bord, und anschließend geht es nach Kanton. Die Portugalesen sind merkwürdige Leutchen. Ich habe gehört, daß sie ihre Toten in den Bäumen aufhängen, statt sie zu begraben.«

Mit jedem Tag, an dem die *Svea Wapen* die Chinesische See durchpflügte, stieg die Spannung. Nach all den Stürmen hatte es den Anschein, als wollten die Wettergötter um Verzeihung bitten. Die Segel des Schiffs blähten sich, denn es wehte ein guter, nicht zu starker Wind, und nach dreizehn Segeltagen über die Chinesische See erreichten sie die portugiesische Kolonie Macao. Dort ging das Schiff vor Anker. Man wartete auf den Lotsen, der mit drei Schuß angefordert worden war.

Lars stand an der Reling und sah auf die Stadt. Ihm gefiel, was er sah. Weiche, mit üppigem Grün bewachsene Hügel, schöne Häuser und Gärten, die von Steinmauern umgeben waren. Er zählte elf Kirchtürme, obwohl sie nicht aussahen wie die schwedischen, sowie ein paar Klostergebäude. Ganz oben auf einem Berg war eine Festung mit Soldaten zu sehen.

»Da kommt der Gelbe«, brummelte Isac. »Ob es vielleicht sogar derselbe ist wie damals, als ich das letzte Mal hier war?«

Isac erzählte Lars, das lange Boot heiße Sampan und sei die häufigste Bootsart der Chinesen. Es war am Bug wie am Heck erhöht und wurde von zwei Mann mit langen Riemen gerudert. Im Sampan stand so etwas wie ein Käfig aus Bambus, in dem sich der Eigner des Boots während der Fahrt aufhielt. Der Bootsmann ließ das Fallreep hinunter, und der chinesische Lotse kletterte an Bord.

Kapitän Hallbom nahm ihn in Empfang. Der Lotse verneigte sich tief und begab sich dann sofort zum Vorschiff, wo er eine Matte aus Bambus auslegte, auf die er sich mit gekreuzten Beinen setzte. Dann starrte er geradeaus. Der Lotse war der erste Chinese, den Lars gesehen hatte. Gelb? Ja, seine Hautfarbe war etwas gelblich, aber doch eher hellbraun als gelb. Nach allem, was Isac erzählt hatte, hatte Lars erwartet, der Chinese würde gelb sein wie ein Küken. Das lange schwarze Haar war geflochten, und auf dem Scheitel war der Haaransatz abrasiert.

Die Dämmerung brach an, aber das Schiff trieb nach den Anweisungen des Lotsen weiter in dem schlammigen Wasser. Der Rudergänger erhielt seine Anweisungen durch Handbewegungen des Chinesen. Dieser erhob sich schließlich, verbeugte sich erneut vor dem Kapitän und kletterte in der Dunkelheit in seinen Sampan hinunter, der in der Nacht davonglitt. Der Kapitän ließ den Anker auswerfen, und alle richteten sich für die Nacht ein.

»Morgen früh wird uns der Tigerrachen verschlingen«, gähnte Isac und zeigte seinen grauroten Gaumen.

»Tigerrachen?«

»Die Einfahrt zum Fluß mit dem Ankerplatz heißt so. Bocca Tigris, Tigerrachen. Der Fluß heißt Ta, aber kein Christ nennt ihn anders als den Kanton-Fluß.«

Unten in der Back lagen die Matrosen und unterhielten sich leise miteinander. Da sie fast am Ziel der Reise waren, hatte der Koch Befehl gegeben, am Essen nicht zu sparen. Alle waren satt und zufrieden. Lars hörte ihnen nicht zu. Er hing eigenen Gedanken nach, und die kreisten wie fast immer um Callanders Bücher und Proben. Wie sollte es jetzt nach der Ankunft weitergehen? War es mit den Studien jetzt vorbei? Warum war der Ladungsaufseher mit keinem Wort mehr auf das eingegangen, was Lars gelesen hatte?

Am folgenden Morgen war Lars früh an Deck. Die Sonne brannte schon heiß, und im Fluß lag ein Schwarm von Sampans. Als die Ruderer Lars entdeckten, hielten sie ihre Waren hoch und riefen chinesische Worte, die leicht zu deuten waren. Sie wollten verkaufen. Auf der Kommandobrücke stand der Zweite Steuermann Wass. Als er einen schönen Sampan entdeckte, der sich dem Schiff näherte, ließ er sofort zwei Schuß Salut feuern. Kurz darauf kam Kapitän Hallbom angerannt und knöpfte die letzten Knöpfe seiner weißen Leinenuniform zu. Er hatte es sogar geschafft, sich die Perücke aufzusetzen.

Der Chinese, der an Bord kam, hatte Diener bei sich und war sehr schön in schimmernde Seide gekleidet. Als Zeichen seiner Würde trug er an der Vorderseite seines Gewands einen Korallenknopf. Lars begriff, daß es ein Mandarin war. Von denen hatte er in den Büchern gelesen. Die Mandarine waren die höheren Beamten Chinas. Man teilte sie in neun Klassen ein und konnte sie an den verschiedenfarbigen Knöpfen erkennen. Der Mandarin und Kapitän Hallbom begrüßten sich mit Verbeugungen. Isac war an Deck gekommen und ließ einen Ausruf der Zufriedenheit hören, als er den Mandarin entdeckte.

»Wie gut, daß der Kerl an Bord gekommen ist. Er hat den Freibrief des Kaisers bei sich, so daß wir an allen Zollhäusern am Fluß vorbeisegeln können. Sonst kann es passieren, daß man mehrere Tage auf ihn warten muß. Auf Plattgesichter ist kein Verlaß.«

Der Anker wurde hochgezogen, und wieder blähten sich die nicht gerefften Segel im leichten Wind. Die *Svea Wapen* glitt langsam und majestätisch in den Tigerrachen und segelte dann weiter flußaufwärts. Die Besatzung hatte Befehl erhalten, das Schiff schön herzurichten. Die Reling war mit orangefarbenem Stoff bespannt, und das ganze Schiff hatte über die Toppen geflaggt.

Wie schön alles war! Lars trank die Bilder mit den Augen in sich hinein. Das Grün war saftig und üppig, und die Landschaft war eine Folge wogender Hügel und lächelnder Täler. Auf den Reisfeldern arbeiteten Chinesen mit hochgekrempelten Hosenbeinen und Strohhüten zum Schutz vor der sengenden Sonne. Auf beiden Seiten des Schiffs sah Lars verschiedene Bauten. Da waren Wohnhäuser mit den chinesischen geschwungenen Dächern und Gärten mit Teichen, und da erhoben sich hohe Türme mit vielen Stockwerken. Der schönste Turm werde der Löwenturm genannt, erzählte Isac, und dort, wo das Schiff anlegen werde, gäbe es noch weitere Türme, die genauso aussähen. Von der Spitze der Türme könne man Signale an andere Türme weitergeben. So sei es möglich, Nachrichten schnell quer durch das gewaltige chinesische Reich zu schicken.

Und überall sah Lars Sampans und größere Boote, Dschunken. Diese trugen farbenprächtige Segel, und viele hatten auch in verschiedenen Farben bemalte Rümpfe, die mit großen chinesischen Schriftzeichen geschmückt waren. Lars erinnerte sich an Mats, und der Gedanke versetzte ihm einen Stich in der Brust. Wie herrlich Mats all dies gefunden hätte!

Dennoch hatte das schöne Bild ein paar dunkle Flecken. Das Schiff kam an einem kleinen Hain mit einigen seltsamen hohen Bäumen mit breiten Kronen und dichtem Laub vorbei. Unter den Bäumen drängten sich Zelte, und darunter lagen Sampans im Flußschlamm. Das ganze Gebiet war eingezäunt worden, und selbst im Wasser hatte man Sperren errichtet. Isac spie über die Reling zu den Bäumen hin.

»Vor denen mußt du dich in acht nehmen. Das sind die Aussätzigen. Jeder, der die Krankheit bekommen hat, muß dort zu den Bäumen umziehen, und die Kranken müssen dort bleiben, bis sie sterben.«

Dann wurde der Fluß breiter, und Lars konnte die Reede des Ankerplatzes Whampoa sehen. Weiter stromaufwärts war der Fluß für so große Schiffe nicht mehr schiffbar. Was für ein Anblick! Hier lagen zahlreiche Ostindienfahrer aus vielen Ländern: Engländer, Holländer, Dänen und Franzosen. Dann Lagerhäuser und eine ganze Flotte von Sampans. Die Offiziere hatten sich an Deck aufgestellt und reckten die Hälse. Die Kanonen feuerten acht Schuß Salut ab, während sich das Schiff langsam dem Ankerplatz näherte. Von den anderen Schiffen her donnerte ein Salut zur

Antwort, und als Kapitän Hallbom den Befehl zum Ankern gab, lagen die Rauchschwaden wie dahintreibende Wolken über dem Wasser. Isac streckte sich und gähnte.

»Das war's, Lasse. Weiter kommen wir nicht. Hier werden wir etwa fünf Monate bleiben, wenn Gott will und die Hosen halten.«

Endlich begriff Lars, was wirklich geschehen war. Er war in China! Nach einer Fahrt von acht Monaten und elf Tagen befand er sich auf der anderen Seite der Erdkugel. Nach allen Entbehrungen waren sie endlich da.

Er war in China! In China!

15

ALLE, DIE AM ERSTEN TISCH SASSEN, machten sich bereit, das Schiff zu verlassen und mit einem Passagiersampan die zwei Meilen Flußweg nach Kanton zu fahren. Mit ihnen fuhren auch Offizierskoch Johan Norrblom sowie sechs erfahrene Matrosen, die am Hauptgebäude der Compagnie Wache halten sollten. Callander ließ Lars zu sich kommen.

»Jetzt kannst du dich tagsüber in meiner Kabine aufhalten, sooft du willst. Lies möglichst viel in den Büchern. Wer weiß, wann du deine Kenntnisse verwenden kannst.«

Er zwinkerte Lars zu. Lars verstand nicht, warum, aber er bedankte sich und machte eine Verbeugung. Callander stieg zu den anderen ins Boot. Von den Offizieren war nur noch der Zweite Steuermann Bengt Wass an Bord, der die notwendige Arbeit im Hafen beaufsichtigen mußte. Isac war aufgekratzt und voller Erwartung.

»Siehst du die Insel da hinten?«

Lars nickte. Die Insel sah nicht sehr groß aus, war aber mit Wald bewachsen, und an den Stränden erhoben sich Lagergebäude.

»Man nennt sie die Französische Insel, weil die Franzosen die einzigen sind, die dort ihre Faktoreien haben. Dort liegt übrigens auch der Friedhof. Wenn du von der Stange fällst, landest du dort. Ich hätte nichts dagegen, denn dort gibt es auch eine Art Rummelplatz und kleine Kneipen, in denen man sehr guten Branntwein bekommen kann.«

Lars wußte, daß es nur selten Gelegenheit geben würde, an Land zu gehen, aber von Zeit zu Zeit mußte ja auch die Mannschaft festen Boden unter den Füßen spüren. So wurde manchmal befristeter Landurlaub bewilligt.

»Wenn sie aber das ganze Schiff umdrehen, um den Boden abzukratzen, dürfen wir an Land bleiben, solange das dauert. Und der Zimmermann wird sich nicht gerade beeilen, wenn man dafür sorgt, daß er immer genug zu trinken hat. Der alte Isac weiß genau, nach welcher Melodie gesungen werden muß.«

Lars mußte zwar immer noch bedienen, war aber sonst von jeder anderen Arbeit befreit, so daß er die hellen Tagesstunden dem Inhalt der Kisten widmen konnte. Nygren hatte ihn scheel angesehen und lautstark verlangt, der faule Lümmel solle sich sein Essen verdienen, doch Wass verwies auf seine Befehle, so daß sich der Quartiermeister geschlagen geben mußte.

Lars hatte durch Nygren schon lange keine Unannehmlichkeiten mehr gehabt, aber es war ihm klar, daß die Gefahr noch längst nicht gebannt war. Sie würden lange in China bleiben, und außerdem stand eine lange, schreckliche Heimreise bevor. Der Quartiermeister würde noch oft Gelegenheit haben, ihm weh zu tun, und er würde sich diese Gelegenheiten sicher nicht entgehen lassen. Lars sagte sich aber, kommt Zeit, kommt Rat. Jetzt ist jetzt. Er verscheuchte die düsteren Gedanken, las in den Büchern und wühlte in den Kisten.

Am Strand bauten chinesische Arbeiter, die Kulis genannt wurden, Lagerhallen aus Bambus und anderen leichten Holzarten. Jedes Schiff aus jedem Land hatte eigene Hallen. Alles, was an Bord nicht niet- und nagelfest war, wurde an Land gebracht, und anschließend mußte die Besatzung die gesamte Takelage, sämtliche Rahen und alle Segel herunternehmen und an Land schleppen. Das war harte Arbeit, aber Lars merkte in Callanders bequemer Kabine nicht viel davon.

Zehn Tage später kam Kapitän Hallbom wieder mit Callander

an Bord. Das Schiff sollte wegen der Zoll- und Hafengebühren vermessen werden, und das war eine sehr wichtige Prozedur. Das zeigte sich auch an den vielen Salutschüssen, die abgefeuert wurden, als der Chef des Vermessungstrupps mit seinem gesamten Stab und einem goldenen gedeckten Sampan erschien.

Man brachte ihn in einem bequemen Stuhl an Deck unter, während die Vermessungsbeamten Seile vom Fockmast zum Kreuzmast spannten und dann über die ganze Schiffsbreite. Keiner begriff, zu welchen Zahlen diese Männer kamen, da niemand die chinesischen Schriftzeichen deuten konnte. Anschließend wurde die Gesamtsumme mit siebentausendsiebenhundertsiebenundsiebzig multipliziert. Niemand verstand, warum; aber so war die Regel, und den Offizieren blieb nichts anderes übrig, als sich zu fügen.

Kapitän Hallbom bekam die Schlußsumme zu sehen und gab ein Zeichen, mit Silberpiastern zu bezahlen. Der Chef des Vermessungstrupps, der den Titel Hop Hou trug und von den Schweden immer Hoppon genannt wurde, saß mit geschlossenen Augen da und weigerte sich, das Silber anzusehen, das von einem seiner Männer gezählt wurde. Hinzu kamen das Geldgeschenk für den Kaiser und die persönlichen Geschenke, welche die Reederei dem Hoppon machen mußte, bevor dieser mit einer schlaffen Handbewegung das Papier unterzeichnete, mit dem dem Schiff erlaubt wurde, in Whampoa zu bleiben.

»Du sollst mit an Land und in Kanton aufwarten«, sagte Callander. »Natürlich nur, wenn du nicht lieber an Bord bleiben willst.«

»Nein, Herr Callander«, erwiderte Lars.

Was für eine Frage! Lars war heilfroh, die übelriechende Back verlassen zu können und dem eintönigen Gerede der Besatzung zu entgehen. Isac war neidisch und meinte, wenn Lars ein gutes Wort für ihn einlege, damit auch er irgendeine Arbeit in der Faktorei erhalte, werde sich der alte Isac nicht undankbar zeigen.

Lars mußte sich in den Bug des Sampans setzen, und dann

begann die Fahrt zu den Vorstädten Kantons. Der Wasserverkehr wurde immer dichter. Überall waren Sampans der verschiedensten Art zu sehen, und schließlich war Lars der Meinung, daß es unmöglich sein mußte, auf dem trüben Fluß noch weiter zu kommen. Für viele Chinesen war der Sampan das einzige Zuhause. Dort wurden sie geboren, dort lebten und dort starben sie. Die Passagiersampans waren immer umlagert. Alle Verkäufer ruderten längsseits und hielten hoch, was sie zu verkaufen hatten. Sie redeten und schrien durcheinander, um sich gegenseitig zu übertönen. Lars fand das lustig. Es war eine willkommene Abwechslung.

Die Stadt Kanton war von einer Mauer umgeben und durfte von Ausländern nicht betreten werden. Wer es versuchte, setzte sein Leben aufs Spiel. Die Reederei warnte alle Besatzungsmitglieder davor, etwas so Verrücktes zu unternehmen. Wenn jemand dabei erwischt wurde, konnte die Reederei nichts mehr für ihn tun. Der Gefangene befand sich dann völlig in chinesischer Hand. Man zeigte nur selten so viel Erbarmen, daß man sich mit hundert Peitschenhieben begnügte.

Zwischen der Stadtmauer und dem Fluß befand sich das Gebiet, in dem die Chinesen mit den Europäern Geschäfte machen durften. Dort hatten die verschiedenen Handelsnationen Häuser gemietet oder gebaut, die man Faktoreien nannte. Dort wohnten die Offiziere und Ladungsaufseher während der Monate in China, und dort wurden auch die Waren gelagert, die eingekauft worden waren und später an Bord genommen werden sollten.

Die Faktorei der Schwedischen Ostindischen Compagnie lag direkt am Flußufer. Man konnte vom Sampan aus auf die Straße gelangen, mußte dann aber um das Haus herumgehen, um den Eingang zu erreichen. Das Haus war zweistöckig und hatte das typisch chinesische Pagodendach. An Fahnenstangen waren sowohl die schwedische Fahne als auch die Flagge der Compagnie hochgezogen.

Lars folgte den anderen durch ein kleines Tor, das von ein paar kleinen Buden mit Luken flankiert war, und nachdem er eine hölzerne Planke passiert hatte, betrat er einen offenen Hof. Es war ein schönes und gutgebautes Haus mit großen Sälen, offenen wie überbauten Innenhöfen mit beschnittenen Obstbäumen, mit Kammern, Vorratsräumen und Wachräumen und sogar einer kleinen Kapelle mit einem Altargemälde und einem vergoldeten Gemälde von Jesus am Kreuz.

Auf der Flußseite war der obere Teil des Hauses Speisesaal, darunter befanden sich die Küche und der Wachraum der Matrosen. In der Küche empfing Lars Offizierskoch Norrblom. Sein rundes Gesicht leuchtete wie nie zuvor.

»Hier kann ich vielleicht Leckereien zubereiten! Leckereien, mein Junge, und an Sparsamkeit brauche ich nie zu denken. Du bekommst die gleichen guten Sachen wie die anderen, denn hier gibt es keine verschiedenen Küchen. Fabelhaft, nicht wahr? Herrschaftliches Essen für Schiffsjungen und Offiziersköche. Wasch dich und schneide dir die Fingernägel, dann kannst du den Herren servieren. Es ist gleich Zeit zum Essen.«

Kurze Zeit später balancierte Lars das Silbertablett mit den Speisen zum ersten Mal in den Speisesaal der Faktorei. Am Tisch saßen die Befehlspersonen, die er so gut kannte. Neu für Lars war ein Mann in den Fünfzigern, der auf dem vornehmsten Stuhl saß. Es war deutlich zu sehen, daß er in der Faktorei am meisten zu sagen hatte. Er war füllig und sah kalt und geschäftsmäßig aus, bis er lächelte. Da platzte das ganze Gesicht auf und wurde zu einem Netz fröhlicher Falten, und die Augen blitzten wie bei einem jungen Mann. Tallman fuhr zusammen und schnitt eine Grimasse.

»Gott im Himmel! Ist es wirklich notwendig gewesen, diesen Unglücksraben mit hierher zu schleifen?«

»Daß es dich überhaupt noch gibt, hast du Lasse Norell zu

verdanken«, sagte Oberfeldscher Gunning und winkte Lars einen Willkommensgruß zu.

»Einem Taugenichts danke ich für gar nichts«, brummelte Tallman. Der Mann mit den Lachfalten sah Lars prüfend an und zog an der Unterlippe. Im Gegensatz zu den anderen trank er Tee zum Essen.

»Soso? Du bist der geistesgegenwärtige und mutige Lasse Norell? Na ja, ein Hüne bist du ja nicht gerade, aber das muß nichts heißen. Du wächst schon noch heran. Wie alt bist du, vierzehn Jahre?«

»Ich bin gerade fünfzehn geworden.«

»Bruder Callander hier behauptet, daß du gar nicht so dumm bist, wie Bruder Tallman sagt. Und Norrblom faselt davon, du hättest eine gute Nase. Was meinst du dazu?«

Lars wußte nicht, was er sagen sollte. Seine Verlegenheit ließ Tallman verächtlich auflachen.

»Jaja, der ist doch nicht dumm, wie komme ich nur darauf? Einen dümmeren Taugenichts gibt es nicht.«

Der Mann zog noch mehr an der Unterlippe.

»Wie du siehst, trinke ich Tee. Glaubst du, du könntest herausfinden, welche Sorte es ist?«

»Es ist ein Tee, der Padre Souchong heißt«, erwiderte Lars ohne zu zögern.

Der Mann warf den anderen einen verblüfften Seitenblick zu.

»Wie konntest du das so schnell sagen? Du hast ja nicht einmal daran gerochen?«

»Ich habe den Geruch von der Tasse bis hierher gespürt.«

»Hör mal, mein Junge, Lasse . . . Ich frage mich, ob ich dich nicht mal ein bißchen auf die Probe stellen soll. Übrigens heiße ich Peter Gehlin. Ich bin Erster Ladungsaufseher und der Vertreter der Compagnie für den Handel mit China. Ich wohne schon fünf Jahre hier und werde noch genauso lange hierbleiben.«

»Das hoffen wir alle«, flocht Callander ein. »Du bist für uns von großem Nutzen gewesen.«

Gehlin stand auf und ging zu einem Schrank mit vielen Fächern und Regalen. Er wählte unter verschiedenen Zinndosen ohne Etikett, nahm schließlich eine in die Hand, öffnete den Deckel und sah hinein, ohne Lars den Inhalt zu zeigen. Nach einem kurzen Augenblick verschloß er den Deckel wieder.

»Soso, dann wollen wir mal sehen, wozu du taugst. Ich mache gleich den Deckel auf, und dann kannst du das Aroma einatmen. Und wenn du herausfindest, was ich in der Dose habe, bist du wahrhaftig geschickt. Bist du bereit? Du wirst fünfzehn Sekunden Zeit haben.«

»Das ist nicht nötig«, erwiderte Lars.

»Was zum Teufel willst du damit sagen? Ist nicht nötig? Was plapperst du da? Willst du die Probe etwa nicht bestehen? Wirst du unverschämt?«

Tallman rülpste und zog die Oberlippe hoch.

»Werft diesen tölpelhaften Unglücksraben raus. Der weiß ja nicht, wie man sich unter Menschen in möblierten Zimmern benimmt.«

Sogar Callander runzelte die Stirn und sagte unerwartet schroff:

»Herr Gehlin ist freundlich zu dir. Es schickt sich nicht, daß du seine und meine Freundlichkeit so dankst. Habe ich mich so in dir geirrt?«

Lars schüttelte den Kopf und sagte hastig: »Es war wirklich nicht meine Absicht, unverschämt zu sein. Es ist nur so, daß ich den Duft schon beim ersten Mal spürte, als Herr Gehlin den Deckel öffnete.«

Gehlins Kinn klappte herunter, und er riß die Augen auf.

»Du willst doch nicht etwa sagen, daß du die Sorte schon nennen kannst, nur weil ich kurz den Deckel gehoben habe? Wenn das so ist... dann laß uns mal hören.«

Lars sammelte sich. Er war ja eben noch so sicher gewesen. Vielleicht machte er sich lächerlich, wenn er behauptete, so schnell antworten zu können! Andererseits war er sich ja sicher. Er räusperte sich.

»Nun, du Taugenichts? Wir warten«, sagte Tallman gedehnt. »Oder hast du wieder die Maulsperre, du Dummkopf?«

»Es ist kein reiner Tee«, erwiderte Lars langsam.

»Was meinst du damit, nicht rein?« fragte Gehlin schnell.

»Es ist nicht nur eine Sorte. Es ist eine Mischung zwei verschiedener Sorten. Die eine muß ein Singlo sein, und die zweite ... die zweite Sorte ist wohl Hüsan.«

»Wohl? Muß sein? Hast du irgendwelche Zweifel?«

Lars schüttelte den Kopf.

»Nein. Es sind Singlo und Hüsan.«

Gehlin setzte sich und starrte Lars sprachlos an. Callander und Gunning lächelten einander zu und nickten. Die anderen am Tisch mit Ausnahme Tallmans waren verwundert.

»Potztausend, das nenne ich gut geantwortet!« rief Gehlin aus. »Morgen früh ... nein, noch heute, etwas später, werde ich noch eine richtige Probe mit dir veranstalten. Bisher habe ich es für ein Spiel gehalten, aber es kann ernst werden. Kennst du dich auch mit Seide und Porzellan aus?«

»Ich habe in Herrn Callanders Kabine etwas darüber gelesen.«

»Sehr gut. Du kannst jetzt gehen. Ich werde dich in ein paar Stunden holen lassen.«

Lars verneigte sich und ging in die Küche. Er begriff noch immer nicht, warum die Männer so beeindruckt waren. Teesorten zu unterscheiden, das mußte doch jeder können, der es gelernt hatte. Callander kam gleich nach ihm heraus und strich Lars mit der Hand übers Haar, ohne ein Wort zu sagen.

»Nimm dir ein bißchen frei. Geh raus und sieh dir das Leben in den Straßen an. Es ist nicht schwer, wieder herzufinden. Die Flaggen sind überall zu sehen.«

Das Herz pochte Lars schneller in der Brust, als er die Faktorei verließ und auf die Straße trat. Er sah in alle Richtungen. Wo sollte er anfangen?

Er schlenderte zum Wasser hinunter, wo die meisten Häuser verfallen waren und auf verfaulenden Pfählen im Wasser standen. Trotzdem wohnten dort Menschen. Die Sampans drängten sich im Wasser. Die Leute schrien sich an, aber von einigen Sampans waren auch Gesang und die zarten Töne eines Saiteninstruments zu hören.

Er ging an der Stadtmauer entlang in die andere Richtung, bis er zu den Straßen der Handwerker kam. Was für ein Leben auf den Straßen! Wie viele Menschen! Das Gehen fiel ihm leicht, weil der Boden mit viereckigen Steinen belegt war, und alles war sauber und aufgeräumt, da die Kulis, wie man in China die Arbeiter der geringsten Klasse nannte, die Straßen fegten und allen Abfall aufhoben. Die meisten Häuser waren einstöckig und aus getrocknetem Lehm oder Stein gebaut. Über die kleinen Höfe hatte man Bambusmatten zum Schutz vor der Sonne gespannt.

Die Handwerker hatten offene Buden, und im Laden selbst und davor stapelten sich die Waren: Porzellan, farbenfrohe Hüte, Stroharbeiten, chinesische Kleider, Seidenschals, Baumwollstoffe, Lackarbeiten, Stöcke, Elfenbeinschnitzereien, Stickereien ... Lars wurde ganz wirr im Kopf von all diesen Dingen. Er wurde immerzu hin und her geschoben, doch es geschah nicht in unfreundlicher Absicht.

Da waren Gaukler, die ihr Publikum um sich versammelten: Feuerschlucker, Akrobaten und Jongleure. Sie waren so geschickt, daß Lars Beifall klatschte. Er tat es als einziger. Die Chinesen sahen ihn an und lachten. Wahrsager sagten ihren Kunden die Zukunft voraus, alte Männer saßen auf einer Kiste und ließen sich die Nägel feilen, und mitten auf der Straße hatten Barbiere ihre Stände aufgeschlagen. Die Leute standen an, um sich die Haare schneiden zu lassen. Die Luft hing voller Düfte.

Der Wohlgeruch von Gewürzen mischte sich mit fauligem Gestank – hier gab es alles. Lars begegnete mehreren jungen Männern, von denen einige in seinem Alter waren, mit Tieren. Sie trugen lebende Frösche oder hielten fauchende Ratten an den Schwänzen oder am Ende eines Stocks festgebunden, und da sie die Tiere zu verkaufen versuchten, vermutete Lars, daß in China Frösche und Ratten gegessen wurden. Ihm kam es scheußlich vor, aber wenn es den Chinesen schmeckte, war es ihre Sache.

Das Gedränge wurde noch schlimmer, als er sich den Buden näherte, in denen Lebensmittel verkauft wurden. Kräftige junge Männer liefen mit Körben über die Straße, die sie auf einer Stange über der Schulter balancierten, und in den Körben sah Lars Obst und Gemüse. Das Fleisch hatte sich in der Hitze schon verfärbt und roch schlecht, fand aber trotzdem Käufer. Der Fisch hingegen machte einen frischen Eindruck und war vermutlich am selben Tag im Fluß gefangen worden.

Das nenne ich Leben, dachte Lars. Davon kann man bestimmt nie genug bekommen. Das hier ist etwas anderes als Göteborg, wo alles im Vergleich mit hier im Schneckentempo zu gehen scheint. Er mochte die Chinesen schon jetzt. Sie lächelten und verbeugten sich, wenn sie miteinander sprachen, und ihre Blicke waren voller Wärme. Außerdem fand Lars ganz und gar nicht, daß sie Schlitzaugen hatten, wie Isac gefaselt hatte. Die Augen waren etwas anders geformt, aber für besonders schräg hielt er sie nicht. Sogar die Bettler hatten eine natürliche Würde, wie sie mit ausgestreckter Hand dasaßen und schweigend auf ein Almosen hofften.

Fast hätte Lars über all den Eindrücken die Zeit vergessen. Er eilte an der Stadtmauer entlang zurück. Sie war hoch, und auf der

Mauerkrone sah er runde Vorbauten, in denen die Wachen die Tore im Auge behielten. An den Öffnungen waren bewaffnete Wachen postiert, die jeden sorgfältig musterten, der hinein- oder hinausging, ohne jedoch aufdringlich zu sein.

In der Faktorei sagte Norrblom, Gehlin wolle Lars sprechen, und dieser solle sich beeilen, um bei so feinen Herren nicht zu spät zu kommen. Lars eilte in den Speisesaal hinauf und entschuldigte sich atemlos für sein Zuspätkommen, aber Gehlin tat es mit einer Handbewegung ab. Er war mit Callander allein im Saal. Gehlin war sehr ernst.

»Bist du bereit, dich verschiedenen Proben zu stellen? Aus Gründen, die ich dir später vielleicht erklären werde, möchte ich erfahren, wie umfangreich deine Kenntnisse sind. Es kann sein, daß du heute vormittag nur Glück gehabt hast.«

Lars verbeugte sich und sagte ja. Auf dem Tisch standen zehn Zinndosen gleicher Größe und gleichen Aussehens.

»Ich lasse dir die Augen verbinden, und dann sollst du sagen, was die Dosen enthalten, wenn ich den Deckel abnehme. Einige Dosen enthalten reine Teesorten und andere Mischungen. Bruder Callander, befestige die Binde.«

Callander wickelte Lars etwas Schwarzes um den Kopf. Lars schluckte. Einen Augenblick lang wünschte er, wieder an Bord der *Svea Wapen* zu sein. Was hatte er in so feiner Gesellschaft zu suchen?

»Bist du bereit?«

»Ja, Herr Gehlin.«

»Dann fange ich an. Was ist dies?«

Lars hörte, wie der Deckel geöffnet wurde, und sofort stieg ihm ein gesättigtes, schweres, süßes Aroma in die Nase.

»Congo.«

»Ist es keine Mischung?«

»Nein. Nur die Sorte Congo.«

»Weißt du übrigens, wie die Teeblätter von Congo aussehen?«
»Sie haben schwarze Punkte und sind ein wenig behaart.«
»Richtig. Und was ist das hier?«
»Auch Congo, aber mit Pekoe darin. Überwiegend Pekoe.«
»Wie sehr ›überwiegend‹?«
Lars begann zu schwitzen. Gehlin fragte schnell und scharf, und Lars mußte versuchen, ebenso schnell zu antworten.
»Ein Drittel Congo und zwei Drittel Pekoe.«
»Aha. Und das hier? Welche Sorte oder Sorten?«
Ein guter Duft, aber mehr nicht.
»Bohé.«
»Ausschließlich?«
»Ja, aber kein besonders guter Bohé. Es ist wahrscheinlich ein Bohé, der keine lilafarbenen, sondern schwarze Blätter hat.«
»Mmh. Und was sagst du zu dem hier?«
Versuchte Gehlin ihn hereinzulegen?
»Es ist dieselbe Sorte wie eben. Congo mit Pekoe.«
»Ist es die gleiche Mischung?«
»Ja. Sie stammt aus derselben Dose.«
Er hörte ein unterdrücktes Lachen. Das mußte Callander sein. Gehlins Stimme hörte sich unverändert schnell und scharf an.
»Und was kann das hier sein?«
Ein trockener Duft, der um so süßer wurde, je mehr man ihn einatmete.
»Kaisertee.«
»Ist es ein guter Tee?«
»Der hier ist gut. Es gibt keine schwarzen Flecken an den Blättern, wenn man sie zerkaut. Die Blätter bleiben grün.«
»Jetzt bekommst du eine schwere Aufgabe. Was meinst du, was das hier ist?«
Lars füllte die Lungen und überlegte. War es eine Falle?
»Congo.«

»Ich dachte, es wäre ein Pekoe. Das behauptet jedenfalls der Verkäufer.«

»Es ist ein Congo, aber man hat Linksiam daruntergemischt, damit er duftet wie Pekoe.«

»Dann wird es wohl so sein. Nun, aber die nächste Sorte? Überlege genau.«

Der Deckel wurde abgenommen.

»Drei Sorten in dieser Mischung. Souchong, Hüsan und Chulan.«

»Zu gleichen Teilen?«

»Die Hälfte ist Souchong. Von den beiden anderen je ein Viertel.«

»Hier ist etwas völlig anderes. Was?«

»Es ist ein Tonkay, aber der ist alt geworden. Er ist zu trocken.«

Callander lachte erneut, aber Gehlin machte weiter.

»Und der hier? Kennst du den auch?«

»Hüsan. Aber etwas Singlo dabei. Aber sehr wenig.«

»Was für ein Hüsan?«

»Die Sorte mit den kleinen Blättern. Der Tee, den die Chinesen Gove-Tee nennen.«

»Noch zwei Dosen. Der hier?«

»Das ist ein Pekoe Souchong.«

»Wie kannst du da so sicher sein?«

»Ein Pekoe, der wie ein halber Souchong duftet, wird ein Pekoe Souchong.«

»Was du nicht sagst. So, jetzt mache ich den letzten Deckel auf. Na?«

Viele verschiedene Düfte entströmten der Dose, und Lars versuchte, die Aromen im Gehirn zu ordnen.

»Es ist eine Mischung aus ... Padre Souchong ... und Tonkay und ... und Bohé und ... Hüsan ... und dann ist noch etwas Linksiam dabei ... und Singlo ... und ganz wenig Chulan.«

»Gar kein Pekoe?«
»Nein. Kein Pekoe.«
»Warte mal. Ich mache eine elfte Probe. Was ist dies für eine Teesorte?«
Lars atmete ein. Tee? Falls es überhaupt einer war, war er sehr schlecht. Konnte es ein Tee sein, der durch Feuer zerstört worden war? Plötzlich fand er die Lösung.
»Es ist gar kein Tee«, erwiderte er.
»Nein? Was ist es dann?«
»Schnupftabak!«
Callander lachte laut auf und nahm Lars die Binde ab. Er lachte so, daß er sich auf die Schenkel schlagen mußte. Gehlin starrte Lars an und schüttelte den Kopf, als traute er seinen Augen nicht.
»So etwas habe ich noch nie erlebt! Drei oder vier richtige Antworten gelten als sehr gut. Und fünf? Ich kenne keinen Menschen, der fünf Sorten auseinanderhalten kann. Und dann kommst du daher, du kleine Krabbe, und hast zehn richtige. Dazu mit dem richtigen Mischungsverhältnis und allem, was dazugehört. Wenn ich das Teeleuten erzähle, werden sie mich für einen Lügner halten.«
Er schüttelte den Kopf und stellte die Dosen wieder in den Schrank.
»Komm mal her, Junge. Wir wollen uns Porzellan ansehen.«
Lars folgte ihm zu einem großen Schrank. Als Gehlin die Türen aufmachte, sah Lars Porzellan in Reihen auf den Regalen stehen. Davor waren schmale Riegel angebracht, damit die kostbaren Stücke nicht herausfielen. Es waren Teller, Schalen, Schokoladenschälchen, Platten in verschiedenen Ausführungen und mit unterschiedlichen Dekors. Die meisten waren blauweiß. Gehlin reichte ihm einen Teller.
»Was für eine Sorte ist das?«
Das war eine leichte Frage, und Lars antwortete ohne zu zögern:

»Die feinste Sorte, hartes Porzellan.«
»Und diese Platte?«
»Die grobe Sorte aus Ton.«
»Haben die Chinesen Namen dafür?«
»Die feine Sorte heißt *hua* und die grobe *ni*.«
»Bei Porzellan ist es wichtig zu wissen, ob es verborgene Sprünge enthält. Der Verkäufer braucht nicht unbedingt den Wunsch zu haben, den Käufer hereinzulegen, aber das Porzellan kann trotzdem zweite Wahl sein. Ich stelle jetzt sieben Stücke auf den Tisch da hinten. Untersuch sie und sag mir, welche von ihnen verborgene Sprünge im Scherben haben.«

Gehlin hob die Teller und Platten vorsichtig hoch, trug sie zum Tisch und stellte sie dort ab. Dann gab er Lars ein Zeichen, er solle anfangen. Lars untersuchte sie zunächst, einen nach dem anderen. Es waren keine Sprünge zu sehen, und an den Rändern war nichts abgesplittert. Er schnippte mit den Fingernägeln dagegen und lauschte dem Laut, der dabei entstand. Er dachte daran, wie oft er dies in Callanders Kabine getan hatte. Wie er die in den Büchern genannten Kontrollmethoden am Inhalt der Kisten ausprobiert hatte. Aber hier stimmte etwas nicht. Der Laut war anders. Irgendwie klangloser. Er wiederholte den Vorgang und ließ die Fingernägel auf der glasierten Oberfläche trommeln. Schließlich sah er Gehlin hilflos an.

»Ich finde, alle Teller haben innere Sprünge.«

Gehlin sah Callander an und sagte dann leise: »So ist es. Alle haben Sprünge im Scherben. Wenn ich diese Partie hätte verpacken lassen, wäre das Schiff mit einem Scherbenhaufen auf dem Banjerdeck in Göteborg angekommen. Jesus Maria, dein Tastsinn ist auch makellos! Jetzt laß uns noch die Seide ansehen, dann haben wir den wertvollen Teil der Ladung geprüft.«

Er führte Lars zur anderen Seite des Raums, und Callander folgte als amüsierter Beobachter. Dort stand ein freistehender hoher

Schrank, und als Gehlin ihn öffnete, sah Lars, daß er mit schimmernden Seidenstoffen gefüllt war.

»Seide ist eine Wissenschaft für sich. Du brauchst nur zwei Proben zu begutachten. Ist das hier gute oder schlechte Seide?«

Er gab Lars ein Stück dünnen Stoff mit eingewebten Gold- und Silberfäden. Lars ließ die Hand über den Stoff gleiten.

»Ein schlechter Seidenstoff.«

»Warum?«

»Weil die Silber- und Goldfäden aus geschnittenem Papier sind. Das hält nicht.«

Gehlin legte den Stoff zurück und gab ihm einen anderen, einen dicken Stoff in tiefem Rot.

»Und dieser Stoff? Was sagst du zu dem?«

Lars befühlte die Seide. Es war guter Stoff, weich und geschmeidig, aber wie stand es mit der Farbe? Er erinnerte sich an das, was er in den Büchern gelesen hatte, und an die Proben, die er selbst gemacht hatte. Er biß fest in den Stoff, zog ihn dann ein wenig zwischen den Zähnen hin und her und betrachtete dann aufmerksam den Fleck.

»Der Stoff ist gut, aber die Farbe ist gefälscht.«

»Woran um Himmels willen kannst du das erkennen?«

»In den Büchern stand, daß die karmesinrote Farbe gern gefälscht wird, weil sie am teuersten ist. Man kann es sehen, wenn man Zitronensaft mit Kalk mischt und ein paar Tropfen auf den Stoff fallen läßt. Wenn die Farbe sich verändert, handelt es sich um eine Fälschung. Ich habe aber auch andere Methoden ausprobiert und habe gesehen, daß es genausogut geht, wenn man den Stoff zwischen den Zähnen hin und her zieht. Die falsche Farbe bleibt dann sozusagen kleben.«

Gehlin nickte und seufzte. Lars begriff nicht, was der Seufzer sollte. Callander gab ihm mit der geballten Faust einen freundschaftlichen Klaps auf die Brust und schien sehr zufrieden zu sein.

»Komm her und setz dich, Junge. Ich möchte dir ein Angebot machen«, sagte Gehlin. »Möchtest du etwas trinken?«

»Gibt es Dünnbier?«

»Ja, aber möchtest du nicht lieber Wein?«

»Danke, ich möchte lieber Dünnbier.«

Die drei setzten sich an den Eßtisch, und Gehlin läutete mit der Tischglocke. Der spröde Klang bewirkte, daß die Tür aufging und Norrblom eintrat.

»Ich war der Meinung, ich könnte die Herren heute abend selbst bedienen«, sagte er. »Wenn es Euch recht ist.«

»Wein für Callander und mich und Dünnbier für Lasse Norell. Dann möchten wir nicht mehr gestört werden. Wir haben wichtige Dinge zu besprechen.«

Während der Koch die Getränke holte, sagte Gehlin und betonte dabei jede Silbe: »Ich werde gleich zur Sache kommen. Man findet nicht oft einen Menschen, der das Zeug zu einem erstklassigen Ladungsaufseher hat. In Wahrheit kommt es so selten vor, daß immer dann, wenn es passiert, zwei Sonnen am Himmel stehen. Ich dürfte bei unserer ganzen lieben Ostindischen Compagnie derjenige sein, der die größte Erfahrung mit Handel und Einkauf hat, und ich sage ehrlich, daß du der größte Ladungsaufseher und Handelsagent werden kannst, den die Compagnie je besessen hat, wenn du in Zukunft hältst, was du schon jetzt versprichst.«

Norrblom kam zurück und schenkte ein. Lars war überwältigt. Taugte er tatsächlich zu etwas? Gab es wirklich einen Platz, an dem er sich nützlich machen konnte? Mußte er nicht für immer der Prügelknabe anderer sein?

Der Koch ging wieder, und Gehlin fuhr fort: »Wir hatten geplant, daß Gabriel Stocke zusammen mit mir hier in China bleibt. Jetzt ist er gestorben, und wir betrauern ihn. Nun ist es so, daß man zu zweit arbeiten sollte, wenn alles gut erledigt werden soll. Es gibt viel zu tun, und man muß unerhört aufmerksam sein, denn es stehen ungeheure Werte auf dem Spiel. Auf dein Wohl, Lasse Norell!«

Auch Callander hob sein Weinglas und sagte: »Ich bin froh, derjenige zu sein, der deine Begabung hervorlocken konnte.«

Lars hob sein Glas mit Dünnbier vorsichtig und abwartend, wie es sich für einen Schiffsjungen schickte, und nippte an dem Dünnbier. Es war kalt, süß und gut.

»Weißt du, wieviel Tee die *Svea Wapen* laden soll? Fast eine halbe Million Kilo. Dazu ist allerdings nötig, daß wir die richtigen Sorten zu den richtigen Preisen gekauft haben, denn sonst gibt es in Schweden viele Arbeitslose. Und wir müssen das gesamte Banjerdeck mit dem ostindischen Porzellan füllen, und das muß bei der Ankunft unversehrt und von bester Qualität sein. Ganze Ballen von Seide müssen wir auch laden, und damit der Stoff in Schweden verkäuflich wird, muß er von guter Qualität sein. Die gesamte Verantwortung ruht auf dem Ladungsaufseher in China. Auf mir. Verstehst du?«

»Ja, Herr Gehlin.«

»Viele verachten die Chinesen und nennen sie Plattnasen und Gelbe und Knirpse und belegen sie mit anderen dummen Bezeichnungen. Ich will dir ein wenig von den Chinesen erzählen. Es ist ein großartiges Volk mit Eigenschaften, die den Schweden gut zu Gesicht stehen würden. Weißt du, warum sie die Europäer bei Geschäften hereinzulegen versuchen? Weil wir in ihren Augen nicht mehr wert sind als das hier.«

Er schnippte mit den Fingern.

»Sie sind der Meinung, uns unendlich überlegen zu sein. Sie nennen uns Langnasen oder fremde Teufel und wollen im Grunde nichts von uns wissen. In vielen Fällen haben sie recht damit. Wir sind in ihre gut durchorganisierte Gesellschaft hineingetrampelt und haben nur versucht, ihnen Geld abzunehmen. Aber wir haben allmählich begonnen, unsere Lektion zu lernen. Wer ihre Größe anerkennt, kann sich sehr gut mit ihnen stellen. Es ist schwer, sich mit einem Chinesen anzufreunden, aber ich habe zu etlichen hochgestellten Beamten zumindest freundschaftliche Verbindungen. Ich biete dir an, Lasse Norell, mein persönlicher Assistent in China zu werden. Noch bist du zu jung, um Ladungsaufseher zu werden, aber als mein Assistent hast du trotzdem alle Vergünstigungen. Du erhältst einen Anteil an dem Gewinn jeder Ladung. Zwar nicht so viel, wie du später bekommst, wenn du volljährig bist und ein richtiger Ladungsaufseher wirst, aber du wirst bei deiner Rückkehr trotzdem viel Geld auf deinem Konto in Schweden haben.«

Er hielt die Hand hoch, als er sah, daß Lars etwas sagen wollte.

»Du sollst jetzt noch nicht antworten. Erst morgen früh. Dieses Angebot will sorgfältig bedacht sein. Natürlich sehe ich ein, daß ein Junge wie du vielleicht lieber zur See fahren und die Abenteuer auf einem großen Schiff erleben will. Mir ist natürlich auch klar, daß es in Göteborg und Schweden viele Dinge gibt, die dir verlockend und anziehend vorkommen. Aber mit mir kannst du andere Abenteuer erleben. Ich habe die Genehmigung, in China in Geschäften zu reisen, und mit mir kannst du Dinge sehen, von denen nicht viele Schweden sich rühmen können, sie gesehen zu haben. In China kannst du bei mir dein Glück machen. Wenn du ja sagst, kannst du bei mir und meiner Familie in unserem Haus in Macao wohnen, wenn in Kanton nicht gerade Saison ist oder wir in China auf Reisen sind. Außerdem habe ich Pläne, den Handel mit Indien ernsthaft wiederzubeleben. Als Beamter der Compagnie wirst du auf Abenteuer nicht verzichten müssen. Es würde mich sehr freuen, wenn deine Antwort ja ist, aber du sollst wie gesagt erst morgen früh Bescheid sagen. Dann sehen wir uns also hier?«

Lars verbeugte sich, und es gelang ihm, ein Ja herauszubekommen. Gehlin reichte ihm die Hand.

»Dann gute Nacht, Lasse Norell. Ich bin befugt, eine Vollmacht für dich auszustellen, die an die Reederei geht. Sobald ich das Papier unterzeichnet habe, bist du ein wichtiger Beamter der Compagnie.«

»Wenn es so kommt, wird es mir ein großes Vergnügen sein, diese Vollmacht in Göteborg zu übergeben«, sagte Callander mit einem feinen Lächeln.

Lars ergriff Gehlins Hand. Er war so überwältigt, daß sich vor seinen Augen alles drehte. Träumte er? War er im Himmel? Konnte all das wahr sein? Mußte er wirklich bis morgen warten, bevor er ja sagen durfte?

»Herr Gehlin, ich . . .«

Die Tür wurde aufgerissen, und der Vierte Steuermann Agger stürzte herein. Sein Gesicht war gerötet, und er keuchte, als hätte er sehr weit laufen müssen.

»Schreckliche Dinge sind passiert! Einer unserer Männer ist in der Verbotenen Stadt gefangen. Man wird ihn hinrichten.«

Gehlin und Callander starrten den Steuermann an. Agger schlug sich verzweifelt vor die Stirn.

»Dieser verdammte Idiot!«

»Wer ist es?« fragte Gehlin scharf.

»Er ist Quartiermeister an Bord. Er heißt Nygren.«

16

Norrblom erzählte, was geschehen war. Sie saßen in der Küche und aßen. Der Offizierskoch war genauso empört wie Steuermann Agger.

»Das kann sich auf die Verbindungen der ganzen Compagnie mit den chinesischen Behörden auswirken. Alles Übel trifft letztlich die Reederei. Dieser elende Dummkopf! Ich hätte Lust, ihn eigenhändig zu häuten.«

»Warum hat er versucht, heimlich nach Kanton zu kommen?« fragte Lars.

»Als er von den Wachposten ergriffen wurde, hatte er im Rock zwei Säcke Opium versteckt. Dieser Ochse glaubte, sich unter dem Stroh eines Karrens versteckt halten zu können, den ein Bauer in die Verbotene Stadt fuhr, aber hier haben die Wachen tausend Augen. Opium! Es ist verboten, auch nur ein Gramm davon nach China zu schmuggeln. Gäbe es so etwas wie eine doppelte Todesstrafe, hätte man ihn dazu verurteilt.«

Lars hatte noch nie etwas von Opium gehört, und Norrblom erklärte: »Es ist eine Art Gift. Es bewirkt, daß die Leute schlaff und träge werden und nur herumsitzen und faulenzen. Die Menschen werden ganz einfach zerstört. Wenn man das Opium einmal probiert hat, kann man nicht mehr ohne sein. Kein Wunder, daß die Behörden ihrem Volk diesen Dreck vorenthalten wollen. Nygren hatte wohl einen Verbindungsmann in der Stadt, von dem er Geld bekommen sollte. Dieser verlauste Hund!«

Lars aß schweigend weiter. Das war es also, was Nygren ihn hatte an Bord schmuggeln lassen. Ein Gift!

»Merkwürdig ist nur, daß man das Opium, das man nach China bringt, nur in Indien kaufen kann, und dort sind wir nicht gewesen. Natürlich gibt es viele Schiffe, die von Indien aus Cadiz anlaufen und dort lange vor Anker liegen. Man kann dort also leicht ein Lager anlegen.«

Norrblom sah sich um und senkte die Stimme, als fürchtete er, unberufene Ohren könnten lauschen.

»Es wird behauptet, daß die Chinesen glauben, er hätte einen Helfer gehabt. Und jetzt wollen sie den Namen aus ihm herausbekommen. Das können sie. Nygren kann niemals widerstehen, wenn sie mit ihren Methoden loslegen. Pfui Spinne!«

Konnte man ihn als Helfer ansehen? In gewisser Hinsicht war Lars es ja gewesen. Aber die Chinesen konnten doch kaum ihn meinen? Gab es noch andere?

»Wo hält man ihn gefangen?« fragte er.

»Im neueren Teil Kantons gibt es ein Gefängnis, in dem gleichzeitig Hinrichtungen stattfinden. Innerhalb der doppelten Stadtmauer. Ich habe es einmal von einem Hügel aus durch ein Fernrohr gesehen. Das Haus hat zwei rote Balkons, das weiß ich noch. Der Herr erbarme sich, möge ich es nie aus der Nähe zu sehen bekommen!«

Es wurde Zeit, zu Bett zu gehen, und Lars sollte mit den Wachmatrosen ein Zimmer teilen. Er bekam ein paar Wolldecken und ein Kissen und legte sich auf den Fußboden. Zwei der Wachen schliefen, die anderen hielten draußen Wache.

In seinem Gehirn drehte sich alles. Er sollte eine angesehene Person bei der mächtigen Ostindischen Compagnie werden! Nicht mehr auf das schreckliche Meer müssen! Nicht mehr in das ebenso schreckliche Göteborg zurückkehren müssen, in dem die Leute nach ihm suchten, um ihn schwer zu bestrafen! Sobald der Morgen graute, würde er zu Herr Gehlin rennen und so laut ein Ja schreien, daß es im Zimmer widerhallte.

Aber diese Geschichte mit Nygren war etwas sehr Unangenehmes, was aufgeklärt werden mußte. Nygren konnte ihn als Mittäter nennen, und dann wäre es mit der Herrlichkeit zu Ende, ehe sie überhaupt angefangen hatte. Und dann war da noch diese andere Sache, die ihm immerzu im Hinterkopf herumgegangen war, seit er in Cadiz Nygren im Gasthaus gesehen hatte. Langsam wurde dieser Gedankenschleier deutlicher, war aber noch zu verschwommen, um Konturen zu erhalten. Er mußte versuchen, mit Nygren zu sprechen.

Was für ein Gedanke? Wie sollte er das anstellen? Es war vollkommen unmöglich. Sofern nicht ... Es war ja vollkommen verrückt, solche Überlegungen anzustellen. Trotzdem saß ihm der Gedanke wie ein Nagel im Schädel. Er brauchte ein Gespräch mit Nygren, um Klarheit in das zu bringen, was noch unklar war.

Die Wolldecke? Lars stand vorsichtig auf und hüllte sich in die Decke, so daß sie den größeren Teil des Gesichts verbarg. Die Decke sah kaum anders aus als die Umhänge, die mehrere der Bettler und der zerlumpten jungen Kerle getragen hatten. Neben einem der Matrosen lag ein Messer in seiner Scheide, und Lars nahm es an sich und steckte es in den Hosenbund. Vielleicht mußte er etwas abschneiden, um an Nygren heranzukommen. Es war immer gut, ein Messer bei sich zu haben.

Vor dem Eingang der Faktorei standen die Wachen. Sie würden sofort Gehlin Bescheid sagen, wenn sie Lars verschwinden sahen. Statt dessen tapste er zur Küche im Untergeschoß und hörte, wie die Offiziere über ihm im Speisesaal laut miteinander sprachen. Norrblom hatte sich schon schlafen gelegt, und die Küche war leer und verlassen. Eins der Küchenfenster lag auf der Flußseite. Lars konnte es öffnen, ohne daß die Scharniere quietschten.

Draußen glitten die Sampans vorbei. Lichter brannten, und auf dem Fluß herrschte jetzt am Abend das gleiche Gedränge wie am Tage. Lars hielt die zusammengerollte Decke mit einer Hand über den Kopf und schwang die Beine über das Fensterbrett. Er hielt sich mit der freien Hand daran fest und ließ sich dann ins Flußwasser fallen. Es war ein kurzer Fall. Lars tauchte nur so tief ein, daß er die Hand mit der Decke über Wasser halten konnte.

Er konnte nicht schwimmen, trat sich aber mit den Füßen zu den Pfählen im Wasser und zog sich ans Ufer hoch. Einige der Sampan-Passagiere hatten ihn gesehen, doch was kümmerte es die, was in den Faktoreien der Fremden vorging? Das Wasser war lauwarm und angenehm gewesen. Ohne sich abzutrocknen, hüllte sich Lars in die Decke und kauerte sich an der Stadtmauer hin.

Dann ging er los. Unweit der Tore hielt er inne und beobachtete die Lage. Es würde schwierig werden. Noch hatte man die Tore nicht für die Nacht geschlossen. Die Wachposten hatten Feuer angezündet, die so viel Licht gaben, daß es fast taghell war. Überdies hatten die Posten Fackeln, die jedem entgegengestreckt wurden, der die Stadt verlassen oder in sie hinein wollte. Ob er es wagen konnte, einfach drauflos zu laufen und zu rennen, was das Zeug hielt? Durfte er darauf hoffen, daß sie ihn vor lauter Überraschung laufen ließen? Nein, so einfach war es nicht.

Plötzlich entdeckte Lars eine große, räudige Ratte, die an einem weggeworfenen Essensrest nagte. Lars schlich sich an, setzte der Ratte blitzschnell den Fuß auf den Rücken, bückte sich, packte sie an der Schwanzspitze und hielt sie hoch.

Die Ratte schrie laut auf und schnappte mit ihren Nagezähnen nach ihm, aber Lars hatte in seinem Leben schon zu viele Ratten gesehen, um Angst zu haben. Er hielt das wild zappelnde Tier fest und rannte zum Stadttor. Als er die Öffnung passierte, hielt er das Tier vor sich, als wollte er es verkaufen. Die Wachen winkten ihn durch, ohne das geringste Interesse an ihm zu zeigen. Für sie war er nur einer der vielen Chinesenjungen, die etwas Geld verdienen wollten.

Als er in eine schmale Gasse gekommen war, ging Lars auf, was er getan hatte. Er hatte gegen sämtliche Regeln und Bestimmungen verstoßen und setzte sein Leben aufs Spiel. Weder Gehlin noch Callander würden ihre schützende Hand über ihn halten können, falls man ihn schnappte. Doch das war Lars jetzt gleichgültig. Im Lauf der letzten Stunden war etwas in ihm gewachsen. Es gab Menschen, die an ihn und seine Möglichkeiten glaubten. Er war kein totaler Versager. Er brauchte nicht ständig solche Angst zu haben.

Er befand sich in der Altstadt, in der überwiegend ältere Häuser standen. In der ursprünglichen Mauer waren auch Tore zu der neueren Stadt, aber dort waren keine Wachen postiert. Wahrscheinlich war es so, daß jeder, der es geschafft hatte, nach Kanton hineinzukommen, sich legal dort aufhielt und nicht mehr kontrolliert werden mußte.

Es waren nur wenige Menschen unterwegs. In Kanton standen meist Wohnbauten, und über die zahlreichen Kanäle führten schöne und schlanke Holzbrücken. Sobald Lars jemanden sah, hielt er seine wütende Ratte vor sich, doch zum Glück hatte an diesem Abend niemand Hunger auf Rattenfleisch.

Ein Haus mit zwei roten Balkons ... Wie sollte er bei dieser Dunkelheit die rote Farbe sehen können? Er strich auf Straßen und Gassen in der Neustadt umher und spähte an den Hausfassaden hoch. Weiter oben in der Stadt lagen Hügel mit schönen Villen. Dort wohnten vermutlich die Reichen, aber dort brauchte er nicht zu suchen. Die Reichen würden in ihrer unmittelbaren Nähe weder ein Gefängnis noch eine Hinrichtungsstätte dulden.

Da! Es mußte dieses gewaltige steinerne Gebäude sein. Es war das einzige Haus mit zwei Balkons, das er gesehen hatte. An der Fassade waren ein paar Fackeln befestigt, und so konnte Lars auch die rote Farbe erkennen. Vor dem Gefängnisbau befand sich ein Marktplatz mit einem Brunnen und einigen steinernen Säulen. Vielleicht wurden dort die Häftlinge festgebunden, die eine Prügelstrafe erwartete. Er hatte es bei seinem Vater schon so oft gesehen.

Vor der verschlossenen Holztür stand ein Wachposten, ein ungewöhnlich hochgewachsener Chinese mit breiten Schultern und schwellenden Armmuskeln. Er hatte ein Schwert gezogen und hielt es vor sich. Der Mann war jederzeit zum Kampf bereit. Ein bewaffneter Wachposten und eine verschlossene Tür. Gab es eine Möglichkeit, an dem Mann vorbeizukommen? Dieses Schwert da sah im Lichtschein der Fackeln schrecklich scharf aus.

Lars kam eine Idee. Geduckt schlich er sich um den Marktplatz und hielt sich dabei die ganze Zeit im Schatten. So kam er in die Nähe des Postens und versteckte sich hinter einem Baumstamm auf dem Platz. Dann wirbelte er die Ratte am Schwanz in der Luft herum und zielte auf den Wachposten. Die Ratte jaulte, doch der Posten drehte sich nicht um.

Lars ließ die Ratte durch die Luft fliegen. Sie landete am Hals des Wachpostens, klammerte sich daran fest und biß ihn in ihrer blinden Wut in die Wange. Der Posten schrie auf, ließ das Schwert fallen und packte die Ratte. Er versuchte, sich von ihr zu befreien, doch das Tier hielt sich fest. Der Wachmann hüpfte wie wild herum. Lars rannte an der Hauswand zum Tor, öffnete es, schlüpfte hindurch und machte das Tor sofort wieder zu.

Er verschnaufte und sah sich um. Ein gepflasterter Gang führte ins Gefängnis. Dann entdeckte er eine Steintreppe, die in den Keller führte. An den Wänden steckten Fackeln in eisernen Haltern. Sie warfen flackernde Schatten in dem düsteren Bau. Lars mußte sich schnell entscheiden. Hier konnte er nicht stehenbleiben. Er hörte vom Mittelgang her Schritte und rannte schnell die steile Treppe hinunter. Auch hier sah er in regelmäßigen Abständen Fackeln an den Wänden.

An manchen Stellen war die Treppe in kleinen Halbkreisen verbreitert. Dort wurde vermutlich das Essen der Gefangenen vor der Ausgabe aufbewahrt. Es lagen noch kleine Essensreste dort. Lars kam zu einem breiten steinernen Gang. Auf der einen Seite war eine Wand, auf der anderen fortlaufende Eisengitter. Auf der anderen Seite der Gitter sah Lars schlafende Gefangene; magere, zerlumpte Gestalten mit glattrasierten Köpfen.

Nygren saß allein in einer Zelle. Man hatte auch ihm den Schädel rasiert, was ihn noch schrecklicher aussehen ließ. Er war mit Seilen gefesselt, die ihm mehrmals um den Körper geschlungen waren, und am Fußgelenk hing eine Kette mit einer großen Eisenkugel. Seine schwarzen Augen waren offen, und er atmete kurz und keuchend.

»Herr Nygren!« flüsterte Lars.

Nygren fuhr zusammen und sah sich um. Er sah Lars zunächst nicht und schien zu glauben, sich verhört zu haben. Lars tappte zum Gitter und zog die Decke so weit zur Seite, daß Nygren ihn erkannte.

»Du!« rief der Quartiermeister heiser.

»Ja, Herr Nygren. Ich habe eine Frage, auf die ich eine Antwort haben muß.«

Nygrens Hände waren angeschwollen, weil die Handgelenke so hart gefesselt waren. Hände ... Plötzlich sah Lars die Szene in Cadiz wieder vor sich, und jetzt wußte er, was er schon damals hätte wissen müssen.

»Es spielt keine Rolle mehr«, murmelte er. »Jetzt habe ich hier nichts mehr verloren.«

Nygren begann zu weinen. Lars konnte sehen, daß er furchtbare Angst hatte.

»Sie werden bald kommen, um etwas aus mir herauszupressen. Die haben solche scheußlichen Sachen. Sie haben sie mir gezeigt.«

»Ihr werdet morgen hingerichtet werden, Herr Nygren«, erwiderte Lars.

Nygren nickte.

»Ich weiß. Das macht mir nichts aus. Ich bin ein Risiko eingegangen und habe verloren. Aber bis dahin ... Ich werde ihre Scheußlichkeiten nicht überstehen. Ich habe die Natur, Mann gegen Mann zu kämpfen, aber das hier wird mir zuviel. Lasse, hilf mir!«

»Wie denn?«

»Ich will mich töten, aber es geht nicht. Lieber nehme ich mir das Leben, als daß andere mich zu Tode quälen. Versuch die Seile zu lösen, dann kann ich mit dem Kopf gegen die Wand rennen.«

Lars überlegte fieberhaft. Trotz allem, was geschehen war, tat ihm der Quartiermeister leid. Nygrens Leben war ohnehin verloren. Er konnte seinem Schicksal nicht entfliehen. Und kein Mensch sollte sich unnötig quälen.

»Ich habe ein Messer bei mir«, flüsterte Lars. »Das könnt Ihr Euch ins Herz stoßen, Herr Nygren.«

Nygren nickte eifrig und drehte sich mit dem Rücken zum Gitter.

»Ja! Schneide das Seil durch. Gib mir das Messer. Ich sehne mich danach, mich umbringen zu können. So, wie es um mich steht, ist es das einzige, wonach ich mich sehnen kann.«

Lars sägte mit dem Messer die Seile durch. Es mußte vor kurzem geschliffen worden sein, denn die Fasern waren schnell durchschnitten. Doch da waren viele Seile, und das nahm einige Zeit in Anspruch. Nygren trieb ihn zur Eile an, denn er war voller Furcht, seine Quälgeister könnten jederzeit auftauchen. Sein Schrecken wirkte ansteckend. Nygren war nicht der einzige, der quälenden Verhören ausgesetzt werden würde, wenn jetzt die Wachen kamen. Nygren streckte Lars die Hände entgegen, und Lars schnitt drauflos, was das Zeug hielt, um Nygrens Handgelenke freizubekommen. Dann war es geschafft.

Nygren rieb sich die Handgelenke, um den Blutkreislauf in Gang zu bringen. Er wischte sich über den kahlen Schädel und erschauerte. Dann streckte er die Hand aus und sagte tonlos:

»Das Messer, Lasse!«

Lars reichte ihm die Waffe. Plötzlich begann Nygren sich aufzuführen, als wäre er verrückt geworden. Er brüllte aus vollem Hals und trat mit dem nicht angeketteten Fuß gegen das Gitter.

»Kommt her, dann werde ich euch in Streifen schneiden! Kommt ruhig her, dann bekommt ihr einen Schweden zu sehen, der nicht wie ein Hund mit eingeklemmtem Schwanz davonläuft. Kommt schon, ihr gelben Plattnasen!«

»Aber Herr Nygren . . .« rief Lars erschrocken aus.

»Ich nehme sie mit in den Tod!« brüllte Nygren.

Lars rannte zur Treppe zurück. Die anderen Gefangenen erwachten und starrten zu der Zelle, in der Nygren aus vollem Hals lärmte. Vom oberen Teil der Treppe her waren schnelle Schritte zu hören. Lars tauchte in einen der Halbkreise, zog sich die Decke über den Kopf und machte sich unsichtbar.

Die Chinesen schrien auch, und Nygren antwortete mit noch lauterem Gebrüll. Lars mußte kurz die Decke hochheben, um sich einen Überblick zu verschaffen. Da waren vier Wachposten, und alle hatten lange Schwerter. Einer der Männer war der Posten vom Tor. Aus seiner Wange strömte Blut. Einer hatte den Schlüssel zu dem großen Schloß und machte auf. Nygren stürzte heraus und hieb mit dem Messer wild um sich. Die Wachposten wichen aus. Nygren fiel hin, weil die Fußfessel ihn festhielt, und im nächsten Augenblick streckte ihn ein Schwerthieb nieder. Er war tot.

Lars wartete nicht länger. Die Wachposten waren noch mit Nygren beschäftigt. Lars eilte die Treppe hinauf und rannte in den Gang. Dort war niemand zu sehen. Sämtliche Wachposten waren zu den Kerkern hinuntergerannt. Das Tor stand halb offen, so daß Lars nur hinausrennen und mit den Schatten am Rand des Platzes verschmelzen mußte.

Doch inzwischen waren die sechzehn Tore in der Stadtmauer für die Nacht geschlossen worden. Er würde wohl oder übel bis zum nächsten Morgen warten müssen, bevor er den Versuch wagen konnte, aus der Stadt zu kommen. Er schlich auf den Gassen umher. Er war jetzt so gut wie allein. Nur hier und da begegnete ihm ein einsamer nächtlicher Wanderer, der heimwärts eilte.

Konnte er über die Mauer klettern? Unmöglich. Die Oberfläche war glatt und die Mauer hoch. Selbst wenn er es schaffte, hinaufzukommen, würde er sich auf der anderen Seite Arme und Beine brechen, wenn er hinuntersprang. Nein, er mußte warten, bis es wieder hell wurde und die Tore geöffnet wurden, auch wenn dies sein Risiko vergrößerte.

Aber ... die Kanäle? Das Wasser floß träge dahin, und das mußte bedeuten, daß sie in den Fluß mündeten. Und der Fluß war auf der anderen Seite der Mauer. Das Wasser mußte irgendwo durch die Mauer strömen.

Lars wählte aufs Geratewohl einen der Kanäle und lief zusammengekauert daran entlang. Er hörte, wie jemand etwas hinter ihm herrief, schlüpfte aber schnell um eine Biegung und versteckte sich unter einer Brücke. Wer immer gerufen hatte, betrieb die Suche jedenfalls nicht mit ganzer Kraft, denn nach kurzer Zeit hörte Lars, wie sich der Mann in die andere Richtung entfernte.

Lars trabte weiter. Die Decke flatterte wie ein schützender dunkler Umhang. Da war die Mauer. Als Lars nahe genug herangekommen war, konnte er sehen, daß der Kanal durch ein schmales Gewölbe strömte. Die Mauer begann erst kurz über der Wasserlinie. Lars stützte sich an dem mit Steinen befestigten Kanalufer ab und ließ sich in das warme Wasser hinuntergleiten. Die Stadtmauer war breit. Lars trat Wasser und schaffte es, mit dem Gesicht in der Nähe der Gewölbedecke zum anderen Ende der Mauer zu kommen.

Ein paarmal geriet er mit dem Kopf unter Wasser und wurde

sofort von Panik ergriffen. Er hatte das Gefühl zu ertrinken und schlürfte das schlammige Kanalwasser. An der Seitenwand des Gewölbes sah er kleine Steine, an denen er sich festhalten konnte. Er ließ sich von der Strömung weitertreiben, statt selbst zu strampeln.

Dann sah er Sterne und seufzte vor Erleichterung tief auf. Gleich würde er auf der anderen Seite und damit draußen sein. In Sicherheit. Der Gefahr entronnen. Dann rauf ans Ufer und zurück zur Faktorei!

Seine Hand stieß gegen Metall. Sein Körper blieb stecken.

Am anderen Ende des Gewölbes war ein engmaschiges Gitter befestigt, das tief ins Wasser hinunterreichte.

17

LARS KLAMMERTE SICH AM GITTER FEST und stöhnte vor Enttäuschung. So nahe und doch so weit weg! Durch das Gitter konnte er die Häuser sehen und die Lichter auf den Sampans. Was sollte er tun? Auch wenn die Kanalströmung nicht sehr stark war, hielt er es für unmöglich, wieder zurückzustrampeln.

Das Wasser schmeckte nach muffigem Schlamm. Schlamm? Wenn der Grund weich war, mußte es bedeuten, daß er unter dem weichen Schlamm unter dem Gitter hindurchkommen konnte. Sollte er einen Versuch wagen? Er spannte die Muskeln an und schüttelte das Gitter. Es rührte sich nicht von der Stelle, sondern blieb stabil in seinen Verankerungen. Es gab nur zwei Möglichkeiten, hier herauszukommen. Entweder zurück, um einen anderen Weg zu finden, oder er mußte sich wie eine Wasserratte unter dem Gitter hindurchgraben.

Wenn er es schaffte, war er jedenfalls auf der anderen Seite der Mauer. Dann brauchte er kein neues Risiko einzugehen. Wenn er es schaffte ... Das Gitter reichte vielleicht so tief hinunter, daß jeder Versuch zum Scheitern verurteilt war. Und wenn er steckenblieb ... Dann würde er in alle Ewigkeit an Gitterstäben aufgespießt dort unten liegen. Dort würde niemand nach ihm suchen.

Lars holte tief Luft. Dann atmete er langsam aus. Nein. Es gab keine andere Möglichkeit. Streng dich jetzt an, Lars. Du kannst mehr, als du glaubst. Das weißt du jetzt. Du bist kein dummer und feiger Mensch mehr.

Er holte nochmals tief Luft. Dann zog er sich an den Gitterstäben in die Tiefe und drehte den Körper, so daß er mit dem Kopf nach unten tauchte. Dort unten war alles schwarz. Das Gitter schien nie zu enden. Schon bald hatte er das Gefühl, als würden ihm die Lungen platzen. Der Kopf stieß gegen den schlammigen Boden, doch das Gitter ging noch tiefer. Die Finger spürten scharfe Spitzen wie an einer Gabel. Hinunter in den Schlamm, Lars! Hinunter und dann unter dem Gitter durch!

Luft, er brauchte Luft. Aber dort unten gab es keine Luft, nur Wasser und Morast und Schlamm und zähen Lehm. Lars trat aus Leibeskräften mit den Beinen, um Kraft zu haben, in den Schlamm zu kriechen. Stück um Stück preßte er sich nach unten. Die zähe, schmutzige Masse drang ihm in die Ohren. Lars bekam Schlamm in den Mund. Die Lungen wollten Luft haben.

Mit dem Kopf mußte er jetzt unter den Gitterspitzen sein. Der Rest seines Körpers strebte aber an die Oberfläche und wollte nicht folgen. Im Kopf pochte es. Rote Flammen tauchten vor seinem geistigen Auge auf, und die Lungen, die Lungen... Der Hals kam an eine Gitterspitze, die ihm sofort eine kleine Wunde aufritzte. Wie in einem Alptraum erinnerte er sich an die Haie. Gab es vielleicht auch in den Kanälen Haie? Sie waren ja sofort zur Stelle, wenn sie einen Tropfen Blut witterten. Oder vielleicht Krokodile, wie sie sie auf Java gehabt hatten und die er im Sund gesehen hatte?

Jetzt die Brust. Ganz sacht, ganz sacht in dem zähen Schlamm.

Es würde nie gehen. Am Ende würde doch das Schreckliche geschehen, das, was er gefürchtet hatte. Das Gitter würde ihn aufspießen, und er würde hängenbleiben. Sein toter Körper würde mit der Strömung hin und her schwanken, und bald würde er nur noch ein Skelett sein. Skelette hatte er mit seinem Vater schon viele gesehen. Menschen, die Vater getötet hatte und die liegengeblieben waren, bis nur noch die Knochen übrigblieben. Vater, der Scharfrichter war und den man haßte. War Vater auch in der Hölle Scharfrichter? Aber dort gab es natürlich noch schlimmere Henker.

Jetzt der Bauch.

Der Bauch unter dem Gitter. Der weiche Bauch und die harten Gitterspitzen. Mats war auch bei ihm. Und Anders in der Seilerei. Mutter, was hatte Mutter hier zu suchen? Sie lächelte. Sie war nicht betrunken und hatte schöne Augen. Dieser Bauer, der ihn in Kungälv so mit Fußtritten traktiert hatte, der Bauer mit seinem ewigen Geschrei, Lars sei »unrein«. Dann Vater, Vaters düsteres Gesicht, das immer näher und näher und näher kam. Er öffnete seinen schmallippigen Mund, und darin war nur Dunkelheit und noch mehr Dunkelheit, und jetzt würde er seinen Sohn verschlingen und ...

Lars war auf der anderen Seite des Gitters. Mit dem allerletzten Rest seiner erschöpften Kräfte zog er sich am Gitter an die Oberfläche hoch. Kurz bevor er sie erreichte, hielt er es nicht mehr aus. Er mußte atmen. Das Wasser strömte ihm in Kehle und Lungen, und dann kam er heftig hustend und prustend an die Oberfläche.

Aber er hatte es geschafft! Er war draußen im Fluß. Es gelang ihm, sich ans Ufer zu wälzen, und dort blieb er auf dem Rücken liegen, bis die Hustenanfälle sich gelegt hatten. Schlick und Schlamm bedeckten ihn, doch jetzt hatte er keinen Gedanken mehr für solche Bagatellen. Eine Stunde verging. Lars lag nur da und genoß das Gefühl, am Leben zu sein. Nach einer weiteren Stunde richtete er sich auf.

Alle Gliedmaßen schmerzten, und die Lungen schienen immer noch platzen zu wollen. Er sank wieder auf den Rücken und erholte sich noch eine Stunde. Dann erhob er sich und taumelte auf die Vorstadt und die Faktoreien zu.

Vor der schwedischen Faktorei hielten zwei Matrosen Wache. Lars kannte beide vom Schiff her. Er wollte in sein Zimmer, wollte schlafen, wollte in Sicherheit. Einer der Matrosen trat einen Schritt vor.

»Halt!«

»Erkennt Ihr mich denn nicht?« röchelte Lars. »Lasse Norell.«
Der Matrose hielt seinen Kienspan hoch und ließ einen kurzen Ausruf hören.

»Jesus, Gottes eingeborener Sohn, was hast du denn getrieben?«

»Ich war in der Küche ... machte das Fenster auf ... wollte rausgucken ... fiel in den Fluß ... kam unter Wasser ... kann nicht schwimmen ... wäre beinahe ertrunken ...«

»Komm rein, Junge! Das scheint aber beinahe ins Auge gegangen zu sein!«

Der Matrose führte Lars über den ersten offenen Innenhof und weckte Norrblom. Die runden Augen des Offizierskochs wurden noch runder, als er Lars' jämmerliche Erscheinung sah. Lars wiederholte seine Geschichte, er sei aus dem Fenster gefallen, und Norrblom schlug die Hände über dem Kopf zusammen.

»Was für ein Jammer! Arme Teufel wie dich sollte man von jedem Fenster fernhalten. Du riechst ja, daß man sich übergeben könnte! Die Kleider! Die kannst du nie mehr anziehen.«

»Ich will schlafen«, murmelte Lars.

»Das wäre vielleicht ein Anblick, so einen Lehmmenschen hier in der Faktorei herumlaufen zu sehen. Wie ich höre, sollst du ja morgen die Herren sehen, und dann kannst du dich so nicht blicken lassen. Ewige Schande wäre dir sicher. Himmel, daß ich nie zum Schlafen komme! Immer ist es der Koch, der die schwerste Last zu tragen hat!«

Leise vor sich hinschimpfend zog er Lars mit in die leere Küche. Er füllte eine große Wanne mit sauberem Wasser und schrubbte Lars von Kopf bis Fuß mit einer harten Bürste und viel Schmierseife. Lars ließ es geschehen. Er schlief mehrmals ein, wurde aber immer wieder von Norrblom geweckt, der ihn unsanft kniff.

»Trockne dich jetzt ab, du Wicht, dann kannst du ins Bett kriechen. Ich werde mich hinsetzen müssen, um dir ein Hemd und ein paar anständige Hosen zu nähen. Du hast Glück, daß ich diese

Kunst beherrsche. Meine Kleider kannst du nicht leihen, denn dann würdest du noch einmal ertrinken.«

Lars taumelte in den Wachraum und fiel aufs Bett. Es gab so vieles, was ihm im Kopf herumschwirrte, doch es wurde alles zu einem grauen Brei. Er schlief mit einem schnarchenden Einatmen ein.

Er wachte erst auf, als Norrblom ihn schüttelte. Der Koch sah müde aus, aber auch triumphierend, als hätte er eine Großtat vollbracht. Er hielt ein weißes Hemd und eine schwarze Hose hoch.

»Zieh das jetzt an. Merkwürdig, wie begabt ich bin. Ich kann wohl alles. Stoff gibt es ja im Lager stapelweise, und ich habe Maße genommen, die mir richtig vorkamen. Nach deinen alten Lumpen konnte ich mich ja nicht richten. Die habe ich nämlich in den Fluß geworfen. Dort gehören sie hin.«

Das Hemd paßte wie angegossen. Die Hosen waren etwas zu groß, saßen obenherum aber doch gut. Norrblom war hoch zufrieden. Lars sagte ihm immer wieder, wie tüchtig er sei.

»Du mußt Pantoffeln anziehen. Wir haben chinesische da. Die sind bequem und stören niemanden. Herr Gehlin und Herr Callander erwarten dich.«

Lars machte ein paar Tanzschritte. Er fühlte sich völlig wiederhergestellt. Hier und da tat es zwar noch ein bißchen weh, aber die Wunde am Hals war schon verheilt, und nichts war gebrochen oder verwundet. Er war heil, unversehrt und sauber, und ein paar sehr hohe Herren der wunderbaren Compagnie warteten auf ihn.

Als er den Speisesaal betrat, saßen sämtliche Offiziere dort. Lars stellte sich an die Tür und wartete. Zunächst bemerkte ihn niemand. Es herrschte eine gedrückte Stimmung.

»Sie sollen ihn heute nacht gefoltert haben«, sagte Steuermann Agger. »Wer weiß, wovon er gesprochen hat? Das wird uns Unannehmlichkeiten machen, der ganzen Compagnie.«

»Viele gestehen ja alles, was man ihnen vorwirft, nur um weiteren Fragen zu entgehen«, sagte Erik Duva. »Das kennt man ja. Nygren ist ein merkwürdiger Bursche. Man weiß nie, woran man bei ihm ist.«

Peter Gehlin entdeckte Lars und winkte ihn zu sich. Die düstere Miene wich einem Lächeln, und Lars wagte ebenfalls ein Lächeln.

»Nun, Lasse Norell? Hast du die Sache überschlafen?«

»Ja, Herr Gehlin.«

Gehlin zog ein weißes Blatt Papier mit einem schön geschriebenen Text hervor und wedelte damit herum.

»Dies ist deine Vollmacht als mein Assistent. Soll ich sie unterzeichnen?«

Lars verneigte sich tief.

»Ich bin sehr dankbar, Herr Gehlin, und verspreche, für die Schwedische Ostindische Compagnie mein Bestes zu tun.«

»Das läßt sich hören! Dann schreibe ich meinen Namen hin, und damit ist die Sache klar.«

Er unterzeichnete schwungvoll mit seinem Namen und streute Sand aufs Papier, damit die Tinte schneller trocknete. Callander nahm die Vollmacht an sich, faltete sie zusammen und steckte sie in die Rocktasche. Gehlin stand auf und streckte die Hand aus.

»Willkommen, Lasse! Ich habe das Gefühl, daß wir gut miteinander auskommen werden. In ein paar Jahren, wenn ich nach Hause will, sollst du mich hier in China ablösen. Ich wage, dir eine glänzende Zukunft zu prophezeien. Kann ich noch etwas für dich tun?«

Lars ließ den Blick über die Anwesenden gleiten.

»Ich möchte gern mit Herrn Tallman unter vier Augen sprechen.«

»Tallman? Nun ja, warum nicht? Ihr könnt in den Vorratsraum neben dem großen Packsaal gehen. Der ist leer.«

Tallman betrachtete den Rauch seiner Zigarre und machte keinerlei Anstalten aufzustehen.

»Ich habe nichts mit diesem Taugenichts zu besprechen.«

Gehlin schlug wütend mit der Faust auf den Tisch und rief: »Du wirst die Güte haben zu tun, was ich sage! Wenn du weiterhin in den Diensten der Compagnie bleiben willst, wirst du zu meinem persönlichen Assistenten höflich sein. Er wird bald dein Chef sein, vergiß das nicht.«

Tallman schnitt eine zornige Grimasse und erhob sich demonstrativ langsam. Lars wartete nicht, sondern ging mit schnellen Schritten vor Tallman zum Vorratsraum. Dort befanden sich ein Tisch und einige Stühle für die Schreiber, und er setzte sich auf einen davon. Es dauerte, bis Tallman erschien. Als er auftauchte, blieb er in der Tür stehen. Er blies Rauch in Lars' Richtung und sagte schleppend: »Wenn du willst, daß ich dir bei etwas helfe, wirst du nichts davon haben.«

»Habt die Güte, Euch zu setzen, Herr Tallman«, sagte Lars ruhig.

Tallman hätte um ein Haar die Zigarre fallen lassen, und seine Wangen wurden dunkelrot vor Zorn.

»Was unterstehst du dich ...«

»Setzt Euch, habe ich gesagt! Und zwar ein bißchen plötzlich, wenn ich bitten darf.«

»Was soll dieses Affentheater?«

»Wenn Ihr Euch weigert, Euch zu setzen, kann ich nichts anderes tun, als Herrn Gehlin zu sagen, daß Ihr seinen Befehlen nicht gehorcht.«

Tallman schnappte keuchend nach Luft, ging ein paar Schritte auf Lars zu und hob die Hand, als wollte er zuschlagen. Lars sah ihn ruhig an, und es war diese Ruhe, die Tallman zögern ließ. Statt dessen strich er sich übers Kinn, ließ sich auf einen Stuhl fallen und schlug lässig die Beine übereinander, um zu zeigen, daß es sein Entschluß war, sich zu setzen.

»Was willst du denn?« fuhr er Lars an.

Mats hatte recht gehabt. Lars fühlte sich wie neugeboren. Wie durch ein Wunder hatte er die Chance zu einem neuen Leben erhalten. Lars Olausson gab es nicht mehr. Jetzt war er bis ans Ende seiner Tage Lasse Norell und würde immer zwei Jahre älter sein, als er eigentlich war. Verschwunden war der ängstliche Lars, der Feigling, der sich schlagen ließ, weil er der Meinung war, andere hätten ein Recht dazu. Jetzt würde ihn niemand mehr schlagen.

»Wegen Nygren kann ich Euch beruhigen«, sagte er. »Er ist tot.«

Tallman richtete sich auf und starrte Lars an.

»Was weißt du davon?« fragte er rauh.

»Ich bin dort gewesen und habe es gesehen. Ich habe mich heute nacht in sein Gefängnis geschlichen und seine Fesseln gelöst. Ich habe ihm ein Messer gegeben, weil er versprach, sich damit das Leben zu nehmen. Statt dessen bedrohte er die Wachposten, die ihn niederhieben. Ihr werdet bald erfahren, daß es sich so zugetragen hat, denn die Leute, die für ihn verantwortlich waren, werden es bestätigen.«

Tallman saß lange Zeit schweigend da.

»Das glaube ich nicht«, sagte er schließlich.

»Was Ihr glaubt oder nicht glaubt, ist mir gleichgültig. Ich weiß aber, daß Ihr derjenige wart, mit dem Nygren zusammengearbeitet hat. Ihr habt ihm das Geld gegeben, damit er in Cadiz das Opium kaufen konnte. Ich habe ihn, einen Spanier und noch einen Mann gesehen, von dem ich nur die Hände erkennen konnte. Heute nacht fiel mir wieder ein, wem diese Hände gehören. Es waren Eure Hände, Herr Tallman.«

Lars wußte nicht, woher er die Worte nahm, und auch seine Ruhe verwunderte ihn. Aber er war ja fünfzehn und fast erwachsen, und außerdem hatte man ihm eine Zukunft in der Compagnie prophezeit, und da mußte er sich schließlich des Vertrauens würdig erweisen.

»Du redest dummes Zeug, du Taugenichts«, murmelte Tallman.

»Ich habe mit Nygren gesprochen, bevor ich die Seile durchschnitt.«

»Wenn er meinen Namen genannt hat, dann nur, weil man ihn gefoltert hat, und er . . .«

»Er ist nicht gefoltert worden. Nygren ist tot, aber ich lebe, und ich weiß, daß Ihr hinter dem Schmuggel gestanden habt.«

Der Ladungsaufseher sah plötzlich krank aus. Die Zigarre schien ihm nicht mehr zu schmecken.

»Was du auch sagst, ich werde es leugnen«, murmelte er.

»Für mich hat Nygren seine Geheimnisse mit ins Grab genommen. Um unserer Compagnie willen werde ich schweigen. Was Euch schaden würde, würde auch der Compagnie schaden. Aber Ihr sollt wissen, daß ich Bescheid weiß. Ich werde immer wissen, wer der Compagnie um des eigenen Gewinns willen Schmach und Schande bringen wollte.«

Tallman schwieg und kauerte sich auf dem Stuhl zusammen, als wäre es im Raum zu eng geworden.

»Noch etwas«, sagte Lars. »Nennt mich nie mehr Unglücksrabe oder Taugenichts. Diese Zeit ist für immer vorbei.«

Lars erhob sich und ging zur Tür. Tallman blieb sitzen und starrte ins Leere. Lars machte die Tür auf und warf Tallman einen letzten Blick zu.

»Jetzt habe ich keine Zeit mehr für Euch«, sagte er. »Ich muß an die Arbeit!«

WORTERKLÄRUNGEN

achtern hinten
Back vorderer, erhöhter Teil des Schiffes
Backbord linke Schiffsseite
Block Gehäuse aus Hartholz oder Eisen für eine oder mehrere Rollen, über die Taue laufen
Bug vorderster Teil des Schiffes
Bugspriet ein Rundholz, das schräg aufsteigend über den Bug hinausragt. An ihm werden die Vorsegel angeschlagen
Deck die obere Abdeckung der Schiffsräume: der »Deckel« des Schiffes
Ducht Sitzbank in einem Boot
Fallreep früher: ein Tau oder eine Strickleiter, um an Bord eines Schiffes zu klettern
Fockmast vorderer Mast
gieren unfreiwilliges Abweichen vom Kurs
Glasen Läuten der Schiffsglocke zur Zeitangabe
Gösch Bugflagge; gibt bei Handelsschiffen den Heimathafen an
Großmast mittlerer Mast einer Dreimastbark
Heck das hintere Ende eines Schiffes
Heuer Lohn des Seemanns
hieven mit einem Tau etwas heben, hochziehen
Jakobsleiter Strickleiter
Kajüte der Wohnraum eines Schiffes unter Deck
kalfatern abdichten der Plankennähte mit Werg und Pech
Knoten hier: Seemeilen pro Stunde. Eine Seemeile = 1852 m
Kombüse Schiffsküche
Logbuch Schiffstagebuch
loggen Messung der Schiffsgeschwindigkeit
Luke große Öffnung im Hauptdeck zur Aufnahme der Ladung
Monsun regelmäßig halbjahreszeitlich wechselnder Wind im Gebiet des Indischen Ozeans
Musterungsbuch in ihm wird u. a. die Mannschaft eines Schiffes verzeichnet
Oxhoft altes Hohlmaß, vor allem für Wein. Maß je nach Gebiet unterschiedliche Mengen

Quarantäne Isolierung eines Schiffes, das unter Seuchenverdacht steht
Rah Rundholz, an dem das Segel hängt
Reeder Besitzer des Schiffs
Reling »Geländer« als Begrenzung des Decks
Riemen Landratten nennen das »Ruder«
Schwedisch Ostindische Compagnie Um an fernen Orten Handelsvorteile zu erreichen, schlossen sich seit dem Ende des 16. Jahrhunderts zahlreiche Kaufleute in Gesellschaften (sog. Handelskompanien) zusammen. Die Schwedisch Ostindische Compagnie erhielt das Monopol auf den gesamten schwedischen Handel mit Ostindien (= alter Name für Vorder- und Hinterindien und den malaiischen Archipel)
Skorbut Vitaminmangelkrankheit
Spiegel breites Hinterteil (Heck) eines Schiffes
Stagen Stahltaue als vordere Halterungen der Masten
Steuerbord rechte Schiffsseite
Sund Meerenge
Takelage die Gesamtheit von Masten, Segeln und Tauwerk
Talje Flaschenzug
Toppen Masten, Mastspitzen
Wanten Stahltaue, die den Mast zu den Seiten hin abstützen